세계 민담 전집

세계 민담 전집

17

중국 한족 편

이익희 엮음

세계 민담 전집을 펴내면서

민담이란 한 민족이 수천 년 삶의 지혜를 응축하여 가꾸어 온 이야기들입니다. 그 민족 특유의 자연관, 인생관, 우주관, 사회 의식이 속속들이 배어 있는 민담은 진정 그 민족이 발전시켜 외부와 교통해 온 문화를 이해하는 곳간입니다. 세계화 시대를 맞아 국경의 의미가 나날이 퇴색되고 많은 사람들이 인류 공통의 문제를 피부로 느끼는 지금, 한편으로는 국가와 민족 인종 간의 몰이해로 인한 충돌이 더욱 빈번해져 가고 있습니다. 서로의 문화를 진정으로 이해해야 할 필요성이 더욱 커진 오늘, 한 민족의 문화에서 민담이 갖는 중요성을 생각할 때, 우리나라에 아직 믿고 읽을 만한 민담 전집을 갖지 못했다는 것은 여러 모로 불행한 일이 아닐 수 없습니다.

지금까지 세계 여러 민족의 옛이야기들이 전혀 출판되지 않았던 것은 아니지만, 개별적으로 나와 망실되고 절판된 데다가 영어나 일본어 판에서 중역된 것이 대부분이었고, 그나마 아동용으로 축약 변형되어 온전한 모습으로 소개되지 못했습니다. 황금가지에서는 각 민족의 고유 문화를 이해하는 실마리가 될 민담을 올바르게 소개하고자 다음과 같은 원칙에 따라 편집을 진행하였습니다.

첫째, 근대 이후에 형성된 국가의 구분에 얽매이지 않고 더 본질적인 민족의 분포와 문화권을 고려하여 분류하였습니다. 국가적 동질성과 문화적 동질성이 반드시 일치하지는 않기 때문입니다.

둘째, 각 민족어 전공자가 직접 원어 텍스트를 읽은 후 이야기를 골라 번역했습니다. 영어 판이나 일본어 판을 거쳐 중역된 이야기는 영어권과 일본어권 독자들의 입맛에 맞도록 순화되는 과정에 해당 민족 고유의 사유를 손상시켰을 우려가 높습니다. 황금가지 판 『세계 민담 전집』은 해당 언어와 문화권을 잘 이해하고 있는 전공자들이 엮고 옮겨 각 민족에 가장 널리 사랑받는 이야기, 그들의 문화 유전자가 가장 생생하게 드러나는 이야기들을 가려 뽑도록 애썼습니다.

셋째, 기존에 알려져 있던 각 민족의 대표 민담들뿐 아니라 그동안 접하기 힘들었던 새로운 이야기들을 여럿 소개합니다. 또한 이미 들은 적이 있는 이야기일지라도 축약이나 왜곡이 심했던 경우에는 원형에 가까운 형태로 재소개했습니다.

황금가지 판 『세계 민담 전집』은 또한 작은 가방에도 들어가는 포켓판 형태로 제작되어 간편하게 들고 다니며 읽을 수 있게 하였습니다. 세계를 여행하면서 그 지역에 뿌리를 두고 자라난 이야기들을 읽고 확인하는 것도 이 전집을 읽는 또다른 즐거움이 될 것입니다.

세계 민담 전집 편집부

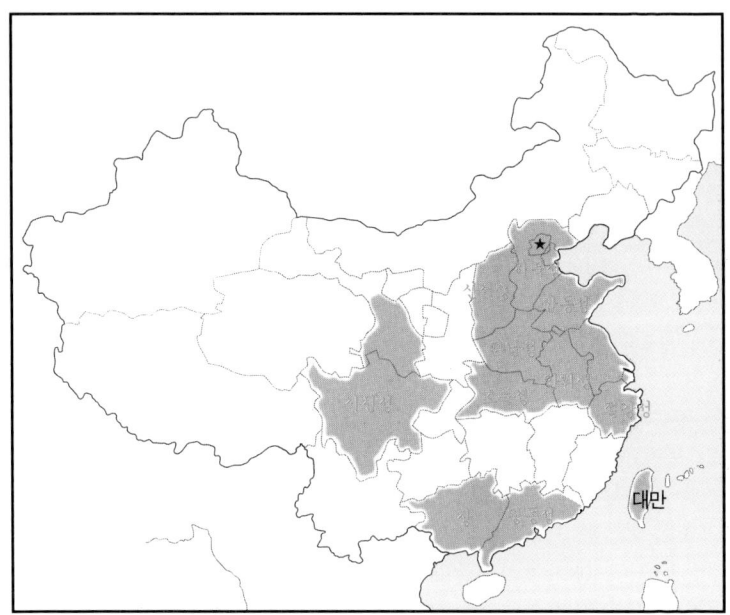

●──오늘날 중국은 북으로는 헤이룽 강(黑龍江)의 주류인 북위 53°31´에서 남으로는 난사군도(南沙群島)가 위치한 북위 3°24´까지 걸쳐 있어 남북의 총 길이는 5,500km에 이른다. 동쪽으로는 우쑤리 강(烏蘇里江)과 헤이룽 강의 합류점인 동경 135°2´에서 서쪽으로는 파미르 고원인 동경 73°40´까지 약 5,200km이다. 기후 또한 아열대에서 한랭대에 이르기까지 다양할 수밖에 없고 이러한 지리적 복잡성과 다양성은 필연적으로 삶의 복잡성과 다양성, 즉 문화적 다양성이 나타나는 기본적인 토대가 되었다고 할 수 있다.

차례

황금가지 세계 민담 전집 중국 한족 편

반고 오누이 ●●● 11
쓸데없는 걱정 ●●● 17
산을 메고 태양을 뒤쫓은 이랑 ●●● 20
대우왕과 거령신 ●●● 23
대우의 전설 ●●● 26
오곡 황제 ●●● 28
글자를 창제한 창힐 ●●● 30
여와가 만든 악기 생황 ●●● 33
신농의 출생 ●●● 36
현자를 찾아 나선 요왕 ●●● 39
항우의 전설 ●●● 44
계책으로 천하를 얻은 유방 ●●● 49
패왕과 우희의 이별이 담긴 음식, 패왕별희 ●●● 53
데릴사위 제갈량 ●●● 58
연회에 간 장비 ●●● 69
사람을 죽여 입을 막은 조조 ●●● 72
화타를 죽인 걸 후회한 조조 ●●● 74
청렴한 포청천 ●●● 81
칼에 제사 올린 황소 ●●● 94
추녀를 아내로 맞이한 주원장 ●●● 98
현령을 혼쭐 낸 화목란 ●●● 107
성벽 바위와 흰 돌멩이 ●●● 111
맹강녀 ●●● 118
나비로 변한 양산백과 축영대 ●●● 129

붉은 매화와 흰 매화 ●●● 135
분홍 꽃망울로 되살아난 우미인 ●●● 138
황제와 쥐 ●●● 147
초서 대왕 ●●● 150
재상과 농부 ●●● 151
세 멍청이 ●●● 152
흉작 보고 ●●● 154
세 하인 ●●● 156
손가락을 주시오 ●●● 159
지린고비 ●●● 161
학문을 게을리 하지 않는 유지 ●●● 163
독서의 좋은 점 ●●● 165
쌀은 쌀나무에서 ●●● 166
다 그어 보았죠 ●●● 167
설상가상 ●●● 168
장화 ●●● 170
돼지 아내 ●●● 172
검소한 부부 ●●● 174
죽어 버린 술 ●●● 176
다리가 여섯 개면 더 빠르지 ●●● 177
점 ●●● 178
만약 죽지 않는다면 ●●● 180
아첨하지 않는 이유 ●●● 181
영리한 며느리 ●●● 183
새해에 호박을 마루에 놓는 까닭 ●●● 194
섣달그믐 밤 마당에 참깨 줄기를 놓는 까닭 ●●● 196
밤을 새우는 풍습 ●●● 201
새해에 대문에 거는 춘련 ●●● 204
청명절에 버드나무 가지를 대문에 꽂는 이유 ●●● 208
단오절이 생긴 까닭 ●●● 213
종자와 용 모양의 배 ●●● 216
음력 5월 13일은 비 내리는 날 ●●● 219

음력 6월 6일은 시집간 딸이 친정 오는 날 ●●● 222
중추절에 얽힌 사연 ●●● 226
망자에게 겨울옷을 태워 보내는 날 ●●● 230
동지에 먹는 물만두 ●●● 234
전족에 담긴 사연 ●●● 237
온돌은 어디서 온 것일까? ●●● 243
글자 '囍' 의 유래 ●●● 246
신부를 맞이할 때 폭죽을 터트리는 이유 ●●● 249
신방을 엿보는 풍습 ●●● 252
사람이 죽고 난 뒤 붉은 천으로 얼굴을 덮는 이유 ●●● 255
손님에게 물고기 등 부위를 내주지 않는 이유 ●●● 257
천안문의 돌사자 ●●● 259
태산 정상에는 왜 나무가 없을까? ●●● 262
소림사의 유래 ●●● 264
광주가 오양성이라고 불리는 까닭 ●●● 270
황산의 내력 ●●● 275
명약 육신환 ●●● 283
사라진 진주 ●●● 288
짐을 메고 장터에 가다 ●●● 291
지혜롭게 파혼하다 ●●● 293
관리 희롱하기 ●●● 296
작은 병에 큰 병 넣기 ●●● 299
안약 ●●● 301
죽은 체한 선원 ●●● 304
증인 ●●● 307
고추는 물기를 없애 준다네 ●●● 309
바람둥이 길들이기 ●●● 311
금은보화 열 단지 ●●● 314
아내를 속인 소광제 ●●● 317
역지사지 ●●● 321
호랑이가 백수의 왕이 된 사연 ●●● 323
까마귀를 싫어하는 이유 ●●● 331

왕위를 다투는 호랑이와 흑곰 ●●● 334

거북의 지혜 ●●● 337

수탉 뿔이 사라진 이유 ●●● 342

고양이는 왜 쥐를 잡아먹을까? ●●● 345

사람들이 개를 키우는 이유 ●●● 348

은혜 갚은 팔색조 ●●● 350

말에게 뿔이 없는 이유 ●●● 353

해설 | 중국 한족 민담을 소개하며 ●●● 359

반 고 오 누 이

　반고盤古가 천하를 창조한 뒤 무척 피곤해 동백산東柏山에서 잠시 누워 휴식을 취하고 있었다. 한참 뒤 잠에서 깨어난 반고는 옥황상제의 셋째 딸과 우연히 마주쳤다. 그녀가 반고에게 말했다.

　"아버님께선 당신이 천하를 창조한 뒤 무척 외로우리라 생각하시고, 저더러 당신을 오라버니로 삼으라고 하셨습니다."

　두 사람이 오누이 관계를 맺는 순간, 구름 한 점 없던 푸른 하늘에서 거센 바람이 불어왔다. 바람이 멎으면서 오누이 또한 하늘에서 일어난 모든 일을 깡그리 잊어버린 채 인간 생활을 시작했다.

　인간 세상으로 내려온 두 사람이 초목으로 지은 초가집에서 살다 보니 늘 요괴나 야수들의 침입을 당할 수밖에 없었다. 그들은 49일 동안 크고 위엄 있는 돌사자 상을 만들어 동백산 정상에 놓고, 돌사자 산이라고 불렀다. 그 뒤 돌사자가 이 일대를 수호해 주었기 때문에 요괴나 야수들이 더 이상 그들을 괴롭히지 못했다.

　어느 날 돌사자가 반고에게 말했다.

"반고야, 오늘부터 매일 나에게 찐빵 하나씩 가져다 줘. 절대로 잊으면 안 돼!"

반고는 흔쾌히 승낙했다. 반고는 날마다 여동생이 만들어 준 찐빵을 돌사자에게 주었다. 그로부터 49일째 되던 날, 반고가 돌사자 입 속에 49개째 찐빵을 집어넣자 돌사자가 반고에게 말했다.

"반고야, 이제 찐빵은 충분해. 대신 내 눈이 발갛게 변하거든 네 여동생을 불러 함께 내 배 속으로 들어와."

잠시 후 돌사자 말대로 그의 두 눈이 발개지자 반고는 급히 여동생을 불렀다. 순간 하늘이 어두워지고 먹구름이 밀려왔다. 번개처럼 빛을 발한 돌사자의 두 눈이 달려오는 두 사람을 비춰 주었다. 그들이 잰걸음으로 돌사자 상 앞에 다다르자마자 돌사자는 입을 쩍 벌려 두 사람을 배 속으로 삼켜 넣었다. 순식간에 천둥이 치고 광풍을 동반한 비바람이 세차게 몰아쳤다. 하늘에 구멍이 뚫리면서 시작된 비바람은 한동안 꺾일 기세가 보이지 않았다.

돌사자 배 속에서 49일 동안 비를 피해 있던 오누이는 그동안 저장해 두었던 찐빵 49개를 먹으며 견뎠다. 49일째 되던 날 돌사자는 다시 입을 쩍 벌려 두 사람을 토해 냈다.

눈앞에 펼쳐진 광경에 그들은 말문이 막혔다. 천지가 온통 물바다로 변해 있었다.

"이봐, 옥황상제께서 우리 오누이를 벌하기 위해 이런 일을 벌이신 걸까?"

돌사자가 말했다.

"아니야. 옥황상제의 셋째 딸이 바로 네 여동생인걸! 그녀가 지상으로 내려올 때 포악한 장군이 따라 내려오고 싶어했는데 옥황상제께서 승낙하지 않으셨지. 그러자 몰래 천둥 신, 비 신, 바람 신과 내통해 옥황상제가 없는 틈을 타 하늘에 구멍을 낸 뒤 끔찍한 홍수를 일으킨 거야. 모두가 너희 두 사람을 수장하려는 계획이었어."

반고의 누이가 말했다.

"모두가 네 덕분이야. 네가 아니었다면 우리 목숨도 붙어 있지 못했을 거야."

돌사자가 말했다.

"만약 영원히 살고 싶다면 우선 하늘의 찢어진 부분부터 기워야 할 거야."

오누이가 동시에 물었다.

"무엇으로 깁지?"

"천지를 창조할 때 썼던 도끼는 하늘을 기우는 금바늘로 삼고, 산 정상에 난 칡을 금실로 삼아서 하늘을 기우면 돼. 자, 다들 빨리 기워!"

반고와 여동생은 당장 돌사자 등을 밟고 서서 한 사람은 바늘, 다른 한 사람은 실을 잡아당기면서 하늘을 기웠다. 비록 여기저기 구멍이 숭숭 뚫려 있긴 했지만, 끝까지 열심히 기워 그때 생긴 바늘땀이 별이 되었다. 총총 떠 있는 별은 바로 반고 오누이가 하늘을 기운 흔적이다.

하늘을 다 기우고 나자 더 이상 비는 새지 않았지만, 홍수의 여파로 생긴 괴룡 아홉 마리가 못된 짓을 일삼았다. 어떻게 하면 수위를 낮출 수 있을까? 도끼를 든 반고와 칡으로 엮은 밧줄을 손에 감은 누이는 괴룡과 맞서 싸우기로 했다. 반고는 지칠 줄 모르는 체력 덕택에 결국 괴룡 아홉 마리를 한데 묶어 완전히 굴복시키는 데 성공했고 높았던 수위도 차츰 내려갔다.

수위가 점차 낮아지자 흡족해진 그들도 돌사자 상 앞에 앉아 깔깔대며 웃었다. 돌사자 상은 즐거워하는 오누이를 쳐다보며 말했다.

"내가 인간의 말을 할 수 있게 된 것은 바로 옥황상제의 뜻이었어. 나에게 영혼을 주신 것도 다 너희를 도와주도록 하기 위함이셨고. 하늘로 돌아가기 전에 마지막으로 처리해야 할 일이 하나 남아 있어."

오누이가 함께 물었다.

"무슨 일이야? 얼마든지 말해 봐."

"이제 이 세상에는 너희 두 사람뿐이야. 너희는 수백 년, 아니 수천 년은 살 수 있어. 그러나 너희 이후에는 어떻게 될까? 그러니 너희 둘이 부부의 연을 맺어 후손을 낳는 것이 어때?"

오누이는 머리를 저었다.

"어림도 없어. 말도 안 돼."

"뭐가 말도 안 된다는 거야?"

"우리는 남매야. 근데 어떻게 부부가 될 수 있겠어?"

"이렇게 멋진 세상을 너희 후손들이 아닌 요괴나 괴수들이 멋대로 하길 원하는 거야?"

누이는 돌사자의 말에 피식 웃었다.

반고가 말했다.

"얘, 절대로 승낙하지 마!"

화가 나서 자리를 박차고 일어나던 반고는 마침 물에서 기어 나온 거북에게 발이 걸려 넘어졌다. 분한 마음에 그는 돌멩이를 집어 던져 거북의 껍데기를 부숴 버렸다.

마음씨 착한 누이가 거북이 옆에 엎드려 울자 반고는 잠시 생각에 잠겼다가 말했다.

"그럼 이렇게 하지. 만일 거북이 다시 살아난다면 결혼할게."

그의 말에 누이의 상심은 더욱 컸다.

돌사자가 말했다.

"울지 마. 넌 거북이 파편을 모아 줘."

누이는 여기저기 흩어진 거북의 등 껍데기를 주워 모았다. 돌사자가 공중으로 튀어 올랐다가 쿵 하고 떨어지자 진흙이 거북의 부서진 껍데기에 튀면서 등 껍데기가 하나로 붙었다. 그 뒤 거북의 등 껍데기에 무늬가 생겼다. 거북이 되살아났으니 오누이도 결혼할 수밖에 없는 노릇이었다. 그러자 반고가 다시 제안했다.

"안 돼! 그럴 순 없어. 돌절구를 굴려 보자. 우리 둘이 정상에서 각각 동쪽과 서쪽으로 절구를 굴렸는데도 하나로 합쳐지면 그때 결혼할게."

돌사자가 말했다.

"하늘의 찢어진 구멍도 기웠는데, 절구를 굴려 봐야겠다면······. 그래, 그럼 굴려 보자고!"

반고와 누이는 각자 절구 반쪽을 메고 산꼭대기로 올라갔다. 돌사자가 고개를 끄덕이자 서로 가지고 있던 절구를 산 아래로 굴렸다. 절구가 쿵쿵대며 굴러 내려가는 동안 하늘엔 아름다운 무지개가 떠올랐다. 돌사자 앞까지 굴러 내려온 절구가 다시 딱 소리와 함께 하나로 합쳐졌고 무지개도 사라졌다.

이렇게 부부가 된 반고와 누이는 이후 여덟 명의 아이를 낳고 '동', '서', '남', '북', '동남', '서남', '서북', '동북'이라 이름을 지었다. 이 여덟 아이들이 모두 장성하자 반고는 그들을 각기 여덟 방위로 보내고, 자신은 그 중앙에 거처했다. 이 여덟 방위에 중앙이 더해져 '구주九州'라는 명칭이 생겨났다.

반고의 자식들은 태어난 지 100년도 못 돼 생을 마감했다. 자식들을 잃고 가슴을 도려내는 듯한 아픔을 겪은 반고는 자식들의 영혼을 찾기 위해 여기저기를 돌아다녔다. 그리고 천지간을 다 돌아다니며 찾은 여덟 아이들의 영혼을 결국 돌사자 상 아래 묻었다.

현재 반고산 남쪽으로 30리 떨어진 곳에 팔자산八子山이 있다. 빼어난 경치를 자랑하는 그 산의 여덟 봉우리를 보면 어느 봉우리가 반고의 큰아들이고, 어느 봉우리가 막내인지를 분명히 알 수 있다.

이후 적적했던 반고 부부는 진흙으로 사람을 만들었다. 날마다 빚자 온 마당이 토우로 가득 찼다. 반고가 그것들을 주무르자 토우들이 걸음을 떼더니, 아내가 입김을 불어넣자 반고 부부를 아버지, 어머니라고 부르며 말을 했다.

"여보, 우리 이 토우들에게 이름을 지어 주는 게 어떻겠소?"

"그것 참 좋은 생각이에요."

하나하나씩 사람 모습으로 나타난 토우들 중 어떤 토우는 복숭아나무 위로 기어 올라갔고, 어떤 토우는 배나무 위로 기어 올라갔다. 또 다른 토우는 바위 위에 앉기도 하고 바닷가에 서기도 했다. 반고는 이 모습을 보고 말했다.

"오냐. 너희에게도 이름을 지어 주마. 복숭아나무 위로 올라간 녀석은 도桃씨, 배나무 위로 올라간 녀석은 이李씨, 바위 위에 올라간 녀석은 석石씨, 바닷가에 선 녀석은 하河씨……."

뒷날 토우들도 천하 각 지방으로 뿔뿔이 흩어져 밭을 경작하거나 수렵 생활을 하며 살았고, 첫 자손이 생기자, 자신들의 이름을 성으로 삼고 이름을 지어 주었다.

쓸데없는 걱정

옛날 옛적 기현杞縣은 천하의 중심부였다. 그때 기현 일대는 '중천진中天鎭'이라 불렸다. 중천산中天山 꼭대기에 위치한 중천진은 하늘과 고작 3척 정도 떨어져 있었다. 그렇다면 그 마을 주민들은 마음대로 하늘에 올라갈 수 있지 않았을까? 하지만 그것은 불가능했다. 당시 사람들은 키가 커 봤자 한 척을 넘지 못했기 때문이다. 그러나 마을 우두머리의 네 자식은 달랐다. 그들의 키는 30척이나 돼 수시로 하늘에 왔다 갔다 할 수 있었다.

우두머리의 장남은 공공共工, 둘째는 축융祝融, 셋째는 기인氣人이고, 여와女媧라는 고명딸이 있었다. 머리카락이 붉고 인상이 험상궂은 장남 공공은 입으로 물을 뿜어내는 재주가 있는 데다 용왕의 친구이기에 사람들은 그를 '바다의 신'이라 불렀다. 둘째 축융은 새빨간 얼굴에 정수리 부분이 볼록 튀어나왔으며 입으로 불을 내뿜어 '불의 신'이라고 불렸다. 그러나 셋째 기인과 여와는 수려한 외모에 뛰어난 재능을 갖추었다.

이 네 남매는 외모가 다른 만큼 천성도 달랐다. 공공과 축융이 지독한 추남에다 성질까지 포악하다면, 기인은 소심하고, 여와는 넷 중 가장 선량하고 총명했다.

어느 날 여와가 백조 알 하나를 주워 오자 공공과 축융이 서로 그것을 먹겠다고 실랑이를 벌이다가 결국 싸움으로 번졌다. 한참 동안 승부가 나지 않자 공공이 물을 뿜어 천하를 물바다로 만들었고, 이에 질세라 축융도 불을 내뿜었다.

축융이 불을 뿜자 물바다였던 천지가 불바다로 변하면서 물이 모두 말라 버렸다. 상황이 불리해진 공공이 서쪽 지역으로 달아나자, 축융이 그 뒤를 쫓았다. 공공은 겨우 목숨을 부지하긴 했지만 조심성 없이 다니다 그만 서천진西天鎭 아래 부주산不周山에 머리를 부딪혔다. 그 충격으로 서쪽 하늘의 기둥 역할을 해 주던 부주산이 무너지면서 서쪽 하늘마저 무너져 내렸다. 당시는 대지가 평평해 물과 바위가 여기저기 휩쓸려 다니던 때였다. 그러나 부주산이 무너지면서 서쪽에 돌멩이가 가득 쌓여 산이 되고, 물은 동쪽으로 흘러 대양을 이루었다.

마음이 약했던 기인은 하늘이 무너져 내린 것을 보고 발만 동동 구르다가 중천산 정상에서 죽을힘을 다해 뛰어 내려오면서 연신 고함을 쳤다.

"하늘이 무너진다! 하늘이 무너져!"

그러나 여와는 이런 혼란 속에서도 백성들을 위한 방도를 찾아 천하의 산을 헤매며 오색 돌멩이를 구하러 다녔다. 그녀는 이것들을 녹여 무너진 서쪽 하늘을 막아 나가기 시작했다. 마침내 몇 년에 걸쳐 하늘을 다 막았다. 임무를 마치고 돌아온 그녀는 온 힘을 다해 기인이 제정신으로 돌아오도록 도왔으며, 더 이상 고함을 지르지 않도록 설득했다.

평온한 날이 얼마나 지속되었을까? 이번에는 황제黃帝와 치우蚩尤의 싸움이 벌어졌다. 천지가 검은 안개로 뒤덮여 한 치 앞도 볼 수 없고 천둥이 쉴 새 없이 콰르릉 쾅 쳐 대자, 기우는 또다시 겁을 먹고 이리저리 뛰어 다니며 소리쳤다.

"하늘이 무너진다! 하늘이 무너져!"

기록에 따르면 주周 나라가 되어서야 중천진 이름을 기국杞國으로 바꾸었다고 한다.

이제 백성들 몸이 눈에 띄게 커져 그들 힘으로 충분히 집을 짓고 궁전도 세울 수 있게 되었다. 평온한 날이 여러 해 지속되었지만 기인은 여전히 "하늘이 무너진다."며 백성들을 불안케 해 원성이 자자했다. 사람들은 그가 쓸데없이 하늘이 무너질까 봐 걱정한다고 나무랐다.

그러던 어느 날 기인은 앞을 제대로 보지 않고 다니다 궁전과 망천루에 부딪히면서 그만 두 곳을 무너뜨리고 말았다. 평소 그의 행동을 못마땅하게 여기던 왕은 크게 화를 내고 그를 죽여 버렸다.

산을 메고 태양을 뒤쫓은 이랑

사천성四川省 서쪽 관현灌縣 서가胥家 근처, 박조강朴條江을 사이에 두고 두 산이 마주 보고 서 있다. 오른쪽은 용산湧山, 왼쪽은 동자산童子山이며, 그곳에서 멀지 않은 곳에는 산세가 험한 칠두산七頭山이 있다. 이 일대에 이랑二郞이 산을 메고 해를 뒤쫓은 전설이 전해 내려온다.

이빙李氷 부자는 마을에 나타나 온갖 악행을 일삼던 괴룡을 붙잡아 쇠사슬로 묶은 뒤 복룡담伏龍潭 아래에 가두어 놓았다. 괴룡이 내뿜는 물로 논에 물을 댄 덕분에 철마다 물이 풍족해 농작물이 싱싱하게 잘 자랐다. 그러나 칠두산 일대의 산등성이에 숨어 사는 화룡은 여전히 만행을 일삼았다. 음력 오뉴월이 되면 쩍 벌린 아가리로 붉은 화염을 내뱉어 산속 돌덩이들은 모두 화약 덩어리처럼 구워졌고, 초목들은 말라 죽어 갔다. 사람들이 일일이 나서서 수맥을 찾는 것도 쉬운 일이 아니었다.

이빙의 둘째 아들 이랑은 아버지의 명을 받들어 화룡을 잡으러 나섰다.

'일흔두 번이나 변신한다는 괴룡도 굴복시킨 나야. 그러니 화룡을 생포하는 것도 어려운 일은 아닐 거야.'

그러나 그의 예상은 빗나갔다. 화룡은 비록 변신술은 부족했지만 순식간에 도망치는 재주가 있었다. 화룡은 언제나 태양이 서쪽으로 질 즈음 그 뒤에 감쪽같이 숨어 사라졌다가, 다음 날 정오 즈음에 어김없이 나타나 불을 내뿜으며 사람들을 해쳤다. 며칠째 계속 화룡을 놓쳐 초조하던 이랑은 드디어 화룡의 도주로를 파악하고는 산과 수로의 위치를 바꿔 도주로를 차단키로 했다.

해가 지기 직전 수로를 열어 놓기 위해 그는 옥루산玉樓山 정상으로 달려가 신령한 나무로 멜대를 만들고, 남산의 대나무 숲으로 가서 영묘한 대나무로 광주리를 짰다.

'음, 이 정도면 준비는 완벽해.'

10자 남짓한 멜대는 번쩍번쩍 윤이 났고, 엄청나게 큰 대광주리는 큰 산도 족히 떠 담을 만했다. 머리 위는 푸른 하늘이, 허리춤은 뭉게구름이 그를 감쌌다. 산 하나씩 떠 담은 멜대를 양쪽 어깨에 가뿐히 둘러메고 한 걸음에 15리씩 성큼성큼 걸어서 태양을 쫓아갔다. 서른세 번을 왔다 갔다 했으니, 결국 예순여섯 개의 산을 모두 메고 옮긴 셈이었다.

산을 메고 가던 길에 이랑이 멜대를 고쳐 메다가 그만 대광주리에 얹어 놓았던 돌덩이가 떨어지면서 생긴 산이 바로 지금의 숭의포崇義鋪 북쪽에 있는 주석산走石山이다. 이랑이 잠시 숨을 돌리려고 멜대를 땅에 툭 내려놓다가 흙이 떨어져 생긴 산이 용산과 동자산이고, 신발 속에 들어간 진흙을 털자 큰 구릉이 생겼는데, 그것이 바로 지금까지 남아 있는 마가촌馬家村이다.

이랑은 시간이 갈수록 더욱 기운이 넘쳐 그만 해가 서산으로 넘어가는 것도 몰랐다. 고개를 들자 화룡이 마침 해를 따라 서쪽으로 도망가고 있었다. 화룡은 이랑이 만든 수로가 도주로를 막을까 봐 화염을 내뿜으며 그를 향해 맹렬히 돌진해 왔다. 이랑은 화룡이 내뿜는 열기 때문에 땀을 비 오듯 흘렸지만 닦을 틈도 없이 계속 정신을 집중했다. 이랑의 머릿속에는 오로지 해가 지기 전에 산을 옮겨 수로를 만들어야 한다는 생각뿐이었다.

그런데 갑자기 좌악 하는 엄청나게 큰 소리와 함께 신령한 나무로 만든 멜대가 그만 두 동강이 나고 말았다. 이랑은 부서진 멜대를 내동댕이치고 손으로 대광주리를 들고서 마지막 남은 산 두 개를 수로 끝 부분에 던져 드디어 수로를 완성했다. 땅에 던져 놓았던 멜대와 떨어진 돌멩이들은 산으로 변했다.

화룡은 새로 만들어진 수로 때문에 도주로가 막히자, 급한 나머지 몸을 이리저리 부딪쳐 보았지만 그럴수록 점점 힘이 빠졌다. 서둘러 집으로 돌아간 이랑은 병 속에 복룡담의 물을 가득 담아 와서 새로 만든 수로에 부었다. 그러자 갑자기 수로에서 물결이 일렁이고 파도가 솟구치면서 화룡의 눈이 허옇게 변하고 배가 부어올랐다. 화룡은 죽을힘을 다해 산등성이를 잡고 기어오르려 애썼지만 번번이 미끄러지고 말았다. 화룡이 마지막 발버둥을 치며 머리를 치켜세울 때마다 산등성이의 흙과 바위가 파헤쳐졌는데, 이 결과로 생겨난 것이 바로 산세가 험하다는 칠두산이다. 화룡은 결국 이랑이 산을 메고 달려가 만든 수로에서 죽었다.

지금까지 이 일대의 진흙에 붉은색 돌멩이가 섞여 있는 것은 바로 화룡의 피가 스며들었기 때문이다. 더 깊이 파 내려가면, 화룡의 시체라는 용의 화석까지 발견할 수 있다는 전설이 전한다.

대우왕과 거령신

반고가 천지를 창조할 때 대지는 사방 가장자리가 불룩 튀어나오고 가운데는 움푹 들어가서 커다란 접시 같았다. 이런 모양 때문에 하늘에서 떨어진 빗물은 모조리 땅 가운데에 고이기만 할 뿐 새거나 다른 곳으로 빠져나가지 못했다. 시간이 갈수록 물은 더욱 불어나 광활한 대양을 이루었다.

어느 날 세상에 대단한 능력을 가진 인물이 등장했으니, 그가 바로 대우大禹였다. 그는 세상 사람들과 힘을 합쳐 치수 사업을 벌이고 돌과 흙을 옮겨 제방을 만들었다. 그러나 비가 계속 내리는 데다가 강물도 끊임없이 불어나 사람들도 어쩔 수 없이 돌과 흙을 더욱 높이 쌓을 수밖에 없었다. 높이 올라간 제방이 시도 때도 없이 무너져 내려 하루도 편한 날이 없었다.

훗날 한 사내가 기막힌 제안을 했다. 대지의 사방 가장자리에 있는 불룩한 부분을 없애 버려 물이 흘러 빠져나갈 수 있도록 하는 것이 근본적인 치수 방법이라는 것이었다.

"방법이 아무리 좋으면 뭐 해?"

"세상 어느 누가 저 견고한 가장자리를 없앨 수 있겠어?"

방법은 마음에 들어 했지만, 어느 누구도 차마 나서지 못했다.

그 방법을 제안한 사내가 말했다.

"내가 다른 사람들보다 힘도 세고 튼튼하니 한번 도전해 보도록 하지. 그래도 지금은 불가능할 테니, 3년 동안 체력과 기력을 키운 뒤에 도전하겠소. 대신 나는 오늘부터 3년 동안 잠만 잘 테니 모두 내 입 속으로 먹을 것을 넣어 주시오."

말을 마치자마자 그는 바로 잠이 들었다.

사람들이 쉬지 않고 음식을 먹여 3년째 되는 해까지 그는 무려 1만 말에 가까운 음식을 먹었다. 약속한 3년이 가까워지자, 누워 있기만 한 그의 몸은 대지를 덮을 만큼 거대해졌다. 잠에서 깨어난 사내는 온몸에 넘쳐흐르는 기운을 느낄 수 있었다. 그가 땅에 곧추 서서 손바닥으로 있는 힘껏 땅 가장자리를 쳐 내자 그곳에 거대한 구멍이 생겼다. 그리고 다시 발을 들어 힘껏 밟자 마찬가지로 커다란 구멍이 생겼다. 이후 물이 땅 가장자리에 난 두 구멍 사이로 콸콸 소리를 내며 무섭게 빠져나갔다.

모든 힘을 쏟아부은 뒤 쓰러진 사내는 영원히 일어나지 못했다. 사람들은 그를 기리기 위해 이 두 구멍으로 흘러간 물에 이름을 붙였다. 손바닥으로 쳐 낸 구멍으로 흘러나간 물은 '장강長江'이라고 부르고, 발로 힘껏 밟아 생긴 구멍으로 흘러간 물줄기는 '황하黃河'라고 불렀다. 그리고 시간이 지나면서 '장강長江'과 '황하黃河'로 불렸다.

대우는 이 사내의 방법을 그대로 배워 땅에 크고 작은 구멍들을 만들어 고여 있던 물을 흘려 보내 수해를 줄일 수 있었다.

치수의 공로를 인정받은 대우는 백성들로부터 황제로 추앙받으며 '대우왕大禹王'으로 불렸다. 대우는 황제가 된 뒤 사내의 업적을 대대손손 기억하기 위해 그를 거령巨靈 황제로 받들었고, 그 뒤 사내는 '거령신巨靈神'으로 불리며 깊은 존경을 받았다.

대우의 전설

대우는 곤(鯀)의 심장이 변한 것이란 전설이 있다.

곤왕은 옥황상제의 외손자였다. 당시 옥황상제는 세상의 모든 것을 자기 소유로 만들고 싶어 한 잔인무도한 자였다. 그런데 그는 사람들이 즐겁게 농사짓는 모습을 보자 질투가 생겼다.

'옥황상제인 내 권력이 미치지 않는 곳이 없는데, 너희같이 하찮은 것들이 편안하고 한가로이 지내다니. 내 너희를 모두 수장시켜 주마.'

그는 사해의 용왕들에게 지상의 세계를 모두 물에 잠기게 하라고 명을 내렸다. 이윽고 천둥과 벼락이 치고, 물은 단숨에 넘쳐 대지를 삼켜 버렸다.

곤왕은 평소에도 외조부인 옥황상제의 일거수일투족을 좋아하지 않았고 그의 잔악성에 분노했다. 이번에 옥황상제가 백성들에게 저지른 만행을 본 그는 더 이상 침묵하지 않으리라 다짐했다.

그는 옥황상제에게 신령한 힘을 가진 영토가 있다는 소문을 듣고 그것을 훔치기로 마음먹었다. 그러나 그 땅은 아주 은밀한 곳에 숨겨져 있는 데다 상당히 무거워 신령한 거북인 신구神龜를 찾아가 도움을 구하기로 했다. 거북은 처음엔 선뜻 응하지 않았지만 곤왕의 간곡한 부탁을 더 이상 거절할 수가 없었다.

잠시 후 거북은 두 자 정도 되는 금 상자를 등에 짊어지고 숨을 몰아쉬며 기어 왔다. 곤왕은 거북의 도움을 받아 상자를 열어 옥황상제의 땅을 속세의 대지 위로 옮겨 놓았다. 그 뒤 넘쳐나던 물이 점차 물러나기 시작하더니, 사흘째가 되자 홍수는 완전히 사라지고 오곡이 풍성하게 열린 경치가 눈앞에 펼쳐졌다.

그러나 세상에 비밀이란 없는 법! 이 일은 금세 옥황상제 귀에 들어갔다. 그는 먼저 그 땅을 다시 되돌려 놓을 것을 명했고, 누가 행한 일인지를 엄중히 문책했다. 곤왕은 이 일에 다른 사람까지 끌어들이고 싶지 않아 자신이 한 일이라고 담담하게 인정했다. 그리고 조목조목 여러 이유를 열거하며 옥황상제의 행동을 비판했다. 곤왕이 아무리 외손자라고 해도 자신이 만든 법을 어겼을 뿐만 아니라 면전에서 자신을 비난했기 때문에 옥황상제의 분노는 극에 달했다. 옥황상제는 바로 곤왕을 참수한 뒤 그의 시체를 하늘 밖으로 내던지라고 명했다.

곤왕은 다음 날 다시 환생했지만, 이미 기력이 완전히 빠진 뒤였다. 그래서 자신의 심장을 파내 대우로 변하게 한 뒤, 그에게 무슨 일이 있어도 홍수를 제대로 다루어야 한다고 당부했다. 대우는 그 말을 가슴속에 새기며 눈물로 곤왕과 이별했다. 곤왕의 몸은 물고기로 변한 뒤 바다로 나갔다.

이후 대우가 치수에 성공하자 사람들은 그를 '우왕禹王'이라 불렀으며 그의 사당도 세웠다. 그의 명성은 지금까지도 전한다.

오곡 황제

애초에 인간은 나뭇잎을 옷으로 삼고 호랑이, 노루 같은 야생 동물들과 함께 생활했다. 그들은 과실을 주식으로 삼았으며 쌀밥을 먹지 않아도 병에 걸리지 않았다.

인간은 머리카락 색이 검어 '검은 머리 벌레'라고 불렸다. 이후 동물들과 떨어져 생활하면서 인간이 가장 영리한 종족이 됐기 때문에 동물을 다스릴 수밖에 없었다.

남자는 나뭇잎으로 옷을 삼고, 여자는 종려나무 잎사귀로 몸을 가렸다. 황제**가 옷을 발명하면서부터 인간은 의복의 기능뿐만 아니라 남녀간의 차이점과 예절 등을 알게 되었다.

그런데 인간은 오곡을 먹으면서부터 아프기 시작했다. 원래 오곡 황제의 배 속은 유리 같아 무엇을 먹든 내용물을 다 볼 수 있고, 투명한 오장육부에서 일어나는 현상들도 속속들이 알 수 있었다.

그런데 사람들이 오곡을 먹고 난 다음부터 병에 걸리자 오곡 황제는 약초를 먹였다. 약초들은 모두 오곡 황제가 직접 재배한 것이었다. 그때는 무슨 약을 먹든 다 볼 수 있었기 때문에 약이 배 속 어느 부분에 있는지, 배의 어느 부위를 따라 움직이는지, 어떤 약초를 써야 효과가 있는지, 그리고 어떤 병들을 치료할 수 있는지 등을 연구할 수 있었다. 그런데 실수로 송충이를 삼키면서 유리 같던 배 속이 시커멓게 변해 아무것도 볼 수 없게 되었다.

오늘날 농민의 날은 옛날 오곡 황제의 날이다. 오곡 황제는 바로 농민들의 조상이다.

글자를 창제한 창힐

신정현新鄭縣 성남관城南關에는 까마득한 높이의 봉대사鳳臺寺가 자리 잡고 있다. 봉대사는 창힐倉頡이 글자를 만들었다는 전설이 전해 오는 곳이다.

옛날 사람들은 끈의 모양으로 일을 기록했다. 큰일은 크게 묶고, 작은 일은 작게 묶었다. 끈을 가로로 놓으면 사물을 표현하는 것이고, 세로로 세우면 숫자를 나타내는 것이었다. 헌원軒轅 황제가 중국을 통일한 뒤, 이 방법으로는 의사를 충분히 전달할 수 없음을 깨닫고 신하 창힐에게 글자를 창제토록 명했다. 창힐은 이 대의를 수행하기 위해 하루도 게으르게 지낼 수가 없었다. 그는 유수강淸水河 남쪽 바닷가 절벽 위에 집을 지어 지내면서 글자 창제에만 정신을 집중했다. 그러나 오랜 시간이 지나도록 눈에 보이는 성과가 없었다.

하루는 황제와 상선常先 등 대신들이 그를 만나기 위해 이곳에 들렀다. 그가 수심에 찬 얼굴로 답답해하자 황제 일행이 그를 위로했다.

"서두를 필요는 없네. 천천히 하게나. 인내심만 있다면야 결국 완성할 수 있지 않겠나."

황제 일행을 배웅하고 난 뒤, 창힐은 답답한 마음에 집 앞 섬돌에 앉아 멍하니 하늘을 쳐다보았다. 그때 갑자기 봉황 한 마리가 눈에 들어왔다. 봉황은 잠시 그의 머리 위를 선회하다가 다른 곳으로 날아가 버렸다. 그때 봉황 부리 속에서 무언가가 살랑살랑거리며 그 앞에 떨어졌다. 얼른 손을 뻗어 줍고 보니 발자국이 선명하게 찍힌 잎사귀였다. 이것이 어느 동물의 발자국인지 알 수 없던 창힐은 마을의 사냥꾼을 찾아갔다. 사냥꾼은 그 잎사귀를 보고 말했다.

"이건 족제비 발자국입니다. 곰, 족제비, 호랑이, 표범, 승냥이, 늑대 등은 같은 맹수라고 해도 발자국이 서로 다 다릅죠. 전 발자국만으로 어떤 맹수가 산에서 사는지 알 수 있습니다."

그의 말에 뇌리를 스치는 생각이 있었다.

'그렇지! 세상 만물은 모두 자기 나름대로의 특징이 있어. 그렇다면 사물의 특징만을 뽑아 그림처럼 그려 내는 것이 바로 글자가 아니고 뭐겠어?'

퍼뜩 이런 생각이 든 그는 사물의 특징을 세심히 관찰했다. 해, 달, 별, 구름, 산, 강, 바다와 하늘을 나는 새들, 땅에서 뛰어다니는 동물들의 특징을 잡아 그림을 그렸더니 끊임없이 수많은 글자를 만들어 낼 수 있었다.

황제는 창힐이 글자를 창제했다는 소식을 듣고 대신들과 함께 다시 그의 집을 찾아갔다. 그러나 창힐은 그동안 쌓인 피로가 한꺼번에 몰려와 자리에 몸져누워 기력을 차리지 못했다. 황제는 당장 뇌공(雷公)에게 약초를 구해 오도록 명한 뒤 손수 약을 달여 먹였다. 덕분에 병세가 호전된 창힐은 자신이 만든 글자를 황제와 대신들에게 보여 주었고, 황제는 그의 성과에 대단히 흡족해했다.

"자네는 정말 똑똑한 인물이야. 이런 어려움 속에서도 대단한 공을 세웠군그래."

황제는 침이 마르도록 창힐을 칭찬했다. 창힐은 봉황이 날아와 나뭇잎을 던져 준 사연과 사냥꾼이 알려 준 동물들의 발자국 판별법 등, 글자 창제에 도움을 준 일들을 일일이 말해 주었다. 그의 말을 들은 황제는 감탄해서 말했다.

"하늘이 우리의 글자 창제를 도와주었구려."

이후 황제가 천하의 수장들을 불러 모아 창힐이 만든 글자를 가르쳐 주었고 이것이 천하로 퍼져 나갔다.

후인들은 창힐의 노고를 잊지 않고 기념하기 위해 창힐이 머물며 글자를 창제한 곳을 '봉황대鳳凰臺'라고 불렀고, 송나라 사람들은 이곳에 절과 탑을 세워 '봉대사鳳臺寺'라고 했다.

여와가 만든 악기 생황

옛날엔 천황天皇, 지황地皇과 인황人皇 세 황제가 있었다. 천황은 하늘을, 지황은 땅을, 그리고 인황은 사람을 관리했다. 천황의 이름은 황제黃帝, 지황의 이름은 염제炎帝, 인황의 이름은 여와女媧였다. 여와는 아침부터 밤까지 자손들을 이끌고 밭을 개간하며 생활했다.

어느 날 새벽, 여와가 밭을 경작하는데 동쪽 하늘 위로 태양이 떠오르더니 잠시 후 서쪽 하늘에서도 태양이 떠올랐다. 여와는 멍하니 그 모습을 지켜보기만 했다.

바로 그때 하늘에서는 황제가, 땅속에서는 염제가 솟아났다.

황제가 말했다.

"여와야, 곧 홍수가 날 것이다. 내 너에게 하늘에 닿을 만큼 긴 대나무를 주마. 너에게 무척 쓸모가 있을 게다."

염제도 그녀에게 말했다.

"여와야, 이 대지는 잠길 것이다. 내 너에게 표주박 하나와 모래 한 줌을 주마. 너에게 무척 쓸모가 있을 게다."

고개를 끄덕이며 여와는 하늘까지 닿는다는 대나무를 받아 들고 표주박을 품에 안고 모래는 손에 꽉 쥐었다. 동쪽 하늘을 바라보니 어느새 태양이 온데간데없었다. 서쪽 하늘 위의 태양도 사라져 버렸다. 미처 자손들을 피신시킬 새도 없이 우르릉 쾅 하는 뇌성과 함께 비가 쏟아지면서 순식간에 대지는 물에 잠겼다. 다급해진 여와는 급히 표주박을 타고 대나무를 노 삼아 저어 갔다. 그녀가 손에 꼭 쥐고 있던 모래가 물속에 빠지자 순간 물속에서 산과 평지가 솟아났다. 표주박이 지나간 자리는 길고 긴 장강長江으로 변하고, 땅에는 풀과 나무가 무성하게 자라났다.

여와는 계속 표주박을 타고 흘러갔다. 얼마나 흘러갔을까? 모래도 얼마 남지 않았고 물도 더 이상 불어나지 않자, 그녀는 모래로 만들어진 땅 위에 두 발을 딛고 섰다. 황량한 땅 그 어느 곳에서도 다른 사람은 찾아볼 수 없었다. 그녀의 자손들은 홍수로 이미 목숨을 잃었다. 외로운 처지가 처량하기 이를 데 없던 그녀는 대나무를 손에 쥔 채 멍하니 서 있었다. 순간 바람이 휘익 하고 불자 대나무에서 잉잉 소리가 났다. 그때 여와의 머릿속에 묘안이 떠올랐다. 대나무를 일곱 토막으로 자르고 속을 비워 대나무 관을 만든 뒤 표주박 위에 하나씩 꽂았다. 그리고 얇은 대나무 잎을 대나무 관 주둥이에 끼워 넣었다. 그런 뒤 입으로 공기를 불어넣으니 속에서 잉잉잉 하는 소리가 흘러나왔다. 여와는 자신의 발명품에 대단히 흡족해하며 '생황笙篁'이라고 이름붙였다. 그녀는 아침부터 밤까지 태양이 떠오르고 새들이 곁으로 모여들 때까지 계속해서 생황을 불었다.

하지만 대화를 나눌 상대가 없어 그녀는 여전히 외로웠다. 여와는 당장 땅에서 진흙을 파내 사람 형상을 만들기 시작했다. 쉬지 않고 계속해서 만들다 보니 어느새 2,000개로 늘어났다. 이들을 응달에 두고 말리자 물기가 마르면서 하나 둘 인간이 되었다. 여와는 다시 생황을 불기 시작했지만, 그들에게 줄 음식이 없어 다시 고민에 빠졌다. 벼는 이미 물에 다 잠긴 상태였기 때문에 어쩔 수 없이 벼의 모종을 찾기 시작했다. 얼마나 찾아다녔을까? 그녀는 수풀 속에서 거미가 거미줄을 엮어 벌레를 잡아먹는 모습을 보았다.

'그렇지, 백성들에게 물고기를 잡게 하면 되겠어!'

뜻밖에도 여와는 물고기 배 속에서 홍수가 나기 전에 물고기가 먹은 볍씨를 찾아낼 수 있었다. 그녀는 볍씨를 조심스럽게 꺼내 땅에 심고 정성껏 보살폈다. 이어 조금씩 싹이 돋아나더니 이삭이 자라났다. 그리고 몇 번에 걸친 씨뿌리기를 통해 드디어 대지에 벼가 자라나기 시작했다. 세상은 인간도, 먹을 곡식도 생기면서 변화하고 떠들썩한 곳으로 변해 갔다.

신농의 출생

　염제 신농神農은 중국인 최초의 황제이다. 다른 황제와 달리 그에겐 어머니만 존재했다. 그의 어머니 여등女登은 대단한 능력을 가진 여성으로, 아침부터 밤까지 언제나 바삐 움직였다.
　어느 날 그녀가 강가에서 먹을 것을 씻느라 아래를 응시하고 있었다. 순간 그녀의 손 근처로 무언가가 흘러 지나갔다. 처음에는 소스라치게 놀랐지만 다시 마음을 가다듬고 보니 붉은 기가 도는 크고 탐스러운 복숭아였다.
　'무척 맛있겠지?'
　내친 김에 한입 베어 문다는 것이 그만 다 먹어 치우고 말았다. 그러나 그때까지도 그녀는 그것이 신선들만 먹는다는 '천도'임을 깨닫지 못했다.
　잠시 후였다.
　"응애, 응애, 응애."
　어디선가 갓난아기 울음소리가 들려왔다.

'누구 네 아이지? 어디서 우는 걸까?'

아무리 두리번거려도 어디에서 들려오는지 알 수가 없었다. 가만히 귀를 기울였더니 아니나 다를까 바로 자신의 배 속에서 들려오는 소리였다. 놀란 여등이 급히 자리를 떨치고 일어나 달리자 울음소리가 더욱 커졌다. 배도 더 아파 더 이상 달릴 수가 없었다. 그녀가 풀밭 위에 쓰러지자마자 신농이 태어났다.

'아이가 태어나기는 했지만, 이 아이에게는 아버지가 없으니 어쩐담. 나 혼자 힘으로 아이를 키울 수 있을까? 누굴 찾아서 도움을 구해야 하나. 하지만 아직 내 나이도 어린데 어떻게 이런 일을 다른 사람한테 의논할 수 있겠어. 차라리 아이를 풀밭에 버리고 가는 게 낫지 않을까?'

그녀는 발걸음을 뗐다가 다시 돌아보고 또 한 걸음 뗐다가 다시 아이를 바라보았다.

'안 돼, 안 돼. 저렇게 기운차게 생긴 아이를 어떻게 버려. 엄마 된 사람으로 어떻게 아이를 버려……. 하지만 다른 방법도 없는걸!'

풀밭에 누운 신농은 계속 울기만 했다. 그의 울음소리는 유달리 우렁차 옥황상제가 사는 천궁에까지 울려 퍼졌다.

"울음소리가 남다르구나."

물론 신농도 신이었기에 남다를 수밖에 없었다. 옥황상제가 울음소리를 따라간 곳에 바로 신농이 있었다. 신농이 계속 울도록 내버려 둘 수 없던 옥황상제는 공중으로 손을 저어 매를 불러 분부했다.

"저 아이 머리 위를 날며 햇볕을 가려 주거라. 저렇게 큰 태양의 햇볕을 계속해서 쬐게 했다가는 큰일 날 게다."

매는 즉시 날개를 쫙 펼치고는 아이 곁을 맴돌았다. 잠시 후 다시 신농의 울음소리가 들려왔다.

"왜 저 아이는 계속해서 우는 걸까? 음, 어쩌면 아무것도 먹지 못했기 때문일지도 몰라. 배가 고프니 안 울곤 못 배기겠지."

옥황상제가 다시 손을 휘젓자 흰 노루 한 마리가 수풀 속에서 뛰어나왔다. 노루에게 분부를 내렸다.

"어서 가서 저 아이에게 네 젖을 물리거라."

옥황상제의 분부에도 노루가 꼼짝 않고 서 있자 다시 물었다.

"왜 그러느냐?"

노루가 미심쩍은 듯 그에게 되물었다.

"노루의 젖을 어떻게 함부로 인간에게 먹이겠습니까?"

옥황상제는 그 질문이 좀 우스꽝스러웠지만 노루를 달랬다.

"저 아이는 사람이 아니라 노루니라. 믿지 못하겠다면 저 아이의 머리에 난 뿔을 보거라."

과연 아이 머리 위에 두 개의 뿔이 나 있었다. 신농은 노루 젖을 먹고 무럭무럭 자랐다. 신농의 머리에 뿔 두 개가 난 것은 바로 이 때문이었다.

현자를 찾아 나선 요왕

상고시대에 요왕堯王은 평양지금의 임분臨汾 지역에 살았다. 그는 날마다 해가 떠오를 때 일을 시작해서 해가 서산으로 넘어가야 집으로 돌아가 쉬었다. 물을 마시고 싶으면 직접 우물을 파 마시고, 배가 고프면 스스로 농사를 지었다. 그가 바로 근검절약하고 소박하며, 늘 백성들을 걱정하여 그 인자함으로 유명한 상고시대의 군왕인 요왕이다.

요왕에게는 열 명의 아들이 있었다. 장남인 단주丹朱는 성질이 가장 포악하고 교활해 늘 백성들을 괴롭혔다. 홍수가 천지를 뒤덮었을 때조차 그는 뱃놀이를 하며 놀 궁리만 했고, 백성들의 고통에는 아주 무관심했다. 홍수가 물러나자 단주는 '육지에서 하는 뱃놀이'라는 미명 아래 땅 위에서 할 수 있는 뱃놀이를 준비토록 했다. 사람들은 맨땅에서 배를 끄느라 온몸이 땀으로 뒤범벅되어 가쁜 숨을 내쉬었지만, 그는 오히려 이런 모습에 깔깔대며 즐거워했다. 집에서도 언제나 말썽을 도맡아 피워 형제들 중 누구도 그와 상대하려

하지 않아 싸움이 끊이지 않았다.

요왕은 갈수록 기력이 쇠약해져 왕위를 물려줄 사람을 찾았다. 장남인 단주는 아무리 가르쳐도 소용이 없고, 나머지 아들들은 아직 나이가 어려 나라의 중대사를 결정할 왕위를 물려줄 수가 없었다. 대신들도 왕위를 물려받기에는 부족한 인물들이었다. 궁리 끝에 그는 몰래 평복을 하고 성 밖으로 나가 왕위를 이을 사람을 찾기로 했다.

요왕은 순남이란 곳에서 한 청년을 만났다. 그는 황소와 흑우를 몰며 땅을 갈고 있었다. 그러나 청년의 손에는 있어야 할 채찍 대신 키가 들려 있었고, 그는 그저 키를 몇 번씩 두드리기만 할 뿐이었다. 요왕은 그 행동을 보고 청년의 의중이 무엇인지 궁금했다.

'참 이상한 청년이군. 땅을 갈면서 오히려 키를 두드리다니. 저 행동은 과연 무슨 의미일까?'

이때 백발의 노인이 맞은편 산에서 땔감을 메고 내려왔다. 노인을 본 청년은 하던 일을 멈추고 달려가 노인의 짐을 받아서는 바로 산비탈을 내려갔다. 요왕은 그 노인에게 다가가 인사를 하며 물었다.

"어르신, 저 젊은이가 댁의 아드님입니까?"

"아니야. 저분은 우리 마을의 젊은 수령인데 댁이 이 근처라네. 나야 마을 사람이지."

요왕이 다시 물었다.

"마을 수령인 자가 어르신의 짐을 왜 대신 들어 주는 겁니까?"

"저분은 어려움에 처한 사람이라면 누구든 다 도와주시지. 그리고 비록 수령이긴 하지만 다른 사람이 자기 일을 대신하는 것을 절대로 용납하지 않아. 방금 전까지 그가 직접 땅을 가는 모습을 보지 않았나?"

요왕은 노인의 말에 연신 고개를 끄덕였다. 젊은이가 무척 마음에 들어 요왕은 그에게 물었다.

"자네 이름이 뭔가?"

"순이라고 합니다."

"이 어르신이 말씀하신 것이 모두 사실인가?"

"어르신이 과찬의 말씀을 하신 거지요. 사실 전 해 드린 것이 아무것도 없습니다."

순이라는 젊은이의 겸손한 태도에 탄복한 요왕은 순을 아래위로 찬찬히 훑어보았다. 아니나 다를까 그에게서 남들과는 다른 기운이 느껴졌다. 요왕이 다시 물었다.

"조금 전에 밭을 갈 때 왜 키를 계속 두드렸는지 그 이유를 말해 줄 수 있겠나?"

순은 쑥스러워하며 말했다.

"소가 비록 짐승이긴 합니다만 절 위해서 이미 많은 수고를 했습니다. 제가 채찍으로 친다면 양심 없는 행동이 아니겠습니까? 그래서 키를 두드려 내는 소리로 잠시 놀래 주기만 하는 거지요. 그리고 만일 제가 두 마리 소 중 한 마리만 때린다면 그 소는 고통 때문에 포악해질 테지만 다른 소는 여전히 성실하게 일을 하겠지요. 그렇다면 맞은 소는 화가 나 급히 내달릴 테지만, 다른 소는 그러지 않을 테니 결과적으로 일은 꼬이고 말 겁니다. 땅은 얼마 갈지 못하면서 힘은 더 빨리 빠져 버릴 게 뻔하지 않습니까? 좋은 점이 하나도 없지요."

그의 대답이 끝나자마자 요왕은 순의 손을 꼭 잡으며 그의 마음 씀씀이를 칭찬했다.

"맞는 말이네, 맞는 말이야!"

요왕은 생각했다.

'가축을 아끼는 마음뿐만 아니라 뛰어난 재능도 있어. 이 젊은이가 군주가 된다면 인재도 제대로 등용할 거야. 정말 보기 드물게 현명한 청년이군. 암, 정말 보기 드문 보배야!'

백발의 노인과 순은 이 남자의 행동에 영문을 몰라 어찌할 줄 몰랐다. 두 사람이 물었다.

"그런데 당신은 누구십니까?"

"나는 요라고 하네. 바로 자네들의 왕이지!"

두 사람은 그의 대답에 놀라 잠시 멍하니 서 있다가 급히 무릎을 꿇었다. 요왕은 그들을 일으켜 세우며 상기된 표정으로 자기 의중을 털어놓았다.

요왕의 말을 들은 노인은 손바닥을 치며 잘됐다고 기뻐했다. 하지만 순은 오히려 정중히 거절했다.

"저는 그리할 수가 없습니다."

요왕이 말했다.

"그럼 이렇게 하세. 나와 함께 성으로 돌아가서 다른 사람들이 자네를 어떻게 평가하는지 보고 그때 가서 다시 말해 보세나."

순은 요왕을 따라 성으로 갔다. 군신들의 질문에 그는 청산유수로 대답했다. 나라의 미래와 백성들의 생활에서부터 적의 침략을 막는 문제까지, 그리고 천문에서 지리까지 그는 통달하지 않은 분야가 없었다. 대신들도 청년의 뛰어난 재능에 입을 다물지 못했다. 지금 같은 세상에 어디서 이런 군주를 찾을 수 있을까? 순은 곧 요왕의 뜻을 받들어 순왕舜王이 되었다.

요왕이 순에게 왕위를 넘겨주자, 단주와 중원의 삼묘족三苗族이 그의 결정에 이의를 제기했다. 그러나 요왕은 아들의 반대 때문에 정

치적 결정을 뒤집는 인물이 아니었다. 그는 직접 병사들을 이끌고 나아가 아들과 삼묘족을 공격했다. 당시 삼묘족의 우두머리는 생포되었고, 패배를 직감하고 남쪽까지 도망간 단주는 결국 도주로가 막혔음을 알아차리고 바다에 뛰어들어 스스로 목숨을 끊었다.

항우의 전설

항우의 출생 이야기를 꺼내기 위해서는 우선 진시황의 만리장성 이야기부터 시작해야 한다.

진시황의 눈매는 무척이나 매서웠다. 만리장성을 쌓을 때 노인들도 높은 곳까지 흙을 메고 나르는 모습이 아주 날랜 것을 보고 진시황은 의아해했다. 그 궁금증을 풀기 위해 그는 이곳에 머물며 일꾼들을 상대로 조사를 벌였다. 그리고 바로 멜대 위에 신기한 바늘이 달려 있어 멜대가 아무리 무거워도 무게를 전혀 느낄 수 없음을 알았다. 진시황은 이 신기한 바늘을 하나하나 모아 채찍을 만들었다. 채찍의 위력은 실로 대단해 산을 깎고 골짜기도 메울 만했다.

진시황은 이 대단한 채찍으로 만리장성을 쌓은 다음, 산을 깎아 바다를 메우고 용궁까지 메울 속셈이었다. 이 사실을 알게 된 용왕은 셋째 공주에게 그 채찍을 훔쳐 오라고 명했다. 과연 어떻게 훔쳐 올 수 있을까? 셋째 공주는 진시황의 혼을 빼놓을 정도로 아름다운 여인으로 변신했다. 이 여인은 진시황과 날마다 음풍농월하며 세월을 보냈고, 저녁에는 진시황의 수청을 들며 그의 채찍과 자기가 가져온 채찍을 맞바꿀 기회만 엿보았다. 그러던 어느 날 아침 여인은 채찍을 바꿔 들고 줄행랑을 쳤다. 아침이 되어 진시황이 채찍으로 산을 깎아 보았지만, 신비로운 기운은 온데간데없었다.

용궁으로 돌아온 공주는 이미 진시황과 부부의 연을 맺어 아이를 갖고 있었다. 이후 사내아이를 낳았으니, 이 아이가 바로 초나라의 패왕霸王이다.

공주가 아이를 낳은 뒤 어떻게 했을까? 용궁은 아기에게 안전하지 못했기 때문에 그를 깊은 산 속으로 보냈다. 이후 호랑이가 그를 물고 가 젖을 물리고 새끼 호랑이들과 함께 키웠다. 그의 나이 일곱 살이 될 때까지 그의 몸에도 호랑이와 마찬가지로 털이 자라 털북숭이의 모습이었다.

어느 날 아이가 세 갈래 길에서, 나이 들어 사직하고 고향으로 돌아가는 정 대인頂夫人을 만났다. 후손이 없던 정 대인은 아이를 안고 집으로 돌아와 자신의 양아들로 삼고 이름을 '항우項緣'라고 지었는데, 나중에 '항우項羽'로 이름을 바꾸었다.

정 대인은 우선 항우에게 학문을 가르칠 선생부터 찾았다. 항우는 총명하고 힘이 세 정 대인은 그에게 무예를 가르치기로 했다. 하루가 다르게 쑥쑥 자란 항우는 문무에 모두 능한 장사로 성장했다. 정 대인이 항우에게 말했다.

"아들아, 너는 문무 모두에 능하니 앞으로 이 아비를 위해 복수를 해 줘야겠다."

항우가 무기를 챙겨 들고 길을 떠나려 하자 정 대인이 말했다.

"혼자 힘으로 어찌 적들과 대항할 수 있겠느냐? 그래도 너에게는 이 아비의 원한을 갚아 줄 기개가 있으니 이렇게 하자꾸나. 이

●──중국 민담

아버지에게 의형제가 있다. 그 또한 간신배들에게 핍박받은 뒤 산으로 피신해 도적이 되긴 했지만, 그에게는 너를 도와줄 사람들이 틀림없이 많을 게다. 그와 힘을 합쳐 이 아비를 위해 앞으로 나쁜 무리들을 물리쳐 주거라. 알겠느냐?"

"그렇게 하겠습니다."

그가 떠나기 전, 정 대인은 그에게 의형제인 숙부의 말을 잘 따르라고 거듭 당부했다. 항우는 아버지의 서신을 들고 숙부를 찾아 산으로 향했다.

산으로 간 항우는 숙부의 무리들과 함께 반란을 일으켰다. 안휘성安徽省 금보金寶 지방을 지날 때였다. 백성들이 대문을 꼭꼭 닫은 채 누구에게도 문을 열어 주려 하지 않았다. 의아했지만 그 연유를 물어볼 곳도 없었다. 마침 항우와 마주친 한 지주가 그 이유를 알려 줬다.

"이곳엔 요괴가 삽니다. 그래서 모두 일찌감치 문을 걸어 잠근 겁니다."

숙부는 요괴가 나타나 사람들을 해친다는 소리를 듣고 항우에게 말했다.

"빨리 지나가자꾸나."

"그럴 수는 없습니다. 우리가 출병한 이유가 무엇입니까?"

"원수를 갚고 나쁜 무리들을 없애기 위해서지."

"그렇다면 요괴도 나쁜 무리인 만큼 우리가 없애야 하지 않겠습니까?"

숙부는 그의 말을 듣고 입을 꽉 다문 채 아무 말도 하지 못했다.

'요괴도 나쁜 녀석이니 당연히 없애야지. 그러나 요괴와 싸워 이기기란 여간 어려운 일이 아니거늘! 항우의 의지를 꺾을 수도 없으

니 어쩔 수 없지. 항우의 말을 따를 수밖에.'

항우는 한참 동안 요괴가 나타나길 기다렸다. 연못의 물이 요동치면서 그 속에서 튀어나온 요괴는 순식간에 산머리를 휘감았다. 머리를 한 번 흔들자 녀석의 털에 붙어 있던 물방울들이 마치 폭우처럼 쏟아졌다. 항우는 한걸음에 요괴 등에 올라타 목 위의 긴 털을 잡았다. 요괴는 항우를 떨어뜨리려고 이리저리 미친 듯이 날뛰었지만 그는 끄떡하지 않았다. 결국 세 번을 휘휘 돌다가 다시 연못 속으로 뛰어들었다.

당시 연못가에는 말라 비틀어진 유자나무 한 그루가 서 있었다. 요괴는 이 나무 아랫부분을 감아 넘어뜨려 자기 등에 올라탄 항우를 떼어 낼 생각이었다. 그러나 항우가 오른손으로 요괴의 목 부분을 꽉 죄고 왼손을 뻗어 유자나무를 꽉 잡고서 두 발로 있는 힘껏 요괴의 몸을 조이자 요괴는 더 이상 몸을 움직일 수 없었다. 바로 그때 숙부가 연못까지 그들을 추격해 왔다.

"숙부, 빨리 오세요. 제가 요괴를 잡고 있어요."

숙부도 급히 항우와 함께 요괴를 붙잡았다. 이 요괴는 다리와 목이 길고 몸집이 큰 흑마가 변한 것이었다.

항우는 요괴에게 말했다.

"네 녀석이 만약 내 말을 고분고분 듣는다면 내 너를 죽이지 않겠다."

요괴는 머리를 끄덕이고 꼬리를 흔들었다. 그 뒤 이 요괴는 항우의 애마가 되었다.

요괴가 복종하자, 항우가 백성들을 위해 화를 없애 주었다는 칭찬이 자자했다. 우 원외虞員外, 우씨 성을 가진 마을의 유지는 항우의 건장한 체구와 선량한 마음 그리고 백성들을 위해 목숨을 아끼지 않는 모습을 보고 자신의 딸 우희虞姬를 그의 아내로 삼게 했다. 전설에 따르면 항우가 흘리는 땀은 바늘처럼 딱딱해서 세상에서 우희만이 그를 받아들일 수 있었다고 한다. 우희는 바로 천상의 별이었다가 속세로 내려온 여인이었기 때문이다.

계책으로 천하를 얻은 유방

유방과 항우는 원래 절친한 친구였다. 두 사람은 함께 학업을 시작했고 사부를 따라 함께 산으로 가 기예도 배웠다.

어느 날 항우는 혼자서 산을 내려와 바닷가에서 놀다가 우연히 바위 위에서 참조개를 캐고 있는 나이 든 여인을 보았다. 그는 조개 캐는 모습이 재미있어 보여 씩 웃으며 다가갔다. 그리고 그녀에게 예를 갖춘 뒤 갈고리를 건네받아 그녀의 동작을 따라하며 조개를 캤다. 시간이 갈수록 항우가 더욱 숙련된 기술로 조개를 캔 덕에 단시간에 그녀의 광주리에는 참조개가 수북이 쌓였다.

그녀는 항우의 건장한 몸과 잘생긴 용모, 게다가 활기차고 영민해 보이는 모습에 반했다.

"도련님, 도련님은 사람을 기쁘게 해 주시는군요. 내일 새벽 4시쯤에 이곳으로 나오세요. 제가 최고의 행복을 선물해 드릴게요."

항우는 그녀의 말이 범상치 않아 눈을 휘둥그레 뜨며 물었다.

"낭자는 누구시오?"

그녀는 활짝 웃으며 항우를 쳐다보았다.

"저는 동해 용왕의 셋째 딸이랍니다. 당신을 왕으로 만들어 드리려고 왔지요."

항우는 이 말을 듣고 놀라면서도 한편으로는 가슴이 뛰었다. 그는 다시 그녀에게 다가가 예를 갖추었다. 항우는 진秦을 멸망시키고 왕이 될 수 있는 계책을 묻고 싶었지만, 입을 채 열기도 전에 그녀는 광주리를 들고 바닷속으로 사라졌다.

항우는 그 모습을 멍하니 바라볼 수밖에 없었다.

'어쩔 수 없지. 다시 산으로 돌아갔다가 새벽에 그녀를 만나러 올 수밖에.'

산속으로 돌아온 항우는 유방과 함께 지내는 초막으로 들어갔다. 마침 유방이 혼자 술을 마시는 모습을 보고 방금 전 자신에게 일어난 일을 소상히 말해 주었다. 유방은 어려서부터 교활한 인물이어서 용왕의 셋째 딸이 항우를 왕으로 만들어 주겠다고 한 약속이나, 그를 만나기 위해 동해로 왔다는 사실에 커다란 질투를 느꼈다. 그는 눈살을 찌푸린 채 술 주전자를 들어 잔 가득 술을 따른 뒤 두 손으로 잔을 들고 항우에게 말했다.

"여보게, 친구. 자네는 이제 용왕 딸의 도움으로 왕이 될 몸이니 자네에게 한 잔 올림세."

항우는 유방이 진심으로 자신을 축하해 주는 것이라 믿고 술잔을 받아 단번에 들이켰다.

그러나 항우가 첫 번째 술잔을 내려놓자마자 유방은 다시 술 주전자를 들어 두 번째 잔을 따랐다. 유방은 두 손으로 술잔을 받쳐 들어 항우의 입으로 가져가며 말했다.

"자네는 나라를 다스릴 수 있는 행복을 얻었으니 오래오래 살아야 하네. 한 잔 더 하게나."

항우는 다시 술잔을 받고 단번에 들이켰다.

유방이 따라 주는 술을 마다하지 않고 계속 마시다 보니 어느새 항우는 술에 취해 인사불성이 되었다. 새벽이 다가오자 유방은 항우의 옷을 훔쳐 입고 항우로 분장해 급히 바닷가로 내려갔다. 용왕의 셋째 딸이 항우에게 주려 한 최고의 선물을 가로챌 속셈이었다.

유방이 용왕의 딸을 기다리고 있는 바닷가 바위에서 얼마 떨어지지 않은 곳에 높은 파도가 일기 시작하더니 뒤이어 물거품 속에서 아름다운 여인이 나타났다. 여인은 물거품을 밟으면서 유방이 있는 곳으로 다가왔다.

유방은 그 여인이 항우가 말한 용왕의 셋째 딸임을 한눈에 알아챘다. 그는 바위 위에 서 있다가 활짝 웃는 얼굴로 그녀를 맞이하러 내려갔다. 그녀 또한 달빛 아래 걸어 내려오는 젊은이를 보고는 틀림없는 항우라고 생각했다. 유방이 다가오자 그녀는 아무 말 없이 그의 머리를 감싼 뒤 그의 입속으로 침을 세 번 뱉어 넣었다. 그리고 수줍은 듯 몸을 돌려 바닷속으로 자취를 감추었다.

유방이 초막으로 돌아올 즈음 항우가 깨어났다. 날이 환하게 밝은 것을 보고 그는 급히 옷을 챙겨 입고 바닷가로 뛰어갔다. 항우는 암초 위에 앉아 어젯밤 유방과 술을 마셨던 일을 생각하면서 용왕의 딸이 얼른 선물을 주러 오기만을 기다렸다. 그러나 아무리 기다려도 용왕의 딸은커녕 쥐 새끼 한 마리도 얼씬하지 않았다. 그는 다급한 마음에 구슬피 울기 시작했다.

용왕의 셋째 딸은 용궁에서 항우의 울음소리를 듣고 안절부절못했다. 항우에게 무슨 일이 일어났는지 알 수 없던 그녀는 용궁을 빠져나와 사연을 들어 보기로 했다.

그녀가 다가오자 항우는 어젯밤 과음으로 그녀를 만나러 오지 못한 사연을 처음부터 끝까지 말해 주었다. 항우의 얘기를 듣고 용왕의 딸은 한편으론 화가 나고 한편으로는 가슴이 아팠다. 그러나 후회해도 이미 늦은 일이었다. 그녀가 뱉은 침과 솟구친 바닷물은 다시 되돌릴 수 없었다. 그녀는 한숨을 내쉬었다.

"이렇게 된 것도 당신 운명이에요. 이제 와서 당신에게 왕 자리를 줄 순 없지만, 대신 강한 힘을 주겠어요. 그러니 유방에게서 왕자리와 천하를 빼앗으세요."

그 뒤 항우와 유방은 원수지간이 되었다.

항우와 유방은 사부에게서 기예를 배운 뒤 각자 군사력을 키우고 자기 파벌을 형성해 진나라와 대적했다. 두 사람의 군대가 함께 진 왕조를 멸망시키긴 했지만, 천하를 다스리고자 하는 열망은 서로 양보할 수 없었다. 유방은 순간의 기지로 용왕의 딸이 세 번 뱉어 준 침 덕분에 항우보다 세 가지 지략이 더 뛰어났다. 결국 유방은 용감하기는 하지만 지략 면에서 뒤지는 항우를 물리치고 한漢 왕조를 세워 천하를 다스리는 행운을 누렸다.

패왕과 우희의 이별이 담긴 음식, 패왕별희

서주(徐州)의 민간 보양식 중에 패왕별희(霸王別姬)라는 음식이 있다. 이 음식에는 슬픈 이야기가 함께 전한다.

초와 한이 서로 대치하던 무렵, 서초(西楚)의 패왕은 여러 차례 패전하여 수십만 병사 중 겨우 수만 명만 살아남는 불리한 처지에 놓였다. 패왕은 계속되는 패전에서 벗어나려고 구리산(九里山) 전방에 전장을 마련하고 서로 죽고 죽이는 전투를 계속했다. 한나라 군사도 사상자가 속출했지만, 패왕의 병사들은 전투가 계속될수록 그 수가 현저히 줄어들었다. 그날도 기진맥진한 채 우희의 처소로 돌아온 패왕은 피 범벅이 된 전투복을 벗고 우희가 마련해 놓은 술상을 받았다.

피곤한 기색이 역력한 패왕은 술상 앞에서도 계속 침묵만 지켰다. 잇따른 전투에 피부가 거칠어지고 눈자위가 움푹 패어 그는 더욱 수척해 보였다. 그 모습을 지켜보는 우희는 가슴이 미어졌다. 술을 한 잔 가득 따라 패왕 앞에 놓고 마시라고 권해 보았지만 패왕은 겨우 몇 모금 마시고는 이내 잠자리에 들었다. 잇따른 전투로 예전의 평화롭던 시절은 이미 오래전에 사라졌다. 홀로 쓸쓸히 누각에 오른 우희는 초승달을 바라보니 자신도 모르게 목이 메었다.

이날 밤, 패왕은 깊은 잠에 빠졌지만 우희는 오래도록 뒤척이며 잠들지 못했다. 계속되는 전투 속에서 패왕이 피로와 식욕 부진에 시달리는 모습을 옆에서 지켜본 그녀는 이대로 나가다간 그의 몸에 이상이 생길 거라고 생각했다.

'그래, 아주 새로운 맛이 나는 음식을 만들어 내야겠어. 물론 왕의 입맛을 돋우는 것도 중요하지만, 그의 몸을 보양하는 것도 그에 못지않게 중요해.'

다음 날 새벽이 밝아 오자, 패왕은 유방과 싸우기 위해 또다시 오추마烏騅馬를 타고 출정했다. 그가 떠난 뒤 우희는 요리사에게 자라 한 마리와 늙은 암탉 한 마리를 준비토록 했다. 패왕을 위해 직접 음식을 만들어 볼 생각이었다. 자라와 늙은 암탉은 팽성彭城 지방의 특산물이어서 어디서나 쉽게 구할 수 있었다. 우희는 재료를 사 들고 돌아온 요리사에게 닭의 털을 뽑도록 하고 자신이 직접 자라를 잡았다.

우희는 자라를 뜨거운 물속에 집어넣었다가 다시 꺼내 등을 떼어 내고 껍데기를 벗긴 뒤 잘 씻은 닭과 자라를 깍두기 모양으로 썰었다. 요리사는 아궁이에 불을 지피고 우희는 닭과 자라 고기를 솥에 넣고 반쯤 볶은 뒤 조미료와 육수를 넣었다. 그리고 센 불에서 팔팔 끓이다가 다시 약한 불로 오랜 시간 고았다. 옆에서 모든 과정을 지켜보던 요리사는 우희에게 이런 재주가 있으리라곤 상상도 못했기 때문에 눈이 휘둥그레졌다. 요리사는 요리가 다 끝난 것을 보고 말했다.

"여기는 소인이 지키고 있을 터이니 이제 그만 들어가 쉬십시오."

우희는 몇 마디 당부의 말을 남기고 처소로 돌아갔다.

요리사 역시 이 음식이 패왕을 위해 특별히 준비하는 요리임을 알았기 때문에 각별히 신경을 써 아궁이 옆을 지켰다. 점심 무렵이 지나도 패왕은 돌아오지 않았다. 솥 안의 음식은 이미 오랜 시간 고아졌기 때문에 그 냄새가 사방에 진동했다. 요리사도 구수한 냄새에 저절로 입에 침이 고였다. 요리사는 순간 패왕을 위해 준비한 '자라탕'이 무척 먹고 싶어 주위에 사람이 없는 걸 확인하고는 탕 속에 든 닭고기를 국자로 떠서 손으로 얼른 고기를 집었다. 뼈에서 떨어진 살점을 입에 넣고 씹었더니 진한 향기에 맛이 천하 일품이었다.

요리사는 입맛을 쩝쩝 다신 뒤 국자에 남은 국물까지 깨끗이 먹어 치웠다. 요리사인 자신도 난생 처음 맛보는 새로운 맛에 감탄하며 연신 무릎을 쳤다.

'평생 이렇게 맛있는 고기는 처음 먹어 봐!'

패왕은 날이 어둑해질 무렵에야 돌아왔다. 우희는 급히 그의 갑옷을 벗겨 주며 말했다.

"오늘도 수고 많으셨어요. 제가 직접 음식을 만들었는데 한번 맛을 봐 주세요."

식탁에 마주 앉은 패왕이 우희의 손을 잡고 말했다.

"고생 많았소. 이렇게 나를 생각해 주다니, 정말 고맙구려."

"이리도 저를 아껴 주시는데, 이 정도는 당연한 일이지요. 고생이라니요."

요리를 내 오자 그 향기로움이 벌써 코를 찔렀다. 패왕은 술을 한 잔 들이켜고 난 뒤 고기 한 점을 집어 입속에 넣고는 거듭 감탄했다.

●──중국 민담

"정말 맛있구나! 정말 맛있어!"

패왕은 젓가락으로 고기를 한 점 한 점 입으로 가져가 단번에 반 이상을 먹어 치웠다. 우희는 그가 맛있게 먹는 모습을 보고 대단히 흡족해했다.

"오늘만큼은 술과 음식을 실컷 드세요. 저는 춤을 춰 드릴게요."

이날 이후 우희는 종종 패왕을 위해 이 음식을 만들었다.

해하垓下 전투에서 패왕의 군대는 참패를 당했다. 남은 800여 명의 병사도 모두 유방의 군대에 포위당했다. 패왕은 우희를 데리고 여러 겹으로 둘러싸인 포위망을 뚫고 강동江東으로 피신한 뒤 다시 병사를 모아 유방과 겨뤄 보겠다는 계획을 세웠다.

이날 밤 우희는 패왕을 위해 다시 자라탕을 끓였다. 패왕은 술잔에 담긴 술과 음식을 깨끗이 비웠다. 그리고 비장한 마음으로 노래를 불렀다.

우희는 그의 노래를 듣고 가슴이 미어졌지만 억지로 웃음을 띠었다.

"제가 춤을 춰 흥을 돋워 드리겠어요."

우희는 춤을 추고 난 뒤 패왕 앞으로 다가가 말했다.

"여자인 제가 당신의 공적을 더 이상 훼손할 수는 없습니다. 바라옵건대 앞으로 동산東山에서 재기하시어 부디 초나라 강산을 다시 되찾아 주십시오. 저도 저세상에서나마 그날을 손꼽아 기다리겠어요."

그녀의 얼굴에 눈물이 번졌다.

"부디 옥체를 보존하셔요!"

우희는 이 말을 마치기 무섭게 패왕의 보검을 뽑아 자신을 찔렀다. 이것을 본 요리사와 패왕의 친위대가 울음을 터트렸다. 요리사는 그제야 우희가 슬픈 얼굴로 음식을 만들던 모습을 떠올렸다.

'어쩐지 그래서 마마께서 음식을 만들 때 계속 눈물을 흘리셨구나. 저것이 마마께서 패왕을 위해 만든 마지막 자라탕이었다니. 바로 우희 마마와 패왕의 이별이 담긴 음식이었어.'

패왕은 비통한 심정을 가슴에 담고 우희를 땅에 묻었다. 다시 동이 터 오자, 패왕은 병사들을 이끌고 여러 겹의 포위를 뚫으며 적진을 향해 돌진했다.

그러나 패왕은 패전을 통감하고 오강烏江에서 스스로 목숨을 끊었다. 패왕의 부하들은 유방의 추격을 피하기 위해 사방으로 흩어졌고, 그중 일부는 몰래 고향으로 숨어들었다. 요리사도 자신의 신분을 숨긴 채 타향을 떠돌았다.

그 뒤 요리사는 우희가 만들었던 자라탕 요리로 유명해졌다. 이 요리는 영양이 풍부해 최고의 보양식이란 별칭을 얻었다. 사람들이 요리의 이름을 물으면, 그는 패왕과 우희를 기리기 위해 '패왕별희'라고 말했다.

그래서 지금까지도 서주 지방 사람들은 자라 고기를 좋아하고 자라 고기와 닭고기를 함께 고아서 만든 음식을 즐긴다. 패왕별희 요리 또한 지금까지 계속 전한다.

데릴사위 제갈량

제갈량의 어린 시절은 불우했다. 그가 세 살이 되던 해에 어머니가 돌아가시고, 여덟 살 때는 아버지까지 여의었다. 부모님이 모두 돌아가신 뒤 큰형이 돈을 벌기 위해 외지로 떠나자, 어린 제갈량은 그의 누이, 형수와 고향에 남아 힘든 나날을 보내야 했다. "개천에서 용 난다."는 옛말처럼 제갈량의 뛰어난 재능과 출중한 외모에 모두가 침이 마를 정도로 칭찬했다. 비록 어렸지만, 제갈량은 자라서 나라와 백성의 평안을 위해 온 힘을 다하겠다는 원대한 포부를 품었다. 그 꿈을 실현하기 위해 그는 밤낮으로 공부했고, 마침내 시문과 천문, 지리에 정통하고, 병법을 막힘 없이 줄줄 암송할 수 있는 실력을 갖추었다.

어느 날 제갈량은 몽산蒙山 기슭에서 밭을 매다가 잠시 쉬는 틈에 생각에 잠겼다.

'어제 배운 팔괘진八卦陣은 정말 오묘하기 그지없단 말이야. 언젠가 군대를 이끌고 나가 전투를 치르게 된다면 반드시 운용해 봐야

지. 그러려면 숙련된 연습이 필수지.'

그는 나뭇가지를 꺾어 땅에 전장을 그린 뒤 진지를 둘로 나누었다. 입으로는 연신 팔괘진 노래를 중얼거렸다.

"휴休, 생生, 상傷, 두杜, 경景, 사死, 경驚, 개開······."

팔괘진 속 각 진법에 해당하는 돌을 배치하다가 마지막 '개'를 어디다 두어야 할지 도무지 생각이 떠오르지 않았다. 초조한 마음에 그는 머리를 쥐어뜯으며 자신을 탓했다.

"어휴, 어쩌면 병법 하나도 꼼꼼하고 야무지게 익히지 못하는지! 이런 식으로 전투를 지휘했다간 많은 병력을 모두 일순간에 잃어버릴 게 뻔해."

그런데 갑자기 '쯧쯧' 하고 혀 차는 소리가 들리더니 머리 위에서 오디 열매가 제갈량 앞에 뚝 떨어졌다. 화들짝 놀란 제갈량이 고개를 들어 보니 나무 위에서 한 여인이 땅으로 쿵 뛰어내렸다. 태도는 조신해 보였지만 거뭇거뭇한 얼굴에 머리칼이 노란 외모는 결코 좋은 인상이 아니었다. 그러나 그녀는 시원스레 함박웃음을 지으며 말을 건넸다.

"도련님, 무슨 일로 그렇게 수심에 잠겨 있죠? 제가 도와드릴까요?"

제갈량은 화가 난 듯 읊조렸다.

뽕 따러 온 아가씨, 뽕 따러 온 아가씨
잘난 척 그만하시지.
사내에겐 대장부의 뜻이 있는 법
산골 아가씨가 어찌 알리오!

투박한 외모의 그녀가 그의 시를 듣고 이내 화답했다.

밭 매는 젊은이, 밭 매는 젊은이
그런 눈으로 사람을 평가하지 마시지.
영웅호걸이라도 도움을 받아야 하는 법
위세를 부리다간 근심만 늘죠!

제갈량은 속으로 깜짝 놀랐다.
'이 계집애 말 한번 잘하네. 그렇지만 저렇게 못생기고 천방지축인 계집애와 쓸데없이 언쟁을 벌일 필요까지야 없지.'
그는 다시 부드러운 어조로 말했다.
"낭자, 말도 잘하는 데다 대담하기까지 하구려. 하지만 당신이 도울 수 있는 문제가 아니오."
못생긴 아가씨가 웃으며 말했다.
"아마도 이건 저만이 도와줄 수 있을 텐데요!"
제갈량은 더 이상 분을 삭이지 못해 고함을 질렀다.
"이것 보시오, 낭자. 위세는 그만 떠시지. 내가 연습하는 것이 병법의 전략과 진지의 포진임을 알기나 하오?"
못생긴 아가씨가 쌀쌀맞게 웃으며 말했다.
"내가 보기에 당신이 배우는 병법 전략은 별 볼일 없군요."
제갈량은 그녀의 말에 얼굴이 벌겋게 달아올랐다.
"난 그동안 병서를 충분히 숙지했소. 아직은 어려 보이나 낭자가 그렇게도 잘났다면 먼저 지금 배치해 놓은 이것이 어떤 진지인지 말해 보시오."
"내가 보기엔 이도 저도 아닌 것이 전혀 진지 같아 보이지 않네요."

제갈량이 껄껄껄 웃었다.

"쳇, 진법도 모르는 주제에 나를 도와주겠다고 위세를 부렸구먼. 누에들 밥이나 챙겨 빨리 돌아가시지요!"

아가씨가 즉시 그의 말에 반격을 가했다.

"내가 보기엔 당신이야말로 빨리 집으로 돌아가 이 진지를 다시 배우셔야겠는데요. 팔괘진도 모르면서 그동안 허풍만 늘어놓으셨군요."

순간 제갈량은 가슴이 쿵 내려앉았다.

'정말로 사람을 외모로 판단해서는 안 되겠군. 좁은 식견으로 똑똑한 사람을 알아보지 못했으니, 이런! 게다가 그녀는 팔괘진이 무엇인지도 알고 있으니 더 이상 무시해선 안 되겠어.'

여기까지 생각이 미치자, 그는 다시 부드러운 말투로 고쳐 물었다.

"그렇다면 이 팔괘진에서 무엇이 빠졌습니까?"

그녀는 팔짱을 끼며 말했다.

"팔괘진이라 함은 휴, 생, 상, 두, 경, 사, 경, 개를 말하지요. 그런데 가운데 놓아야 할 개가 없으니 완전하지 않군요. 만약 전장에서 이와 같은 배치를 했다면 '경'이 담당하는 곳이 큰 피해를 입겠지요."

그녀의 일장 연설에 제갈량은 그만 깜짝 놀라고 말았다. 그는 황급히 그녀에게 예를 갖추며 말했다.

"낭자께서 말씀하신 그대로입니다. 그렇다면 한 수 가르쳐 주시지요. 이 개를 어디에 두어야 하겠습니까?"

아가씨의 입가에 미소가 퍼졌다.

"그거야 제가 진작 가르쳐 드리지 않았습니까!"

제갈량은 땅에 그려 놓은 진지를 찬찬히 살펴보았다.

'오, 이런! 방금 떨어진 오디 열매가 일곱 개의 돌과 함께 완벽한 팔괘진을 이루었잖아.'

제갈량은 부끄러워 쥐구멍이라도 찾고 싶었다. 다시 그녀에게 예를 갖추어 말했다.

"낭자는 과연 제가 스승으로 모실 만합니다. 방금 전 제가 한 무례한 말들은 개의치 말아 주십시오."

"과찬이십니다, 도련님. 대단한 실력도 아닌데요. 그리고 감히 스승이라니요. 저도 그저 어깨 너머로 배웠을 뿐인걸요."

제갈량은 정색을 하고 진지하게 물었다.

"그런 말씀 마십시오. 아무리 어깨 너머로 배웠다고 하나 몇 년 동안 공부한 저보다 훨씬 뛰어나지 않습니까? 잘 부탁드립니다."

이런 까닭으로 두 사람은 금세 친해졌다.

이 아가씨는 '추녀'라고 불렸다. 그의 아버지 황승언黃承彦은 오랫동안 조정 관리를 맡았던 자로 인품과 학식이 높다는 사실은 이미 조정 관료들도 다 알고 있었다. 하지만 그는 조정에 불만을 품고 고향으로 돌아온 뒤 줄곧 딸에게 여러 학문을 가르쳐 왔다. 그의 딸도 남달리 총명해 짧은 기간에 뛰어난 학식과 경륜을 쌓을 수 있었다.

이렇게 첫 만남을 가진 추녀와 제갈량은 종종 뽕나무 아래서 함께 공부를 했다. 그 뒤 황승언도 제갈량을 자신의 문하에 두고 혼신의 힘을 다해 모든 것을 전수하려 했고, 제갈량 또한 열심히 그의 가르침을 받았다.

추녀와 제갈량이 팔괘진의 공격과 수비를 연습하던 때였다.

추녀가 말했다.

"예전에 아버지와 내가 여러 번 팔괘진에 대해 토론한 적이 있었어. 이 팔괘진만 철석같이 믿고 싸운다면 승리를 보장받을 수 없어.

왜냐하면 우리가 아는 것은 적들도 분명히 아는 부분이기 때문이지. 그런데 넌 치국안민에 남다른 의지가 있다면서 왜 새로운 진법을 만들어 낼 생각은 하지 않는 거니?"

제갈량은 연신 손을 내저었다.

"누나, 날 그렇게 대단하게 생각하지 마세요. 내가 어떻게 새로운 진법을 만들어 낼 수 있겠어요?"

추녀가 정색을 했다.

"세상에 멍청한 사람이란 없어. 그저 게으른 사람만 있을 뿐이야. 옛날 사람들이 팔괘진을 만들어 냈다면 우리라고 새로운 진법을 만들어 내지 못하란 법은 없지. 자, 마음을 단단히 먹고 한번 시도해 봐."

그녀의 계속되는 격려에 제갈량도 의욕이 생겼다.

온갖 노력을 다 기울인 끝에 제갈량은 드디어 '팔진도八陣圖'를 완성했다. 이 진법은 '팔괘진', '장사진長蛇陣', '구곡황하진九曲黃河陣', '천문진天門陣' 등 여러 진법들의 장점만 취했기 때문에 공수에 능할 뿐 아니라 적들을 포위하고 섬멸하는 것도 가능했으니 백전백승을 거둘 수 있었다.

제갈량은 감격에 젖은 목소리로 말했다.

"누나, 이 모두가 누나와 스승님이 심혈을 기울여 도와준 덕분이에요. 누나, 평생 날 도와줄 수 있겠어요?"

순간 얼굴이 발갛게 달아오른 추녀가 수줍은 듯 대답했다.

"바보 같은 소리. 내가 남자라면 평생 함께 천하를 누비고 다닐 수 있겠지만, 여자의 몸으로 어떻게 너를 따라다닐 수 있겠니?"

제갈량도 그녀의 말에 순간 얼굴이 달아올랐다. 두 사람은 함께 공부하고 서로 도와주면서 정이 두터워졌는데, 나이가 들수록 함께 지낼 수 없을지도 모른다는 데에 생각에 미치니 가슴이 미어지고 자신도 모르게 눈물이 맺혔다. 제갈량이 상심하는 모습을 본 추녀도 눈시울이 뜨거워졌다.

'제갈량은 성실하고 진지해. 학문도 깊고, 저런 인품을 지닌 사람도 드물지. 저런 남자에게 시집갈 수 있다면 평생을 믿고 살 수 있을 텐데. 하지만 못생긴 나를 누가 아내로 맞이하려 할지. 하지만 제갈량은 도량도 남다르니, 어쩌면……. 어머나! 내가 무슨 생각을 하고 있는 거야. 좋아하는 것과 인연은 달라.'

두 사람은 아무 말 없이 서로를 한참 동안 바라보다가 아쉬워하며 헤어졌다.

제갈량은 집으로 돌아온 뒤 식음을 전폐한 채 하루 종일 한숨만 내쉬었다. 형수는 그에게 무슨 일인지 물었지만 끝내 대답해 주지 않자 마음이 초조해졌다.

'남편이 외지로 떠나면서 시누이와 도련님을 잘 보살피라고 거듭 당부했는데. 도련님께 무슨 나쁜 일이 생긴다면 내가 무슨 낯으로 남편을 봐? 아 참, 그렇지. 도련님 나이도 이젠 가정을 이룰 때가 됐는데 그간 신경을 쓰지 못했네. 왜 진작 그런 생각을 하지 못했을까?'

형수는 제갈량을 불러 앉혔다.

"도련님, 제가 오늘에야 도련님의 고민을 눈치 챘어요. 이젠 고민하지 마세요. 제가 중매를 부탁했으니까."

제갈량은 형수가 추녀와 있었던 일을 알고 있을지 모른다는 생각이 들자 얼굴이 화끈거렸다.

"형수님, 그러셔도 소용없어요. 그 사람이 원하는지 어떤지도 모르시잖아요?"

형수는 손사래를 쳤다.

"도련님의 외모나 품성, 학문을 따진다면야 부마도 가능하죠."

제갈량이 신부감을 구한다는 소식이 퍼지자 그와 혼담을 성사시키기 위해 천하의 중매쟁이들이 몰려왔다. 그러나 아가씨가 아무리 아름다워도, 집안이 아무리 부유해도 제갈량은 고개만 저을 뿐이었다. 형수는 더욱 초조해졌다.

"도련님, 저렇게 아름다운 아가씨들도 싫다면 도대체 선녀라도 찾고 계신 거예요? 아니면 옥황상제의 사위가 되려고 하시는 거예요?"

"사내가 아내를 얻는 이유가 무엇이라 생각하십니까? 첫째는 가정을 이루기 위함이고, 둘째는 좋은 내조에 힘입어 공을 세우기 위함이지 않습니까? 그렇다면 여자의 외모는 아주 사소한 부분일 뿐이지요."

형수는 난감했다.

"아내를 얻어 가정을 이루는 것이야 어렵지 않지만, 공을 세울 수 있도록 내조해 줄 만한 여자를 찾기란 쉽지 않겠군요. 여하튼 이 형수가 도련님 마음에 꼭 들 아내를 찾아 드리겠어요."

추녀도 제갈량과 헤어진 뒤 아침부터 밤까지 정신 나간 듯 멍하니 눈물만 흘렸다. 아버지가 몇 번이고 이유를 다그쳐 물었지만 대답해 주지 않았다. 황승언에게 갑자기 스치는 생각이 있었다.

'다 큰 사내는 결혼을 하고 다 자란 규수는 시집을 가야지. 우리 집 추녀도 시집갈 나이가 됐어. 내 사랑스러운 딸이 만약 무식한 서방에게 시집을 간다면 우선 저세상 사람이 된 아내에게 미안한 일이고, 둘째는 딸아이의 품성과 학문이 모두 쓸모없는 것이 될지도 몰라. 추녀의 성격과 포부를 봐서는 제갈량과 딱 어울리는데…….

하지만 제갈량이 추녀의 외모를 마음에 들어 할까? 그나저나 다들 제갈량을 사위로 삼고 싶어 하는데 그가 모두 거절한다지. 어쩌면 특별한 생각이 있을지도…….'

황승언은 자신의 생각을 딸아이에게 말해 보았다. 추녀는 대꾸를 하지 않았지만 그 거무튀튀한 얼굴에 웃음이 피어 올랐다.

다음 날 아침, 황승언이 제갈량의 집으로 찾아가 그의 형수에게 말했다.

"우리 집에 여식이 있습니다. 외모로 따진다면 댁 둘째와 어울리지 않습니다만, 품성이나 재능은, 아버지라서 하는 말이 아니라 댁 도령과 잘 어울릴 듯합니다. 제가 풍습을 무시하고 직접 딸아이의 결혼을 위해 찾아왔습니다. 다만 부인의 의사가 어떠신지 궁금하군요."

형수는 그의 말을 듣고 가슴이 쿵 내려앉았다.

'어르신의 딸이 보기 드문 인재라는 말은 들었지만, 외모가 아주 형편없다고 하던데……. 도련님의 재능과 외모에는 아무래도 어울리지 않을 거야.'

형수가 궁리 끝에 말했다.

"어르신의 의향을 잘 알았습니다. 잠시 후 도련님이 오시면 상의해 보죠. 그리고 제 남편의 뜻도 들어 봐야 할 테니, 어르신께서 댁으로 돌아가 계시면 제가 회신을 보내도록 하겠습니다."

황승언도 고개를 끄덕였다.

"그럼 가족 분들끼리 잘 상의해 보십시오. 이런 일은 억지로 추진할 수도 없으니까요."

그러나 제갈량이 추녀와 결혼할 뜻이 있음을 안 형수는 오히려 야속했다.

"도련님, 저도 외모만 중히 여기는 사람이 아니지만 두 사람은 너무 어울리지 않아요. 결혼은 인륜지대사라고들 하는데, 앞으로 절 원망하진 마세요. 그렇다면 저도 평생 후회될 테니까요."

제갈량은 얼굴을 붉히며 말했다.

"형수님, 허락만 해 주세요. 추녀를 아내로 맞이하게만 해 주신다면 그 은혜 잊지 않겠습니다."

형수는 제갈량의 성격을 알았기 때문에 한숨만 내쉬었다.

"제가 지금은 된다 안 된다 말하지 않겠어요. 내일 직접 아가씨를 본 다음에 마음에 들면 허락하겠지만, 마음에 들지 않으면 저는 다른 아가씨를 찾아볼 거예요."

제갈량도 형수의 완강한 태도에 어쩔 수 없이 고개를 끄덕였다.

황승언의 집으로 달려간 형수는 추녀를 머리부터 발끝까지 찬찬히 훑어보았다.

'비록 얼굴이나 머리카락 색이 흉하긴 하지만, 남들이 말하듯 그렇게 놀랄 정도는 아닌걸.'

게다가 대화를 나누다 보니 형수는 자기도 모르게 추녀에게 푹 빠져들었다. 그녀는 학문적 지식에 예의는 물론이며 차분한 성격까지 영락없는 현모양처감이었다. 형수는 집으로 돌아가기 전에 황승언에게 말했다.

"제가 돌아가서 혼사 날을 받겠습니다. 어르신은 따님을 출가시킬 준비를 해 주세요."

두 달 뒤 제갈량이 혼례를 치른다는 소식을 듣고 마을 사람들이 몰려들었다. 그러다가 그가 맞이하는 아내가 추녀임을 알고 다들 한마디씩 거들었다. 어떤 이는 제갈량이 바보라고 했고, 또 어떤 이는 그가 갑자기 정신이 나갔다며 비웃었다. 그러나 제갈량은 전혀 개의치 않았다. 혼인 뒤에도 두 사람은 서로 공경하고 사랑하며 화목하게 지냈다. 뒷날 유비가 삼고초려 했을 때, 제갈량은 아내를 자신의 참모로까지 삼았다. 수십 년 동안 추녀는 남편을 보좌했고 출정해 큰 공을 세웠다. 그제야 사람들은 제갈량의 식견을 알아차렸다. 그런 까닭으로 지금까지 안목 있는 사내는 아내를 맞이할 나이가 되면 몰래 이 노래를 부른다고 한다.

외모도 재산도 바라지 않아
추녀 같은 신부감을 찾아야지.
사내대장부는 천하에 뜻을 두는 법
모두 제갈량을 닮아 보자고.

연회에 간 장비

　조조는 장비에게 자신이 베푸는 연회에 참석해 달라고 친히 부탁했다. 그러나 평소 장비가 워낙 거칠고 급한 성격이라 유비는 마음이 놓이지 않았다. 그의 걱정을 눈치 챈 제갈량이 유비를 안심시켰다.
　"걱정 놓으십시오. 틀림없이 무사히 돌아올 테니까요."
　유비는 제갈량의 지모^{智謀, 슬기로운 꾀}를 신임했기 때문에 장비의 참석을 허락했다. 장비가 막 위^魏나라로 떠나려는 순간 제갈량이 당부했다.
　"그곳에 가시면 술은 많이 마시되 말은 적게 하시는 게 좋겠습니다."
　장비는 그러마 약속하고 수하 몇을 데리고 길을 떠났다.
　연회를 베푼 조조가 직접 나와 장비를 맞이했고 장비는 다른 대신들과 함께 합석했다. 장비는 제갈량의 당부대로 먹고 마시기만 할 뿐 전혀 입을 열지 않았다. 연회가 중반으로 치달을 무렵 조조가 장비를 보고 두 손의 엄지와 검지로 동그라미를 만들어 보였다. 장비는 그 모습을 보고 잠시 머뭇거리다가 두 손을 양쪽으로 쭉 길게 빼는 모양을 취했다. 조조는 장비의 행동에 소스라치게 놀랐다. 조조는 다시 엄지손가락을 치켜세워 장비를 보고 흔들었고, 장비는 머리를 저었다. 이것을 본 조조가 이번에는 손가락 두 개를 내밀었다. 그랬더니 장비는 귀찮다는 듯 다섯 손가락을 쫙 펼쳐 보였다. 조조는 그 모습을 본 뒤 술잔만 연신 비워 댈 뿐 다시는 손짓을 하지 않았다.

 연회가 끝난 뒤, 조조는 특별히 장비에게 살진 돼지 열 마리와 양 백 마리를 선물로 주었다. 장비가 선물을 가득 들고 돌아간 뒤 조조는 쉬지 않고 장비를 칭찬했다. 대신들이 영문을 몰라 그 까닭을 물으니 조조가 대답했다.

 "모두들 장비가 용감하기는 하지만 무식하다고들 해 왔지. 그런데 전혀 그렇지 않더군. 이번에 기회를 봐서 그를 시험해 보았네. 우선 장비에게 엄지와 검지로 동그라미를 만들어 위, 촉, 오 삼국 중 우리 위나라 땅이 가장 크다고 했더니, 장비는 오히려 두 손을 양쪽으로 길게 쭉 펴더군. 내 의견에 굴복할 수 없다는 의미였지. 그래서 다시 엄지손가락을 치켜세워 그에게 흔들어 보였지. 이 세상에서 이 조조만이 뛰어난 재능과 원대한 계략을 가지고 있다는 뜻이었는데, 장비가 머리를 흔들더군. 날 우습게 본다는 뜻이 아니고 무엇이겠나? 내가 다시 손가락 두 개를 앞으로 쭉 내밀었어. 나는 위나라의 문인이면서 동시에 뛰어난 장군이라는 의미였는데, 그는 이런 내 모습을 보자마자 얼굴을 찌푸리더니 다섯 손가락을 쫙 펼쳐 보였어. 바로 촉나라에는 관우, 장비, 조운, 마초, 황충이란 오호 장군이 있다는 의미가 아니고 무엇이겠나? 이번 시험으로 장비가 용감하면서도 지략이 뛰어난 장수임이 드러난 셈이네. 절대로 무시해서는 안 될 인물이야. 그에게 돼지와 양을 선물로 준 것도 만에 하나 두 나라가 대치하게 될 경우 잘 봐 달라는 의미로 준 것이라네."

그의 말을 들은 대신들은 모두 장비의 지략에 탄복했다.

유비는 장비가 조조의 연회에 참석하러 떠나자 걱정이 태산 같아 그날부터 입맛도 없고 잠도 설쳤다. 그런데 장비가 선물을 잔뜩 들고 돌아온 모습을 보자 한편으론 기쁘면서도 또 한편으론 놀랍기 그지없었다. 궁금함을 참지 못한 유비가 연회에서 일어났던 일을 물었다. 장비는 조조가 해 보인 손동작에 대해 이렇게 말했다.

"연회에서 조조가 나에게 손가락으로 원을 그려 보이지 뭡니까? 내 생각엔 아무래도 연회가 끝나고 난 뒤 월병月餠, 중국에서 중추절에 먹는 소를 넣어 만든 과자 을 먹으라고 하는 것 같더라고요. 그런데 난 월병보다 국수를 더 좋아하니까 국수 만드는 행동을 취해 줬지요. 그랬더니 그가 다시 엄지손가락만을 쭉 빼서 날 보고 흔들더군요. 하지만 다들 아시다시피 밥 한 그릇으로 찰 제 배가 아니죠. 하물며 국수는 어림도 없지 않습니까? 그래서 내가 머리를 저으며 안 되겠다고 했죠. 그가 다시 손가락 두 개를 펴 들더군요. 그게 밥 두 그릇을 말하는 게 아니고 뭐겠습니까? 두 그릇도 어림없죠. 그의 행동에 조금 짜증이 나서 손가락 다섯 개를 쫙 펴 들었지요. 최소한 다섯 그릇은 먹어야 하니까! 그걸 보고 조조도 더 이상 뭐라고 하지 않더군요. 게다가 떠날 때 나에게 이렇게 많은 선물까지 쥐어 주는데, 그것을 싫다고 마다할 내가 아니지 않습니까?"

모두 그의 말에 웃음을 참지 못했다.

사람을 죽여 입을 막은 조조

조조는 남달리 총명한 인물이었지만 대단히 악랄한 사람으로도 유명하다. 그는 살아 있는 동안은 두려울 것이 없었지만, 자신이 죽은 뒤에 누군가가 봉분을 파헤치고 자기 시신을 훼손할까 봐 늘 마음을 졸였다. 그래서 자신이 살아 있을 때 봉분을 미리 만들어 놓기로 마음먹고 전국에서 일꾼을 불러들였다. 봉분 일흔두 개가 모두 완공되자 그는 자신의 오랜 지기인 대신을 불렀다.

"자네는 이 은 여덟 자루를 일꾼 아홉 명에게 나눠 주게나."

일꾼들은 조조가 직접 대신을 파견해 은까지 보내 오자 땅에 엎드려 머리를 조아리고 감사를 표했다.

이 일꾼 아홉 명 중 여덟 명은 미장이이고, 나머지 한 명은 잡일꾼이었다. 아홉 명이 은 여덟 자루를 어떻게 나누어 가졌을까?

대신이 떠난 뒤 여덟 명은 잡일꾼이 없는 틈을 타서 계략을 꾸몄다. 잡일꾼이 돌아오자 그에게 말했다

"이봐, 자네가 가서 술 두 말과 고기를 좀 사 와. 오늘 우리 한판

신나게 마셔 보자고."

잡일꾼은 사부인 미장이들의 말을 듣고 나가면서 생각했다.

'사람은 아홉인데 꾸러미는 여덟 개라. 그나저나 저 사람들은 모두 미장이인데 나만 잡일꾼이니, 어쩜 나에게는 아주 조금만 나눠 줄지도 몰라. 차라리 술에 독약을 타 저들을 다 독살해 버린 다음 모두 내가 차지해야지. 흐흐흐!'

이런 속셈으로 잡일꾼은 쏜살같이 달려가 술과 안줏거리를 준비했다.

잠시 후 잡일꾼이 술과 안주를 사 들고 돌아왔다. 그가 문을 들어서자마자, 미장이들은 계획대로 잡일꾼을 땅에 내동댕이친 뒤 멀쩡히 산 사람을 파 놓은 구덩이 속에 처넣고 묻어 버렸다.

미장이들은 잡일꾼을 처리하고 난 뒤 다시 숙소로 돌아와 은 꾸러미를 하나씩 나눠 가졌다. 이를 축하라도 하듯 그들은 먹고 마시며 마음속으로 쾌재를 불렀다. 그러나 기쁨의 순간도 잠시, 술을 다 마시기도 전에 여덟 명은 배를 움켜쥐며 땅에 쓰러졌다. 울부짖고 소리치며 바닥을 데굴데굴 굴렀다. 이런 아수라장이 얼마나 지속되었을까? 그들은 곧 몸이 뻣뻣하게 굳어 눈을 동그랗게 뜬 채 숨을 거두었다.

이튿날 조조는 구실을 만들어 일꾼들에게 은을 가져다 준 대신까지 죽였다.

조조가 죽은 뒤 시체는 일흔두 개의 봉분 중 하나에 묻혔다. 속사정을 자세히 아는 이들이 모두 죽었기 때문에, 지금까지 조조가 실제로 어디에 묻혀 있는지는 알려지지 않았다.

화타를 죽인 걸 후회한 조조

　삼국 시대 안휘성安徽省 호현亳縣 출신으로 위대한 인물이 둘 있었으니, 바로 위 왕인 조조와 명의 화타華佗가 그 주인공이다. 조조를 경극에서 묘사하는 대로 허연 얼굴의 간신배로만 보아서는 안 된다. 사실 조조는 어느 하나 부족한 부분 없이 문무를 두루 갖춘 인물이었다. 딱 한 가지 단점이라면 다른 사람에 대한 의심이 지나쳐 걸핏하면 사람을 죽인다는 점이었다.
　어느 날 조조가 공무를 논의하던 중 갑자기 눈앞이 어지럽고 머리가 깨질 듯한 두통을 느꼈다. 신하들은 어찌 할 줄 몰라 어의를 불러 침을 놓고 약을 달이는 등 수선을 피웠지만, 눈에 띄는 효과가 없었다. 조조의 아내인 변씨 부인도 점쟁이를 불러 그 연유를 물었지만, 남편의 두통에 대한 신통한 답변을 얻지 못했다. 그때 한 책사가 명의 화타를 생각해 내고 즉시 사람을 보내 그를 데려오도록 했다.
　화타의 의술은 천하 제일이라 그 어떤 불치병도 그의 손만 거치면 모두 나았다. 가슴이 찢어지고 배가 터졌어도, 뼈가 부러지고 온몸에 독이 퍼져 나갔어도 마취 약을 바르면 전혀 아프지 않았다. 마침 왕진을 갔다가 돌아오는 길에 화타는 조조가 보낸 사람과 마주쳤다. 화타는 그가 발등에 불이라도 떨어진 양 안절부절못하는 것을 보고 말했다.

"갑시다!"

그는 집으로 향하는 대신 바로 마차에 올라타 밤낮으로 길을 달려 조조의 왕궁에 도착했다. 조조는 머리에 띠를 두른 채 누워 있었다. 얼굴은 백지장처럼 하얗고 식은땀까지 흘리는 것으로 보아 병세가 심상치 않음을 눈치 챌 수 있었다. 조조의 몸을 이리저리 만져 보고 눌러 보아도 여의치 않자, 그는 7촌<small>약 20센티미터</small>이나 되는 침을 꺼내 머리의 혈을 따라 놓기 시작했다. 침이 꽂힐 때는 따끔했지만 잠시 후에는 그 부분이 얼얼해졌고 한참이 지나자 온몸에서 땀이 흘렀다. 그리고 조조의 두통은 씻은 듯이 나았다.

조조는 더할 나위 없이 개운했다. 그리고 자기 곁에 재능 있는 사람까지 있으니 기쁘기 그지없었다.

'내 가까이에 이렇게 능력 있는 인물이 있다니, 이젠 병이 나도 걱정이 없겠군. 앞으로 심복으로 삼아서 전장에 꼭 데리고 다녀야겠어.'

이런 속셈으로 조조는 화타를 못 가게 하고 금화를 제의해 보았지만 그는 받아들이지 않았다. 고관대작의 지위를 약속해도 딱 잘라 거절했다. 조조는 갈수록 곤란해졌다.

화타는 집으로 돌아가고 싶었다. 아무리 원앙금침에서 잔다고 해도 그에게는 바늘방석 같았다. 산해진미도 주먹밥보다 못했다. 저녁에 눈을 감으면 고향 마을이 눈에 선했다. 온 마을 사람들이 모두 화타가 돌아오길 손꼽아 기다렸다. 화타는 고향 생각에 잠을 이룰 수가 없었고, 잠자리에 누우면 정신은 오히려 더 말짱해져 밤을 뜬 눈으로 새우기 일쑤였다. 더 이상 견딜 수 없었던 화타는 조조를 찾아갔다. 그러고는 자신이 막 떠나올 때 아내가 아팠다고 거짓말을 꾸며 둘러댔다.

  조조는 화타를 곁에 두고 싶었지만, 아내가 아프다고 하니 고집을 피울 수 없었다. 화타를 돌려보내면서도 조조는 빨리 돌아오라고 거듭 당부했다. 그러나 화타는 돌아오고픈 생각이 전혀 없었다.

  '의사가 환자들을 떠나 오직 한 사람만 맡는다는 건 있을 수 없는 일이야!'

  하루가 지나 한 달이 되고, 또다시 춘삼월 봄을 맞았다. 조조는 화타가 돌아올 기미가 보이지 않자 초조해지기 시작했다. 사람을 보내 설득해 보았지만 화타는 오지 않았다. 더군다나 화타가 관우의 어깨에서 독을 빼 주고 동오東吳 주태周泰 장군의 상처까지 낫게 해 주었다는 소식을 듣고 조조는 화가 머리끝까지 치밀어 올랐다.

  '오호라, 저들의 병을 고쳐 주느라 감히 내 청을 거절했단 말이지?'

  출병을 앞둔 어느 날, 갑자기 머리가 깨질 듯 아파 오자 그는 다시금 화타를 떠올렸다. 그리고 즉시 사람을 보내 화타를 데려오도록 명했다. 그의 부하는 조조가 화타에게 앙심을 품고 있음을 알고 있는 데다, 화타가 또다시 조조의 청을 거절할까 봐 걱정되어 조조에게 물었다.

  "어떻게 데려올까요?"

  조조가 말했다.

  "보리 300석에 비단 400필을 주겠노라. 그러니 쏜살같이 달려가 그를 데려오너라."

"만약 그가 오지 않겠다고 하면 어떡합니까?"

"먼저 예를 다해 청하다가 그래도 거절하면 강제로라도 끌고 오너라. 화타가 오지 않으면 네 목숨도 끝장인 줄 알라."

물론 화타가 오기는 했지만, 그것은 조조의 권세를 두려워해서도 조조가 약속한 재물이 탐나서도 아니었다. 조조는 그저 한낱 개인일 뿐이지만, 이 난세에 그가 죽으면 세상이 더욱 혼란해질 거라고 생각해서였다. 그는 조조에게서 받은 선물을 모두 마을 사람들에게 나누어 주고 아내에게 이별을 고한 뒤 길을 나섰다.

화타는 전투 중인 진지에서 조조의 병을 진찰했다. 조조는 군소리 없이 가만히 있었지만 화타가 진맥만 할 뿐 아무런 설명이 없자 궁금해 죽을 지경이었다.

"화타 선생, 내가 무슨 병인가?"

"정신 질환입니다."

"그럼 빨리 침을 놔 주게."

"침으로는 안 됩니다."

"그럼 약을 주게나."

"약으로도 다스릴 수 없습니다."

"설마 나을 수 없다는 말은 아니겠지?"

"방법은 있습니다만……."

"그럼 한번 얘기나 해 보게."

"머리뼈를 열어서 두통을 치료하는 방법뿐입니다."

조조는 화타의 말을 듣고 등골이 오싹해졌다.

'아니, 뭐라고! 이 녀석이 내 목숨을 노리는 게 아닐까? 화타 이 녀석! 내가 여러 번 불러도 오지 않더니 결국 와서는 내 머리를 열어 보려고 하다니. 그것도 지금 눈앞에 전투가 벌어지고 있는 이때에 말이야. 혹시 이 녀석은 상대 적진에서 파견한 첩자가 아닐까?'

극에 달한 조조의 의심은 다시 발작을 일으켰고, 결국 조조는 화타의 설명을 들으려고 하지도 않고 참수를 명했다.

죽은 화타는 신이 되었다. 신의神醫가 된 화타는 조조의 행동에 단단히 화가 났다.

'무고한 사람은 죽여서는 안 되거늘! 왕의 신분이라면 더더욱 큰 일이지.'

화타는 조조의 병뿐만 아니라 그의 심보도 고쳐 보리라 다짐했다.

조조는 순간적으로 끓어오르는 분노를 삭이지 못하고 화타를 죽이긴 했지만, 계속되는 두통에 잠을 이루지 못했다. 그는 한밤중에 졸음이 몰려와 눈이 감기면서 꿈을 꾸었다. 꿈속에서 그는 자기 머리를 쫘악 열어 뇌를 꺼내 약수에 깨끗이 씻은 뒤 다시 잘 꿰매 주는 화타를 보았다. 이상하게도 그 뒤로 두통이 말끔히 사라졌다. 조조가 그에게 보상하려 하자, 화타는 말했다.

"저는 금도 필요 없고 은도 필요 없습니다. 그저 백성들을 구제하려는 진심만 있으면 됩니다. 저는 원망도 하지 않고 복수도 원치 않습니다. 다만 원하옵건대 앞으로 부디 무고한 사람들을 해치지 말아 주십시오."

이 말을 마치고 화타는 조조에게 큰절을 올린 뒤 홀연히 사라졌다. 조조가 급히 손을 뻗어 그를 잡으려고 했지만, 오히려 끈적끈적한 무언가가 손 위로 뿌려지는 것을 느끼고 순간 잠에서 깨어났다. 조조가 눈을 번쩍 떠 보니, 마침 아내가 그에게 약을 먹이려던 중이었다. 조조는 조금 전의 상황이 꿈이었음을 알면서도 그 내용에 반신반의했다. 하여튼 그의 병이 호전된 뒤 더 이상 그것에 대해 깊이 생각하지 않았다.

　몇 년이 지나 조조는 고향으로 돌아와 조상에 대한 제를 올렸다. 호현 지방 사람들은 그 앞에서는 감히 비난하지 못했지만, 뒤에서는 모두가 입을 모아 그를 욕했다.

　"쯧쯧쯧, 화타 선생의 의술이 얼마나 대단했냐 말이야. 앞마을의 왕 대두도 정신 질환을 앓았는데 머리 수술을 하고 나았잖아. 근데 오히려 그 호인을 죽여 버리고 말다니."

　조조의 귀에까지 이 소문이 들어갔다. 그는 부하들더러 왕 대두를 데려오도록 했다.

　'그 녀석을 잡아다 물어봐야겠어. 하지만 그럴 리가?'

　10년 전 왕 대두가 정신 질환을 앓을 무렵 화타는 골목 어귀에서 약방을 하고 있었는데, 그를 치료해 주었다고 했다. 조조는 왕 대두의 머리에 아직도 흉터가 남아 있는 것을 두 눈으로 직접 확인하고 나서야 땅을 치며 후회했다.

　'아아, 화타를 죽이지 말았어야 했는데!'

　적벽에서 대패하고 83만이라는 대군을 잃었어도 눈물 한 방울 흘리지 않은 조조였다. 승패는 병가지상사이기 때문이었다. 그러나 이번엔 그의 눈에서 눈물이 흘러내렸다. 그는 화타의 무덤을 수리할 계획을 세웠다. 금 10만 냥에 500여 명이나 되는 일꾼을 불러 휘황찬란하게 만들 계획이었다.

　당시 호현 사람들도 화타의 무덤을 보수해 주고 싶었지만 조조의 심기를 건드릴까 봐 그러지 못하던 상황이었다. 그랬기에 그들은 조조가 화타의 무덤을 수리할 계획임을 듣고서 다들 자기 일인 양 기뻐했다. 주먹밥을 넣은 보퉁이를 하나씩 둘러메고 나타난 사람들이 순식간에 수천에 달했다. 마을 이곳 저곳에서 십시일반 50냥, 100냥씩 모은 돈도 엄청난 액수가 되었다.

    시공을 앞둔 바로 전날 밤, 일꾼들은 꿈에서 화타를 보았다. 살아 있을 때 모습 그대로였다. 등에는 약초 담은 봇짐을 메고 손에는 침을 든 모습이 또 누군가를 치료하러 떠나는 모습이었다. 그는 자비로운 얼굴을 하고 말했다.

    청기와 칠보 기와 모두 필요 없고
    금장에 옥으로 빚은 인형도 필요 없소.
    내 일생이 청렴했으니
    그저 조용한 곳에서 사람들이나 돕고 싶으이.

    신의의 말씀이었기에 모두 그의 말을 따르기로 했다. 물론 조조도 그의 말에 따라 성 안 조용한 곳에 사당을 세웠다. 이 사당은 '화조묘華祖廟'라고 불리며 지금까지 그곳에 보존되어 있다.

청렴한 포청천

송나라의 포청천包淸天은 얼굴색이 검어 포흑包黑이라 불렸지만, 그의 실제 이름은 포문증包文拯이다.

포문증이 진사 시험에 급제하자 황제는 그를 지금의 개봉開封 지역인 변량卞梁의 지부知府로 임명했다. 포문증은 부임한 뒤 먼저 금고를 대대적으로 정리하고 인력을 조정하여 지부의 간소화를 추진하는 한편 새로운 인재 등용에 착수했다. 그러나 그가 등용하려는 인물은 다음 세 가지에 부합해야 했다. 첫째, 부정한 일을 하지 않아야 한다. 둘째, 지혜로워야 한다. 셋째, 일 처리가 공정해야 한다. 그 뒤 개봉부는 전국에서 가장 깨끗한 관청으로 변모했고, 이런 개혁을 바라보던 백성들은 포문증을 '포청천'이라고 불렀다.

어느 날 해가 질 무렵, 포청천은 관청에서 공무를 끝내고 집으로 돌아가려던 참이었다. 마침 창고 앞을 지나는데 창고 문이 반쯤 열려 있었다. 그리고 잠시 후 창고지기가 창고에서 몰래 돈을 가지고 나와 자기 호주머니에 집어넣는 모습을 보고 말았다. 그 모습을 지켜본 포청천이 그냥 넘어갈 리 없었다.

다음 날 아침. 포청천은 서슬 퍼런 모습으로 법정에 등장했다.

"어서 가서 창고를 지키는 관원 놈을 이 앞에 대령시켜라!"

포청천은 경당목驚堂木, 법관이 탁상을 쳐서 범인을 경고하던 막대기을 매섭게 두드리며 소리쳤다.

"네 이놈, 네 죄를 네가 알렷다!"

잡혀 온 관원은 포청천이 분노하는 모습을 보고 도둑이 제 발 저린 듯 안절부절못했다. 그러나 이실직고했다가는 포청천이 자신을 어떻게 처리할지 뻔했기에 애써 침착한 척하며 말했다.

"포청천 나리, 소인은 수십 년 동안 이곳에서 관원 생활을 해 오며 언제나 물처럼 맑고자 노력했던 놈입니다. 정말로 제가 무슨 죄를 저질렀는지 모르겠습니다."

창고지기가 죄를 인정하기는커녕 계속해서 자신을 속이려 들자 포청천의 분노는 극에 달했다. 얼굴에 노기를 띤 포청천이 붓을 들고 다음 세 줄을 크게 써 내려갔다.

하루에 1전씩
바늘 도둑이 소도둑 되는 법,
참수하라!

포청천은 그의 죄와 그에 대한 판결을 적어 꿇어앉은 창고지기 앞에 내던졌다.

창고지기는 그가 써 놓은 내용을 보고 대경실색하며 머리를 조아렸다.

"나리, 용서하십시오! 소인의 죄를 용서하십시오, 나리!"

그러나 이미 때늦은 후회였다.

포청천이 손을 들자 사형 집행인 두 명이 법정 안으로 걸어 들어와 창고지기의 양쪽 팔을 잡고 밖으로 끌고 나갔다. 그리고 백성들이 보는 앞에서 참수했다.

이 사건 이후 개봉부 관리들은 모두 포청천의 청렴결백을 본받아 감히 위법 행위를 저지르지 않았다. 그리하여 개봉부는 평안한 나날을 보낼 수 있었다.

그런데 어느 해인가 새해 벽두부터 흉년이 들어 민심이 흉흉해졌다. 이에 조정은 민심을 안정시키고 굶어 죽는 일을 줄이기 위해 흉년이 든 지역 주민들에게 친척이나 친구들 신세를 지면서 스스로 살길을 찾을 것을 권고하는 인구 분산 정책을 실시했다.

문가촌文家村엔 문천상文天祥 천서天瑞 형제가 살았다. 천상에게는 아내와 갓 세 살난 딸이, 천서에게는 아내와 한 살 된 아들 문주文柱가 있었다. 이 형제도 황제의 칙령에 따라 적절한 행동을 취해야 했지만, 좋은 생각이 떠오르지 않았다.

시간이 얼마나 지났을까, 천서가 고심 끝에 말했다.

"형님, 우리도 황제의 명에 따라 한 사람은 남고 한 사람은 떠나야 하겠지요. 그런데 형님과 형수는 연세도 있으시니 이곳에 머물면서 저희 집을 지켜 주세요. 여섯 명 식량으로 세 사람이 살아가는 건 그리 어렵지 않을 거예요. 저도 아내와 아이를 데리고 떠돌아다니다가 반드시 돌아오겠어요."

형은 동생의 말에 고개만 끄덕였다.

천서와 그의 아내는 짐을 정리했다.

"여보, 우리가 지금 떠나면 언제 돌아올지 기약이 없지 않겠소? 우리 문주의 혼처를 먼저 정한 뒤 아이가 다 자란 뒤에 정식 혼인을 치러 주는 게 어떻겠소? 우리 문주가 장성해 돌아온다 해도 여전히 문씨 집안의 자제이니 말이오."

형인 천상은 당장 중매쟁이에게 부탁해 같은 마을 이병의李炳義의 딸인 이교아李巧兒와 나중에 혼사를 치르기로 정했다.

그날 밤 형과 이병의는 먼 길 떠나는 천서에게 술을 대접했다. 이병의는 술잔을 건네며 말했다.

"천상 형님, 드릴 말씀이 있습니다만 막상 말을 꺼내기가 쉽진 않군요."

"이제 우리는 사돈지간 아니오? 할 말이 있으면 어서 해 보시오."

이병의는 문씨네 형제를 보며 말했다.

"두 분 형제가 이렇게 헤어지면 언제쯤 다시 만나게 될지 모르지 않습니까? 그때까지 만약 두 분이 건재하다면 상관없지만, 만약 그렇지 못할 경우 문주가 돌아와도 그가 문씨 집안의 아이임을 누가 증명해 줄 수 있겠습니까? 그러니 두 분이 문서로 남겨 한 부씩 가진다면 아이가 돌아오고 난 뒤에도 그것을 증거로 삼을 수 있지 않겠습니까?"

"자네 말이 맞군."

두 형제는 흔쾌히 동의했다. 그 자리에서 이병의가 쓴 문서에 형제가 각각 서명을 하고 한 부씩 챙겼다. 문서에는 다음과 같이 기록했다.

문씨네 재산으로는 스무 칸짜리 기와집 한 채와 토지 50묘가 전부이다. 이상의 재산은 두 형제가 반반씩 소유키로 하고 이 문서로 증거를 삼도록 한다.

다음 날 날이 밝자마자 천서는 아내와 아이를 데리고 길을 떠났다. 그들은 음식을 구걸하기도 하고 가다가 졸리면 길에서 잠을 자기도 했다.

계속 걷던 그들은 드디어 망향촌望鄕村이란 마을에 도착했다. 마을 어귀에서 만난 관리 장 원외張員外는 천서 내외가 머물 곳을 구한다는 말을 듣고 선뜻 자기 집으로 데리고 갔다.

"우리 집에는 늙은 두 내외뿐이라오. 그러니 여기서 머물면서 자네는 나를 도와 업무를 처리해 주고, 부인은 내 아내를 도와 집안일을 해 주면 좋겠는데, 댁들이 원할지 모르겠구려."

천서 내외는 그의 제안에 입이 찢어질 듯 좋아라 하며 당장 응낙했다.

몇 년 뒤 개봉부 일대도 다시 생활이 나아졌고 문가촌도 예전의 모습을 되찾았다. 문천상은 매일 동생 내외가 돌아오길 눈이 빠져라 기다렸지만, 결국 동생이 돌아오는 것을 보지 못하고 병이 들어 눈을 감고 말았다.

문천서와 사돈을 맺은 이병의도 자라는 딸을 보면서 딸의 혼사를 위해 하루가 멀다 하고 문가네로 달려가 천서 가족의 소식을 물었지만 매번 허탕을 치고 돌아올 수밖에 없었다.

한편 문천서는 장 원외의 집에 정착한 첫 해에 아내를 병으로 잃고 자신도 병이 들어 몸져눕고 말았다. 살 날이 얼마 남지 않았음을 직감한 천서는 장 원외의 손을 잡고 말했다.

"어르신, 어르신이 저희 가족에게 베풀어 주신 은혜를 갚지 못하고 떠나지만 내세에 반드시 남은 은혜를 갚겠습니다. 그런데 어르신, 제가 죽기 전에 한 가지 부탁드릴 일이 있습니다. 문주가 자라면 그 아이에게 고향이 개봉부의 문가촌이고, 그곳에 백부, 백모와 사촌 누나가 살고 있다고 전해 주십시오. 그 아이가 고향으로 돌아갈 땐 무슨 일이 있어도 저와 제 죽은 아내의 유해를 함께 고향으로 보내 안장할 수 있게 해 주십시오."

문천서는 허리춤에서 붉은 보자기를 꺼내 장 원외에게 건넸다.

"이것은 제가 떠나올 때 문주의 백부와 제가 나눠 가진 문서입니다. 그 아이가 어렸을 때 부모들끼리 혼사를 정했습니다. 문주가 문씨 집안 사람이 되어 혼인을 한 뒤 다시 이곳으로 돌아와 어르신을 보살펴 드릴 겁니다. 그리고 어르신의 마지막도 지켜 드릴 테고요."

이 말을 남기고 문천서는 눈을 감았다.

장 원외는 문주에게 자신의 재산을 물려주기 위해 장문주張文柱로 개명시켰다. 해마다 새해가 되면 장 원외는 문주를 데리고 조상들의 묘를 찾아다니며 제사를 지내고 누구의 묘인지를 설명해 주었다.

"여기는 네 할아버지, 여기는 네 증조할아버지……."

그러나 유독 누구의 묘인지 말해 주지 않는 묘가 하나 있었다.

어느덧 눈 깜짝할 사이에 16~17년의 세월이 흘렀다. 10월 초하루, 그날도 묘지에 제사를 지냈다. 문주가 물었다.

"아버지, 올해로 제 나이도 열여덟입니다. 제가 자라면 저 묘가 누구의 묘인지 알려 준다고 말씀하지 않으셨습니까?"

장 원외는 한동안 말없이 한숨만 내쉬다가 입을 열었다.

"얘야, 나는 네 친아버지가 아니다. 저 묘는 바로 네 친아버지와 친어머니를 합장한 묘다."

이어 문천서가 세상을 떠나면서 남긴 말과 자신에게 부탁한 일을 하나도 빠짐없이 말해 주었다. 집으로 돌아와서는 문천서가 남긴 붉은 보자기도 주었다. 보자기를 받아 든 문주는 흐느껴 울었다.

이듬해 문주는 아버지, 어머니의 유해를 문가촌에 안장하고 문씨 집안으로 돌아가 혼인을 하기 위해 집을 떠났다. 문가촌에 도착한 문주는 물어물어 문천상의 집을 찾아갔다. 문을 열고 들어서니 큰어머니 당 씨 혼자 집을 지키고 있었다.

당 씨는 웬 청년이 자신의 조카라며 문씨 집안 사람임을 확인받고 결혼까지 하러 왔다고 하자, 순간 멍해졌다.

'말은 그럴듯한데. 하지만 만약 우리 집안 사람임을 확인받는다면 우리 재산의 반을 나눠 줘야 하잖아.'

그녀의 생각이 여기에 미쳤다.

"어찌 그런 일이 있을 수 있나? 자네가 내 조카라고 하는데, 그렇다면 증명할 만한 문서를 보여 주게."

문주는 큰어머니가 증거를 원하자 황급히 허리춤에서 붉은 보자기 속의 문서를 꺼내 건네주었다.

'인정한다면 재산의 반을 저 녀석에게 나눠 줘야 해. 만일 인정하지 않는다 해도 증거는 저 녀석 손에 있단 말이지.'

그녀는 머리를 굴리다 문서를 허리춤에 찔러 넣고 몸을 돌려 말했다.

"이봐, 젊은이. 자네 정말 간도 크군. 아무런 증거도 없이 달려와 감히 내 조카 노릇을 하겠다고? 빨리 꺼지지 못해! 아니면 내가 무슨 행동을 하든 날 원망하지 말게."

문주는 그녀의 말에 놀랄 수밖에 없었다.

"조금 전 문서를 보여 드리지 않았습니까? 제가 고향으로 돌아온 것은 다른 의도 따위는 없습니다. 그저 돌아가신 부모님의 유해를 이곳에 안장하고 싶을 뿐입니다. 안장한 뒤에는 절 지금까지 키워 주신 양부모님께 돌아갈 생각입니다."

당 씨는 믿지 못하겠다는 듯 입을 삐쭉 내밀었다.

'이 약은 녀석이 다른 속셈이 있을지도 몰라!'

그녀의 얼굴이 다시 벌겋게 달아올랐다.

"이 뻔뻔한 놈, 어디 감히 나에게 뒤집어씌워?"

그녀는 근처에 있던 몽둥이로 문주의 머리를 내려쳤다. 그의 머리에선 피가 흘러내렸다.

한편 이병의는 문주가 돌아왔다는 소식을 듣고 황급히 문천상의 집으로 달려갔다. 그는 마침 대문간에서 문주가 한바탕 소동을 겪고 머리에 피를 흘린 채 밖으로 쫓겨나는 모습을 보고 문주를 밖으로 데리고 나와서는 무슨 연유인지 물었다. 그는 큰어머니가 자신에게 아무 근거 없는 소리만 지껄인다며 면박을 주었다고 말했다. 이병의가 물었다.

"자네가 문주가 틀림없다면 그 문서에 무엇이라 적혀 있었는지 말해 줄 수 있겠나?"

문주는 문서에 적힌 내용을 낱낱이 말해 주었다. 이병의는 자신이 적어 준 문서의 내용과 틀림없음을 확인하고 문주를 사위로 인정하여 집으로 데리고 갔다.

문주가 장인에게 물었다.

"아버님, 만약 문씨 집안에서 절 인정하지 않으면 어떡합니까?"

이병의가 말했다.

"여보게, 그렇다면 다른 방법이 없지 않은가. 듣자니 개봉부의 포 대인이 청렴결백하다고 소문이 자자하더군. 자네가 포 대인을 찾아가 당 씨를 고소하는 것이 어떻겠나?"

문주가 손을 내저었다.

"아무리 청렴한 관리라고 해도 집안일을 해결해 주기란 어렵죠. 그러니 고소한다고 해도 소용이 없을 겁니다."

"포 대인은 해결하지 못한 사건이 없다고 하네. 그러니 한번 가서 말해 보는 것도 좋지 않겠나?"

이튿날 문주는 개봉부로 가서 고소장을 작성했다. 당 씨가 재산 때문에 자신을 가족으로 인정하지 않는다는 내용이었다.

포청천은 고소장을 접수한 뒤, 당장 왕조王朝와 마한馬漢을 보내 당 씨 부인을 법정에 출두토록 했다.

당 씨가 법정에 서자, 포청천은 그녀가 재산 때문에 문주를 가족으로 인정하지 않는다는 고소장 내용을 읽어 주며 물었다.

"당 씨, 문주가 고소한 내용이 사실인가?"

당 씨는 머리를 조아리고 대답했다.

"포 대인, 저는 저 녀석을 전혀 알지 못합니다. 그리고 그가 말하는 문서라는 것도 본 적이 없습니다. 명확한 판결을 부탁드립니다."

포청천은 그녀의 말에 고개를 끄덕인 뒤, 이번에는 이병의를 법정에 출두시켰다.

이병의는 법정에 출두해 당시 문천상과 천서 형제가 문서를 쓰게 된 이유, 그리고 문주와 자기 딸의 혼인을 서약하게 된 일 등을 하나도 빠짐없이 말해 주었다.

포청천은 그의 말을 듣고 당 씨에게 말했다.

"네가 하는 말은 일리가 있다. 증거도 없이 말로만 주장을 하니 어찌 조카라고 인정할 수 있겠느냐. 그러니 너는 무죄이다. 이만 돌아가거라!"

그리고 경당목을 한 번 치고 문주에게 말했다.

"네 이놈! 네가 감히 재물에 눈이 어두워 이병의와 짜고 선량한 사람을 고발했겠다. 여봐라. 이 두 놈을 감옥에 가두어라! 저들을 어떻게 처벌할지는 뒤에 다시 결정토록 하겠다."

그러고 나서 포청천은 다시 집무실로 왕조와 마한을 불러들였다.

"너희는 지금 감옥으로 가서 간수에게 저 두 사람을 절대 심하게 다루지 말고, 그들이 무슨 말을 하는지 자세히 듣고 난 뒤 나에게 보고하라고 전하거라."

감옥에 갇힌 문주가 장인에게 말했다.

"아버님, 아버님은 포 대인이 청렴한 관리라고 하지 않으셨습니까? 그렇지만 제 눈에는 그도 다른 관리와 마찬가지로 시시비비도 제대로 못 가리는 멍청이일 뿐이더군요."

이병의도 한숨을 쉬었다.

"참 나 원, 포 대인은 사건 해결을 명확히 해 모두가 포청천이라고 부른다고 하더니만, 이제 보니 아무래도 듣기와는 전혀 딴판이네그려."

두 사람이 나눈 얘기는 하나도 빠짐없이 포청천의 귀로 들어갔다. 그러나 두 사람의 주장을 증명해 줄 증거가 없지 않은가!

어느 날 포청천이 서재에서 책을 뒤적이다가 순간 책상을 탁 치며 말했다.

"그렇지! 그렇게 하면 되겠군."

그는 사건 재심리를 위해 당장 왕조와 마한을 시켜 당 씨를 출두시켰다. 포청천이 말했다.

"내가 오늘 너를 부른 것은 다른 일 때문이다. 지난번에 문주가 너를 무고하게 비방한 일로 이미 그를 감옥에 보낸 것은 너도 알 것이다. 그런데 그가 네가 휘두른 몽둥이에 머리를 맞아 피를 흘렸다고 하던데, 그것이 사실이냐?"

당 씨는 포청천의 말에 바로 머리를 조아리며 말했다.

"포 대인, 그 녀석이 제 집으로 와 조카라고 주장해 제가 그를 쫓아 보내려고 했습죠. 그런데 그 녀석은 떡하니 서서 오히려 제가 문서를 훔쳐 갔다고 모함까지 하지 뭡니까? 그만 화가 나 손에 닥치는 대로 잡아 그를 내쫓으려고 했죠. 그런데 그만 실수로 그의 머리를 쳐 피가 나고 말았습니다."

포청천이 다시 물었다.

"지금까지 네가 말한 것이 모두 진실이렷다?"

"포 대인, 여기가 어디라고 소인이 감히 거짓말을 하겠습니까?"

포청천은 문서에 그녀의 서명을 남기도록 명했다.

포청천은 그녀의 진술을 적은 문서를 손에 들고 말했다.

"문주가 감옥에 들어간 첫 날, 머리에 난 부상 때문에 피를 너무 많이 흘려 그만 감옥에서 죽고 말았다. 만약 그가 네 조카라면 이 사건은 그가 말을 듣지 않아 훈계하다가 생긴 과실치사라고 할 수 있다. 본 조정의 규율에 따르면 연장자에게는 죄를 묻지 않아도 되니 말이다. 그러나 그가 네 조카가 아니라면 문제는 달라진다. 너의 폭행 때문에 피를 너무 많이 흘려 죽게 되었으니, 본 조정의 규율에 따라 죽은 자는 그에 알맞은 보상을 받아야 한다. 그러므로 본관은 네 목숨으로 문주의 목숨을 대신하고자 한다."

당 씨는 놀라 그 자리에서 꼼짝하지 않았다.

'그를 내 조카라고 인정해 버릴까? 그렇다면 죽음은 면할 수 있을지 몰라도 앞으로 어떻게 얼굴을 들고 다니지? 하지만 인정하지 않으면, 재산은커녕 이 목숨마저 부지하기 어려울 텐데……. 우선 발등에 떨어진 불부터 피하고 보자.'

그녀는 급히 무릎을 꿇고 연신 머리를 조아리며 말했다.

"포 대인, 이년이 죽을죄를 지었습니다. 용서해 주십시오. 문주는 확실히 제 조카가 맞습니다."

"문주가 확실히 네 조카가 맞다면 무슨 증거가 있어야 할 게 아니냐?"

"포 대인, 당시 이병의가 형제에게 문서를 한 부씩 나눠 주었습니다. 문주가 돌아와서 서방님이 가지고 갔던 문서를 저에게 보여 주었지만, 그 아이에게 재산을 나눠 주는 것이 싫어 그만 인정하지 않았습니다. 그래서 그 문서는 제가 몰래 숨겨 놓았습니다. 그렇다면 아무도 그의 주장을 믿어 주지 않을 테니까요."

그러면서 급히 허리춤에서 문서를 끄집어 내어 두 손으로 받쳐 포청천에게 건네주었다.

포청천은 문서를 받아 들고 거기에 쓰어 있는 내용이 문주와 이병의가 말한 내용과 일치하는지를 살폈다. 그리고 다시 당 씨에게 말했다.

"네가 말한 것이 모두 사실이렷다?"

"나리, 소인의 말은 틀림없습니다."

"그 말에 서명할 수 있겠느냐?"

"예, 나리, 당장 서명하겠습니다."

당 씨가 서명을 끝내자 포청천이 다시 명을 내렸다.

"문주와 이병의를 데려오너라!"

당 씨는 문주가 죽지 않고 전보다 더 활기찬 모습으로 법정에 들어서는 모습을 보자 그만 넋이 나가고 말았다.

포청천이 경당목을 치고 말했다.

"네 이년, 가산을 독점하려고 선량한 사람을 모함하다니. 저년을 끌어내 곤장 마흔 대를 쳐라. 그리고 장문주, 너는 그 먼 길도 마다하지 않고 부모의 유해를 안장하려 고향을 찾았으니 효자라 칭할 만하다. 본관이 문씨 집안의 재산은 문서대로 처리해 주겠노라. 이병의, 너는 본관에게 사실대로 사건을 진술해 주었으니 즉시 석방하겠다. 어서 집으로 돌아가서 딸아이의 혼례를 준비하거라!"

 이렇게 해서 복잡한 집안일이 포청천의 재치로 깨끗이 해결되었다.

칼에 제사 올린 황소

당 말기, 조정의 부패가 극에 달해 백성들의 생활은 극한 상황까지 치닫고 말았다. 황소黃巢는 산동山東 일대에 수천 명의 사람들을 모아 놓고 산을 점거하고 있었다. 그 산속엔 암자가 한 채 있었다. 황소는 별다른 일이 없을 때에는 언제나 이 암자에 들러 노승과 한담을 나누곤 했다. 어느 날 노승이 그에게 물었다.

"장군, 거삿날을 언제로 잡으셨소?"

"3월 초열흘로 준비하고 있습니다."

황소와 노승은 이미 마음을 터놓는 사이로 발전했기 때문에 그는 아무런 거리낌 없이 거삿날을 일러 주었다.

그러나 예상과는 달리 노승은 이 사실을 관가에 고하고 말았다. 황소는 이 사실을 눈치 채고 다급히 거삿날을 3월 초사흘로 변경했다.

황소는 다시 한 번 전체 상황을 면밀히 살핀 뒤 예전과 다름없이 암자로 가 노승을 만났다. 노승이 다시 물었다.

"장군, 거사를 치르기 전에 제사를 지내야 하지 않겠습니까?"

"당연히 지내야죠. 어쩔 수 없이 사람을 죽여야 할 테니까요."

"누구를 죽이시려고요?"

"스님의 머리를 빌리는 건 어떻겠습니까? 마침 이 보검에게도 제를 올려야 하니 말입니다. 하하하!"

황소는 농담인 양 말했지만, 그의 말을 들은 노승은 가슴이 철렁 내려앉았다.

'혹시 내가 비밀을 누설했다는 사실을 눈치 챈 것이 아닐까?'

그러나 다시 이런 생각도 들었다.

'아냐, 그럴 리가 없어. 만약 나를 죽일 생각이 있다면 이런 말을 하진 않았을 거야.'

노승은 개의치 않는다는 듯 행동했다.

"나무아미타불 관세음보살, 부처님이 계신 신성한 곳에서 어찌 살생을 입에 담으십니까! 농담은 그만 하시지요, 장군. 그리고 우리 사이에 어찌 그런 말을 입에 담을 수 있겠습니까."

"그럼요. 우리 둘 사이가 각별하니 드린 말씀입니다. 스님은 먼저 도망치셔도 괜찮습니다."

거삿날이 다가오자 각 지역에서 사람들이 속속 모여들었다. 노승은 황소가 거삿날을 앞당겼음을 눈치 챘지만, 관가에 보고하기에는 이미 때가 늦었음을 직감했다.

'내 목숨이라도 부지하는 게 더 중요하지. 그런데 어디로 도망을 쳐야 한담? 온 사방에 모두 황소의 군사들이 있으니 이 암자에 가만히 숨어 있는 것도 그리 안전하지는 못할 텐데.'

이런저런 고민에 빠져 있을 때 암자 안에 있는 속 빈 버드나무가 눈에 들어왔다.

'그렇지, 저 속에 숨어 있으면 아무리 황소라 해도 나를 찾아내지는 못할 거야.'

그는 어둠을 틈타 빈 구멍 속으로 들어가 숨었다.

이튿날이 음력 3월 초사흘, 바로 청명절이었다. 각 지역에서 도착한 병사들은 모두 황소의 진군 명령을 기다렸다. 황소는 암자 계단에 서서 천지신명께 절을 올리고 난 뒤 검을 빼 들며 말했다.

"오늘은 바로 청명절이다. 오늘 우리는 칼을 빼 들고 그동안 억울하게 죽은 영혼들을 위한 제를 올릴 것이다. 탐관오리들과 악랄한 토호들을 모두 처벌하자. 그들은 우리를 억압한 포악한 자들이다. 억울하게 죽음을 당한 이들을 위해 우리 함께 복수하자!"

황소의 연설이 끝나자 병사들은 너도나도 할 것 없이 환호를 보냈다.

"와! 좋습니다! 새 천하를 열어 봅시다!"

황소는 다시 칼을 쓰다듬으며 말했다.

"칼을 쓰기 위해선 우선 제를 올려야 한다. 너희는 가서 염주를 든 인간 같지도 않은 놈을 찾아오너라. 내 이 칼을 제사 지내는 데 그 녀석을 써야겠다."

황소가 명령을 내리자마자 병사들은 사방으로 흩어져 노승을 찾기 시작했다. 그러나 암자 안팎을 샅샅이 뒤졌지만 어디서도 그를 찾을 수가 없었다. 황소는 암자의 뜰 앞을 지나다가 버드나무 앞에서 발길을 멈췄다. 그러고는 칼을 들어 버드나무를 두 동강이 냈다. 그러자 그 속에서 선혈이 낭자한 사람의 머리가 떼구루루 굴러 나왔다. 병사들이 주위로 몰려들었다.

"으악! 노승의 머리잖아!"

황소는 쓴웃음을 지었다.

"이봐, 이 중늙은이야. 아무리 나무 속에 숨었어도 내 눈을 피하긴 어렵지."

이후 사람들은 '나무 속에 숨어도 도망가기 어렵다.'는 황소의 말을 '정해진 운명이라면 피할 수 없다.'는 의미로 받아들였다.

추녀를 아내로 맞이한 주원장

주원장朱元璋이 군사를 일으킨 뒤 봉기를 주도하며 우두산牛頭山을 넘다가 그만 매복해 있던 관병들에게 포위당하고 말았다. 그는 적을 교란하기 위한 전술을 펼치며 진두지휘했지만, 수적 열세를 극복하지 못하고 그만 참패하고 말았다. 천신만고 끝에 주원장은 혈혈단신으로 적진을 빠져나올 수밖에 없었다. 100여 리쯤 도망쳤을까? 기력이 이미 바닥난 상태에서 깊은 산중에 숨었던 그는 그만 정신을 잃고 쓰러져 버렸다.

그때 남루한 행색의 한 여인이 숲 속 길을 달려왔다. 그녀는 줄곧 앞으로만 내달리는 데에 신경 쓰느라 미처 주원장을 발견하지 못해 그만 그의 발에 걸려 나뒹굴고 말았다. 고개를 돌려 시체인 듯한 무언가를 발견하고 놀란 그녀는 벌벌 떨었다. 주원장도 뭔가가 자신의 발에 걸린 느낌을 받고 몸을 뒤척여 보았지만 여전히 정신은 혼미했다.

순간 그녀는 상황을 파악하고 그의 곁으로 다가갔다.

'여기저기 피가……, 이 사람 칼까지 차고 있네.'

그녀는 그의 차림새를 보고 일개 병사일 거라 추측했다. 몸에 묻은 피가 부상 때문에 생긴 것이 아님을 알고는 틀림없이 피로와 허기에 지쳐 잠시 기절했을 거라고 여겼다. 그녀는 순간 불쌍한 마음이 일어 자기가 가지고 있던 보통이에서 주먹밥을 꺼내 주원장 곁으로 다가갔다.

"여보세요! 이봐요! 일어나 보세요."

몇 번을 계속 흔들자 그가 눈을 떴다. 주원장은 자기 앞에 앉아 있는 낯선 여인에게 물었다.

"당신은 누구시오? 왜 여기 있는 거요?"

"배가 고프신 것 같은데 먼저 이 주먹밥부터 드세요. 자세한 이야기는 좀 있다 하고요."

그녀의 마음 씀씀이가 고운 것을 한눈에 알아차린 주원장은 우선 배고픔을 참지 못해 주먹밥을 받아 들고는 게 눈 감추듯 먹어 치웠다. 그가 먹는 모습을 보고 그녀는 주먹밥을 하나 더 꺼내 주었다. 그는 주먹밥을 연거푸 세 개나 먹고 난 뒤에야 어느 정도 정신을 차렸다. 여인이 다시 주먹밥을 건네자 주원장은 그제야 사양했다. 여인의 손에 남은 주먹밥이 하나뿐임을 보았기 때문이다. 그녀의 따뜻한 마음에 감동한 주원장이 물었다.

"내가 보기엔 아가씨도 급히 피난을 떠나는 길인가 본데, 나에게 다 주고 나면 아가씨는 무엇을 먹으려고 그러시오?"

"날이 밝기 전에 고모 집에 도착하면 굶지는 않을 겁니다."

그녀는 자신이 이 깊은 숲 속까지 오게 된 이유를 말해 주었다.

"소녀의 이름은 마춘영馬春英입니다. 다섯 살 때 어머니를 여의었죠. 아버지는 재혼을 하셨는데, 이후 마을에서 약국을 경영하느라 집에 들어오는 날이 드물었어요. 그러자 집안의 모든 대소사를 새어머니와 의붓오라버니가 맡아 관리를 했지요. 하지만 포악한 새어머니는 저에게 죽도록 일만 시켰지 제대로 먹여 주지도 입혀 주지도 않으셨어요. 간혹 아버지가 집에 들르셔서 새 옷을 사 주신다고 해도 아버지가 가시고 나면 늘 어머니가 그것을 빼앗았죠. 그런데 그것도 모자라 얼마 전에는 중매쟁이를 시켜 열두 살이나 많은 남자와 저를 혼인시킬 계략을 꾸몄어요. 전 도저히 어머니의 핍박을 견디지 못해 면화 따러 간다는 핑계를 대고 고모 집으로 도망을 치는 길이랍니다. 그런데 만약 고모도 절 받아 주지 않는다면 전 머리를 깎고 비구니가 될 거예요."

그녀의 말을 들은 주원장은 마음속 깊이 그녀를 동정하면서도 그녀의 따뜻한 마음에 감격했다.

"춘영 낭자, 당신도 어려운 지경에 처했으면서 나를 도와주었으니 고맙기 그지없소. 다만 지금 내 힘으로는 그대를 도와줄 수 없다는 사실이 안타까울 뿐이오. 만일 내가 지금의 고난에서 헤어날 수만 있다면 절대로 당신의 은혜를 잊지 않겠소."

"어려움 속에서 만난 처지니 도움을 드리는 것이야 당연하죠. 은혜라니요, 당치도 않습니다."

"당신과 나 둘 다 어려움에 처해 있지만 내가 당신을 도와줄 방도가 없으니 정말 참담하기 그지없소."

"그런 말 마세요. 그럼 저는 그만 가 보겠습니다. 하루 빨리 곤경에서 벗어나시길 바랍니다."

춘영은 자리에서 일어나 떠날 채비를 했다.

주원장이 다급히 말했다.

"잠시만 기다리시오. 당신에게 할 말이 있소. 나도 가난한 집안

태생이오. 백성들 생활에는 전혀 관심이 없는 탐관오리와 무능한 황제를 죽도록 원망하다가 결국 의병 봉기에 가담했소. 만약 내가 조정을 뒤엎고 천하를 얻는다면 당신처럼 마음이 따뜻한 여인과 부부의 연을 맺고 싶소."

춘영은 그의 말에 부끄러워 고개를 숙였다.

"그 말 진심이세요?"

"절대로 농담이 아니오."

"그럼 무엇으로 증표를 삼죠?"

주원장은 몸을 뒤적이더니 허리춤에서 단검 하나를 꺼내 돌 위에 내리쳤다. 그러자 '쨍강' 하고 단검이 둘로 부러졌다. 주원장은 칼끝 부분을 갖고 손잡이가 있는 칼자루는 춘영에게 주었다.

"이것을 증표로 삼도록 하오."

춘영은 고개를 들어 주원장을 찬찬히 바라보았다. 비록 그는 외모가 빼어나진 않았지만 성실하고 정직하며 기개가 넘치는 사내대장부임을 알 수 있었다. 그녀는 동의의 표시로 땅에 꿇어앉으며 말했다.

"저도 당신이 아니면 그 누구에게도 시집가지 않겠어요. 하늘에 맹세할게요."

주원장도 그녀를 따라 꿇어앉으며 말했다.

"나도 절대 변치 않을 것임을 하늘에 맹세하오."

두 사람은 서로의 손을 꼭 잡았다. 춘영이 그에게 고모 집의 위치와 고모부의 성함을 알려 준 뒤, 서로 각자 갈 길을 향해 떠났다.

주원장은 마침내 황제가 되었다. 각 지방에서 선발된 미인들이 쉴 새 없이 황궁을 드나들었고, 주원장은 향락을 좇으며 하루하루를 보냈다. 춘영에 대한 생각은 이미 기억 밖 저 멀리 사라져 버린

지 오래였다. 황후로 책봉된 여인은 천하 제일의 미인이었지만, 책봉된 지 얼마 되지 않아 곧 병으로 세상을 뜨고 말았다. 여러 대신들과 상의한 끝에 이번에는 절세미인인 빈을 황후로 책봉했다. 그러나 그녀마저도 3개월이 지난 어느 날 급사하고 말았다. 이후 대신의 딸을 황후로 책봉했으나 그녀도 몇 달 지난 뒤 유명을 달리했다.

뛰어난 미모의 황후들이 연이어 요절하자 주원장의 상심은 이루 말할 수 없었다. 그는 의욕을 상실한 채 하루 종일 가슴이 답답했다. 여러 빈들도 온갖 수단을 동원해 그를 즐겁게 해 주려 했지만 소용이 없었다.

어느 날, 주원장을 만나 뵙기 위해 어사중승과 태사령 직을 맡고 있던 유백온劉伯溫이 입궐했다. 그는 수심에 찬 주원장의 모습을 보고 말했다.

"폐하, 연이어 세 분의 황후를 잃으신 것은 틀림없이 조정의 불행입니다. 소신은 폐하의 마음을 충분히 이해합니다. 그러나 돌아가신 분은 다시 돌아오지 못하는 법입니다. 일이 이 지경까지 이르렀으니, 폐하께서는 너무 상심치 마십시오. 그리고 앞으로 어떻게 하실지를 생각하는 것이 더 나은 줄로 아뢰옵니다."

주원장은 답답한 마음에 대꾸조차 하지 않았다.

유백온이 다시 말했다.

"폐하, 아무래도 무슨 걱정거리가 있으신 듯한데 신에게 말씀해 주실 수 있겠습니까?"

주원장은 이전에 춘영을 만난 일을 떠올렸다.

"짐에게 마음에 걸리는 일이 한 가지 있소."

그는 당시 우두산에서 포위당한 뒤 깊은 산 속에서 춘영을 만난 일과 그녀와 단검을 증표로 나눠 가진 일 등을 자세히 이야기해 주었다.

"등극하고 난 뒤 그 일을 까맣게 잊고 있었기에 무척 미안한 마음이 드는 것도 사실이네. 게다가 세 황후가 모두 얼마 못 가 죽지 않았는가. 어쩌면 춘영을 황후로 맞이해야 하는지도 모르겠네."

유백온은 그제야 모든 상황을 이해할 수 있었다.

"그런 일이 있으셨다면 왜 진작 그 낭자를 황후로 맞이하지 않으셨습니까?"

"시간이 이미 많이 흐른 데다 고모 집에 머문다고 했으니 어쩌면 이미 다른 사람과 혼인을 했을지도 모를 일 아닌가."

"제가 보기엔 아직 혼인하지 않았을 겁니다. 소신의 생각으론 제가 폐하께서 하사하시는 약혼 선물을 들고 그 낭자에게 다녀오는 것이 좋을 듯합니다만."

주원장이 고개를 끄덕였다.

춘영은 그때까지도 고모 집에 머물고 있었다. 고모는 그녀를 혈육 이상으로 대해 주었고 그녀를 위해 좋은 신랑감을 물색하고 있었다. 그녀와 혼인하길 원하는 집안은 많았지만, 그녀는 모두 거절한 채 하늘에 맹세한 주원장만을 기다렸다. 그런 춘영을 불쌍히 여긴 고모가 그녀를 설득했다.

"세상이 어수선하던 시절에 전쟁에 참가했다면 아마 이 세상 사람이 아닐 게야."

하지만 그녀의 결심은 단호했다.

"살아 있다면 그 사람을 꼭 만나야 하고, 만에 하나 그가 죽었다면 시체라도 확인할 거예요. 평생 결혼도 하지 않을 거예요."

혼기를 놓친 스물예닐곱의 조카가 혼인을 하지 않겠다고 하자 고모의 마음은 답답하기 그지없었다. 이때 마침 유백온이 사람들을 데리고 나타났다. 그는 속으로 다짐했다.

'나중에 직접 만났을 때 더욱 놀라도록 그녀를 기다리는 사람이 황제라는 사실은 숨겨야지.'

유백온이 단검 반쪽을 꺼내 춘영에게 보여 주며 말했다.

"그 당시 당신과 정혼했던 주원장은 조정에서 재상이 되셨습니다. 저더러 낭자를 대궐까지 모셔 오라고 분부하셨습니다."

단검을 확인한 그녀는 들뜬 마음으로 유백온을 따라 입궐했다.

마춘영이 입궐하자 유백온이 말했다.

"먼저 황제 폐하께 인사를 드리십시오."

마춘영이 말했다.

"누구를 먼저 만나야 할지 모두 당신 말을 따르죠."

유백온은 그녀를 데리고 주원장을 만나러 갔다. 주원장은 마침 서가에서 책을 읽고 있었다.

"폐하, 마춘영 낭자께서 오셨습니다."

마춘영은 고개를 숙인 채 서 있었다.

주원장이 웃으며 말했다.

"춘영 낭자, 고개를 드시오!"

"황제 폐하, 소녀는 감히 고개를 들 수 없습니다."

"고개를 들어 내가 누군지 보시오."

마춘영은 부끄러운 듯 고개를 들다가 화들짝 놀랐다. 황제가 바로 주원장이었기 때문이다. 그녀는 기쁜 나머지 무슨 말을 해야 할지 몰랐다.

그러나 조금 전까지만 해도 희색이 가득했던 주원장은 마춘영을 보자마자 깜짝 놀라더니만 바로 얼굴이 굳어졌다. 눈앞의 그녀는 까무잡잡하고 뚱뚱한 데다 얼굴은 말상에 곰보 자국까지 있었다.

'어찌 하여 그녀는 저런 모습으로 변한 걸까?'

유백온은 주원장의 얼굴 표정을 보고 그의 속마음을 읽었다. 그는 급히 두 동강이 난 칼을 하나로 맞춰 황제에게 보였다.

"폐하, 이것을 보십시오."

주원장이 단검을 받아 들자 유백온이 말했다.

"오시는 길 내내 피곤하셨을 터입니다. 먼저 쉬도록 준비를 해 놓았습니다. 그러니 하고 싶으신 말씀은 나중에 천천히 하십시오."

"그게 좋겠군. 그렇게 하지."

유백온과 마춘영이 나가자 주원장은 단검을 들고 시름에 잠겼다.

'당시 그녀는 무척이나 아름다웠는데, 어떻게 지금은 저런 모습이 된 것일까? 먼저 죽은 세 명의 황후들은 고사하고 지금의 빈들과 비교해도 몹시 차이가 나는군.'

이런저런 생각에 그는 심란하기만 했다.

유백온은 마춘영을 돌봐 준 다음 주원장에게 와서 넌지시 물었다.

"폐하, 오랜만에 춘영 낭자를 보시니 어떻습니까?"

"짐은 그녀가 저런 모습으로 변해 있으리라곤 상상도 못했소."

유백온은 주원장의 말을 듣고 생각에 잠겼다.

'쳇, 폐하의 용안도 사내대장부의 얼굴은 아니지요. 주먹코에 호박 같은 얼굴, 게다가 주걱턱이라니.'

"허허허, 속담에도 이런 말이 있지 않습니까. 남자는 멍청해야 복이 많고, 여자는 못생겨야 지혜롭다고요."

그의 말을 듣자 주원장은 당시 춘영과 만났을 때의 상황이 저절로 떠올랐다.

'그래, 춘영 낭자는 확실히 지혜롭고 현명한 여인이지.'

그러나 여전히 썩 만족스럽지는 않았다.

"폐하, 두 분께서는 부러진 단검으로 혼인을 약속하셨습니다. 칼끝은 폐하께 있지만, 칼자루를 쥔 분은 바로 춘영 낭자시지 않습니까? 이게 바로 하늘의 뜻입니다."

유백온의 말은 주원장의 우려를 말끔히 씻어 주었다. 주원장은 흡족해하며 말했다.

"그럼 이번 일은 그리 처리하도록 하게."

유백온 또한 흔쾌히 답했다.

"그러셔야지요. 폐하께서 지금 천하를 통일하셨다 해도 당시의 주먹밥을 잊으시면 안 됩니다. 값진 경험이지 않습니까?"

주원장이 말했다.

"춘영 낭자는 우리의 증표만 믿고 짐을 10년이나 기다려 주었지. 그래, 그건 절대로 쉬운 일이 아니야. 그럼, 결코 쉬운 일이 아니고말고."

두 사람은 호탕하게 웃었다. 그리고 마춘영은 황후로 간택되었다.

현령을 혼쭐 낸 화목란

　화목란花木蘭은 호주亳州에서 남동쪽으로 5리 정도 떨어진 곳에 위치한 위원魏圓 출신이다. 그녀는 어려서부터 아버지와 함께 말을 타고 활을 쏘는 등 무예를 익혔다. 어느 날 목란은 말을 타고 성 남쪽에 위치한 팔각대까지 달려갔다. 팔각대는 높이 4미터, 넓이 200제곱미터 정도의 궁궐식 대청이 있는, 수수하면서도 고아한 누각이었다. 이곳은 삼국 시대 조조가 건축한 '점장대點將臺'라는 소문도 있다. 목란은 종종 이곳으로 말을 타고 와 활쏘기를 하곤 했다.

　이날도 평소처럼 말을 타고 와서 안장을 매어 놓고 몸을 훌쩍 날려 팔각대 위로 뛰어올랐다. 누각 위에서 아래를 내려다보는데, 갑자기 병사들이 징과 북을 치며 하늘이 진동할 만큼 힘찬 기세로 팔각대를 향해 올라오는 모습이 보였다. 여덟 명이 드는 가마를 타고 호주의 현령이 지나던 참이었다. 현령이 가마의 문으로 팔각대를 슬쩍 쳐다보다가 아름다운 아가씨가 호리호리한 자태로 서 있는 모습을 보았다. 그녀가 하늘에서 내려온 선녀 같다는 생각이 드는 순간 아내로 삼고 싶은 욕심이 그의 머리를 스치고 지나갔다.

"멈춰라!"

그가 소리치자 가마꾼들이 가던 길을 멈추었다. 현령은 가마에서 몸을 반쯤 내민 뒤, 뒤를 따라오던 시종에게 귓속말로 속삭였다. 시종은 바로 목란을 아래로 불러 내린 뒤 그녀에게 빈정대며 말했다.

"축하해, 아가씨. 우리 현의 현령께서 네가 마음에 들어 첩으로 삼고 싶어 하시는데, 아가씨 생각은 어때?"

목란은 그의 말에 기가 차 입술을 깨물었지만, 그 자리에서 당장 화를 내지는 않았다. 잠시 미간을 찌푸리고 있던 그녀에게 좋은 꾀가 하나 떠올랐다.

"원한다면 어떻게 되고, 원하지 않으면 어떻게 되죠?"

시종은 거들먹거리며 말했다.

"만약 원한다면 현령 어르신과 함께 관아로 돌아가 혼례를 올리게 되고, 원하지 않는다면 널 오라에 묶어 끌고 갈 수밖에 없다."

"그렇다면 절 묶으세요."

현령은 그녀의 말을 듣고 펄펄 뛰며 화를 냈다.

"저년을 묶어라."

병사들은 현령의 말을 어길 수가 없어 낡은 밧줄로 그녀를 묶었다. 그러나 목란이 몸을 잠시 뒤척이자 스르르 밧줄이 풀렸다.

"이 밧줄은 너무 낡았는걸요!"

현령은 병사들이 일부러 그녀를 봐 주자 벌컥 화를 냈다.

"이 아무짝에도 쓸모없는 것들. 이 따위 밧줄로 병아리인들 묶을 수 있겠어? 이런 낡은 밧줄로 뭘 할 테냐?"

병사들이 새 밧줄을 가져와 그녀를 다시 묶었다. 목란이 밧줄을 다시 끊어 버리자 현령은 놀라면서도 화가 났다.

"저년을 밧줄로 꽁꽁 묶어라."

이번에는 제대로 묶었다고 생각했지만, 그녀가 다시 몸을 비틀자 뿌지직 소리가 나면서 밧줄이 다시 여러 동강이로 끊어졌다. 목란이 끊어진 밧줄을 주우면서 말했다.

"아이, 이 밧줄도 원래는 끊어져 있었네."

현령은 목란의 말에 버럭버럭 화를 냈다. 그는 병사들이 일부러 시간을 끌려 한다며 그들에게 심한 욕을 퍼붓더니, 이번에는 아예 철근으로 묶으라고 명령했다.

"다시는 실수하지 마라. 이번에는 잘 묶었는지 내가 직접 살펴볼 테다."

철근으로 묶었지만, 그녀가 필사적으로 풀자 철커덕 하는 소리와 함께 철근이 몇 토막으로 끊어지며 땅에 떨어졌다.

"녹이 슨 철근이군요."

현령이 화를 내기도 전에 놀란 병사들이 땅에 풀썩 주저앉으며 그녀에게 머리를 조아렸다.

"선녀님, 살려 주세요! 살려 주십시오."

그러나 멍청한 현령은 병사들이 그녀에게 머리를 조아리며 목숨만이라도 살려 달라고 애원하는 모습에 오히려 화가 부글부글 끓었다.

"대단하군!"

화를 내려던 찰나, 한 시종이 다가와 귓속말로 속삭였다.

"어르신, 이 아가씨는 아무래도 비범한 것 같습니다. 얼른 목숨만이라도 살려 달라고 애원하십시오. 아니면 우리 모두 살아남기 힘들 겁니다."

현령은 그의 말을 듣고서야 상황을 제대로 판단할 수 있었다. 그는 안절부절못하더니 허둥지둥 가마에서 내려 목란 앞에 무릎을 꿇고는 애원했다.

"선녀님, 살려 주십시오!"

이때 목란이 저 멀리로 손수건을 흔들자 자홍색 말 한 필이 바람같이 달려왔다. 목란이 말 안장에서 활과 화살을 꺼내 현령을 겨누며 말했다.

"네 머리가 이 화살촉보다 단단할까?"

현령이 허둥대며 말했다.

"소인의 머리는 기껏해야 가죽이니 어찌 화살촉보다 단단하겠습니까?"

목란이 말했다.

"그래? 어디 한번 보자!"

말이 채 떨어지기도 전에 그녀는 하늘로 화살을 쏘았다. 이 화살이 떨어질 즈음, 목란은 다시 활에 화살을 걸어 그것을 향해 쏘았다. 두 번째 쏘아 올린 화살촉이 첫 번째 화살대를 두 동강 냈다. 목란은 두 동강 난 화살을 주으며 현령에게 말했다.

"앞으로 다시 한 번 백성들을 못살게 구는 모습을 보면 내 너를 이 화살처럼 만들어 줄 테다!"

현령은 하얗게 질린 얼굴로 계속 머리를 조아렸다.

"절대로 그런 일은 없을 겁니다."

목란은 그의 대답을 듣고서야 그들을 돌려보냈다. 그들이 시야에서 멀어지자 목란도 말을 타고 유유히 사라졌다.

성벽 바위와 흰 돌멩이

경박호(鏡泊湖) 서쪽에 깎아지른 듯한 바위가 서 있는데, 사람들은 모두 그것을 '성벽 바위'라고 불렀다. 이 성벽 바위에는 지금까지 아름다운 사연이 전해 내려온다.

아주 옛날 경박호 근처에 스무 살 남짓의 청년 금우(金牛)가 살았다. 일찍이 부모님을 여읜 그는 집안 살림이 어려워 그때까지 결혼도 못하고 혼자서 겨우겨우 힘들게 살아갔다.

어느 날 금우가 사냥에서 돌아오는 길에 길가에 누워 있는 꼽추를 발견했다. 그는 급히 그의 곁으로 달려갔다.

"할아버지, 왜 그러세요?"

노인은 힘없이 눈을 뜨며 가까스로 대꾸했다.

"아파서 그러오."

금우는 곧바로 꼽추 노인을 등에 둘러업고 자기 집으로 향했다. 집에 도착한 그는 먼저 노인에게 밥을 지어 먹였다. 노인은 밥을 한 술 뜬 뒤에야 정신이 드는지 고맙다고 인사하고는 자리에서 일어서려 했다.

금우가 그를 말리며 말했다.

"병이 나으면 그때 가십시오."

"고맙네. 하지만 자네에게 폐가 될 텐데."

그는 다시 방으로 가 누웠다.

그 뒤로 며칠 동안 금우는 산에서 약초를 캐며 성심껏 노인을 보살폈다. 그러나 노인의 병은 나아지지 않아 금우는 갈수록 초조해졌다. 어느 날 새벽, 노인이 금우에게 말했다.

"여보게, 자네에게 사실대로 말해 주겠네. 나는 석공이었다네. 이 병을 치료하려면 내가 그동안 깎은 돌부처가 있어야 하네."

"그 돌부처 어디에 있습니까?"

"멀지, 아주 멀어. 아홉 굽이 산과 아홉 줄기 강을 건너야 하고 산등성이도 열여덟 개나 넘어야만 갈 수 있는 곳이야. 거기다가 가는 곳곳마다 온갖 독벌레와 맹수들이 자네 앞길을 가로막을 게야. 그런데도 갈 수 있겠나?"

"가야죠! 할아버지 병을 고칠 수만 있다면 아무리 먼 곳이라도 가야죠. 아무리 무서운 맹수라고 해도 전혀 두렵지 않아요."

금우는 당장 석공 노인에게 작별 인사를 하고 마른 식량을 넣은 보퉁이, 활과 화살을 어깨에 메고 허리에 칼을 찬 뒤 석공이 가리킨 방향을 따라 길을 나섰다. 그는 밤이건 낮이건 줄곧 앞을 향해 걸었다. 산을 한 굽이 또 한 굽이 힘겹게 넘었고 강을 만나면 헤엄쳐 건넜다. 그의 옷은 다 찢어지고 손발에는 피가 멈출 날이 없었다. 그래도 그는 계속해서 걸었다.

며칠이나 정신없이 걸었을까? 깎아지른 듯한 높은 산을 막 오를 때, 갑자기 울부짖는 이리 떼 소리가 들리는가 싶더니 순식간에 이리 떼가 달려들었다. 금우는 당황하지 않고 침착하게 활에 화살을 걸고는 이리 떼를 향해 여러 발을 쏘았다. 백발백중의 활 솜씨에 어떤 놈은 죽고 어떤 놈은 줄행랑을 쳤다. 금우는 그제야 숨을 돌려 활을 거두고는 다시 목적지를 향해 걸어갔다.

다시 하루를 걸어 다른 산에 도달했다. 배도 고프고 피곤했던 금우는 유난히 윤이 나는 돌 위에 주저앉았다. 물도 마시며 다리도 좀 풀 생각이었다. 그러나 그만 땅바닥으로 주르륵 미끄러져 떨어졌다. 그가 몸에 묻은 흙을 탁탁 털며 다시 길을 떠나려고 일어서는 순간 갑자기 눈앞이 확 밝아지면서 앞에 동굴이 나타났다. 그리고 그 안에 돌부처가 서 있었다. 그는 자신이 제대로 찾아온 걸 알고 떨 듯이 기뻤다. 동굴 입구에 서서 보니, 동굴 옆 큰 고목에서 사각거리는 소리가 들려왔다. 고개를 들어 위를 쳐다보니 나무 위에서 커다란 꽃뱀이 공격 태세를 취하고 있었다. 그를 보고는 고개를 들어 올리는가 싶더니 허리를 바로 굽혀 슈욱 하고 공격하려는 모습이 마치 나무가 그를 누르려는 듯했다.

상황을 판단한 금우는 허리에서 칼을 꺼내 커다란 꽃뱀과 한판 대결을 벌였다. 산 정상에서 산등성이까지 구르며 둘의 싸움은 날이 저물도록 계속되었다. 금우가 용맹스러워질수록 뱀은 머뭇거렸다. 그는 뱀이 주저하는 순간을 이용해 칼을 뽑아 두 동강이 낸 뒤 다시 뱀의 머리를 잘랐다. 그러자 뱀이 땅 위로 길게 널브러졌다.

금우는 칼을 거두고 동굴 안으로 들어가 돌부처를 들었다. 돌부처는 크기가 30센티미터 정도로 즐겁게 웃고 있는 불상이었다. 금우는 돌부처를 보퉁이에 넣고 다시 길을 나섰다.

사흘 밤낮을 걸어 어느 마을에 도착했다. 마을은 꽤 컸지만 어찌 된 일인지 쥐 새끼 한 마리도 보이지 않았다. 온통 잡초로 뒤덮여 황량하기 그지없었다. 금우는 어느 집 대문을 열고 들어가 돌부처를 온돌 위에 두고, 봇짐에서 마른 식량을 꺼내 먹고는 잠시 눈을 붙이려 했다. 막 잠이 들려는 순간, 갑자기 을씨년스러운 바람이 불더니 이어 싸늘한 바람이 세차게 불어 들어왔다. 먼지가 자욱하게 일고 하늘이 갑자기 어두워졌다. 잠시 후 쾅당 하고 문이 닫히면서 톱니 모양 이빨의 요괴가 금우 앞에 나타났다.

"이런."

금우는 칼을 잡고 대결을 벌이다가 돌부처가 온돌 위에서 갑자기 뛰쳐나오는 것을 보고 손을 뻗어 그것을 잡아 요괴를 향해 던졌다. 요괴는 목을 쑥 집어넣고 내달렸다. 돌부처는 요괴 뒤를 바짝 따랐다.

요괴는 달리면서 계속 용서를 빌었다.

"살려 주세요. 당신이 있는 한 절대로 다시 나타나지 않겠습니다."

요괴는 이 말을 남긴 채 순식간에 사라졌다. 그제야 금우는 돌부처가 영묘한 신물임을 알았다.

둘째 날 새벽, 금우는 돌부처를 메고 다시 집으로 향했다. 오후 무렵 또 다른 마을에 도착했다. 금우가 어느 집 대문을 열고 들어가니 방 안에서 머리가 흰 노인이 그를 맞이해 주었다. 그는 금우를 방으로 안내했다. 노인이 금우에게 어디서 왔는지를 물었고, 금우는 지금까지의 일을 자세히 말해 주었다.

노인이 놀라 눈이 휘둥그레졌다.

"아이쿠, 어쩌자고 그 마을에서 묵었소?"

"아니, 왜 그러십니까?"

"음, 말을 하자면 길어. 예전엔 이 마을에 사는 주민들이 그 마을 주민들보다 훨씬 수가 많았지. 그런데 그 마을 뒤의 강에 요괴가 살게 됐지 뭔가. 그 요괴가 밤만 되면 스산한 바람을 몰고 나타나서는 문을 부수고 들어가 사람들을 해쳤지. 내 아내도 그 녀석에게 잡아 먹혔어. 내 딸은 그 바람 때문에 그만 눈이 멀고 말았고. 모든 주민들이 그 요괴에게 해를 입었지만 그렇다고 마땅한 방법도 없고 해서 모두 다른 곳으로 도망을 쳐 목숨을 부지할 수밖에 없었지."

"따님의 눈은 치료하셨습니까?"

"아니. 그러나 방도가 있기는 해. 그 요괴의 등 껍데기에 붙어 있는 비늘 두 개를 눈에 붙이면 눈이 나을 수 있다고 하더구만. 그렇지만 무슨 수로 그 비늘을 손에 넣을 수 있겠나?"

금우는 잠시 생각에 잠겼다.

"이렇게 하죠. 제가 가서 그 요괴를 없애겠습니다."

노인은 이 일을 마을 사람들에게 알렸다. 마을 사람들은 한 젊은이가 자기들을 위해 요괴를 없애 준다는 소리를 듣고 벌 떼처럼 몰려와 미약한 힘이나마 다들 보태겠다고 했다. 그러자 금우는 수차 열 대, 원기 왕성한 젊은이 200여 명, 큰 낚싯바늘 하나를 부탁했다. 그는 돌부처를 강가에 놓아 두고 사람들에게 수차로 물을 빼라고 소리쳤다. 바로 그때 갑자기 강 속에서 요괴가 나타나 이를 드러내고 발톱을 치켜세우며 사람들에게 달려들었다. 그러다가 강가에 돌부처가 서 있는 것을 보고는 움츠러들었다가 잠시 후 강물이 다 말라 갈 즈음 다시 나타났다. 금우는 급히 큰 낚싯바늘로 요괴를 낚았다.

요괴가 애원했다.

"살려 주세요. 다시는 사람을 해치지 않겠습니다."

"내 오늘은 너를 갈가리 찢어 놓아 주마."

금우는 칼로 요괴를 내리찍었다. 요괴는 푸드덕거리면서 죽을힘을 다해 낚싯바늘을 빼내고 바람처럼 사라졌다. 금우는 그 틈을 타 비늘 몇 개를 떼어 낼 수 있었다.

금우가 구해 온 비늘을 노인의 딸 눈 위에 붙이자, 그녀의 눈은 순식간에 완치되었다. 그녀의 두 눈은 달빛처럼 맑고 밝게 빛났다. 노인은 딸의 눈이 완전히 치료된 것을 보고 기쁜 나머지 딸과 금우의 혼인을 허락했다.

다음 날 금우가 급히 돌아가려 하자, 노인도 그를 계속 붙잡지는 않았지만 대신 딸을 딸려 보냈다. 금우는 집에 돌아와 돌부처를 석공에게 돌려주었다. 석공은 껄껄껄 웃으며 금우에게 말했다.

"자네가 날 살렸군. 그러니 이 돌부처를 자네에게 주겠네. 이 돌부처는 신물이라네. 어깨를 치면 금을 토해 낼 걸세."

금우는 계속 마다했지만 석공도 뜻을 굽히지 않았다.

"다음에 다시 만날 기회가 있을 걸세."

석공은 이 말만 남기고는 집을 떠났다. 금우도 그 뒤를 따라 나가 보았지만, 석공의 모습은 온데간데없었다. 금우는 방으로 돌아온 뒤 시험 삼아 돌부처의 어깨를 두드려 보았다. 돌부처는 석공의 말대로 정말 입을 쩍 벌려 금을 토해 냈다. 그 뒤 부부는 집안을 화목하게 꾸리며 가난한 사람들에게 금을 나눠 주었다.

금우는 산으로 가 사냥을 하고, 아내는 집에서 베를 짰다. 그리고 장인도 모셔와 행복한 나날을 보냈다. 얼마 뒤 금우는 석공 꿈을 꾸었다.

"여보게, 금우. 이제 돌부처는 내가 다시 가져가야겠어."

"다시 요괴가 나타나 소란을 피우고 있습니까?"

"아니네. 대신 자네에게 작고 흰 돌멩이를 주겠네. 집 뒤뜰에 돌담을 쌓아. 그리고 내가 준 그 돌멩이를 돌담 위에 두면 사악한 기운을 없애 줄 게야."

금우가 꿈에서 깨어나 보니 정말 돌부처가 사라지고 그 자리에 작고 흰 돌멩이가 놓여 있었다. 금우와 그의 아내는 석공이 말한 대로 돌담을 쌓았다.

며칠 뒤 갑자기 경박호의 물이 늘어나면서 요괴가 다시 나타났다. 금우 가족을 죽이기 위해서였다. 그러나 기이하게도 호수 물이 늘어나면 금우 집의 돌담도 더불어 높아졌다. 깎아지른 듯한 높은 바위 때문에 금우의 집은 물에 잠기지 않았다.

요괴가 허둥대며 말했다.

"네 이놈, 금우야! 이제 너에게도 돌부처가 없다기에 바로 내가 복수를 하러 왔다."

"이 갈기갈기 찢어 죽일 요괴 같으니라고. 그렇다고 내가 너에게 당할 줄 알아?"

금우가 흰 돌멩이를 들어 요괴를 향해 던지자 돌멩이는 그의 손을 빠져나가면서 작은 산으로 변했다. 요괴는 그 산에 깔려 그만 죽고 말았다. 요괴가 죽고 나자 바람도 잦아들고 호수의 수위도 다시 낮아졌다. 그러나 그 돌은 여전히 사라지지 않고 다시 그 돌담 위에 놓여 있었다.

지금도 성벽 바위에 올라가 보면 그 위에 작고 흰 돌멩이가 있다.

맹강녀

팔달령八達嶺의 맹孟 씨와 강姜 씨는 담을 중간에 두고 서로 의지하며 한 가족처럼 지냈다.

그해 맹 씨네가 정원에 심은 오이가 자라 덩굴이 울타리를 타고 넘어가면서 강 씨네 집 안에서 열매를 맺었다. 그런데 오이 생김새가 보통 오이와는 사뭇 달랐다. 반들반들하고 윤기가 흘러 누구나 신기해했다. 시간이 가면서 오이는 더욱 크고 싱싱하게 잘 자랐다. 추수할 가을이 되자 오이는 두 집 담 중간에 걸쳐졌다.

"자네는 이 오이를 어떻게 했으면 좋겠나?"

"칼로 잘라 보세나."

"어이쿠!"

오이를 자르자 안에서 찬란한 빛이 새어 나왔다. 안에는 속이나 씨가 들어 있는 대신 어린 여자아이가 생글생글 웃으며 앉아 있었다. 짙은 눈썹에 둥근 눈, 뽀얀 살결의 통통하고 예쁜 아이였다. 아직 아이가 없던 맹 씨와 강 씨는 아이가 생겼다는 사실에 정말로 기뺐다. 두 집안은 상의 끝에 아이를 함께 키우기로 결정했다. 그리고 유모를 두었다.

첫해에는 그저 아기였지만 그 다음 해부터 점점 자라기 시작하더니 3년째가 되자 아름다운 여인으로 성장했다. 이제 그녀에게도 이름이 필요했다.

"이 아이를 무엇이라 부르면 좋을까?"

"얘는 우리 두 집안의 아이니까 맹강녀라고 부르는 게 어떻겠나."

이때부터 그녀를 맹강녀라고 불렀다.

당시 진시황은 만리장성 축조에 여념이 없었다. 팔달령에서도 그 해에 유독 공사 진행이 늦어 그 어떤 일꾼도 집으로 돌려보내 주지 않았다. 더군다나 하늘에 태양이 열두 개나 떠 있어 낮만 계속되었다. 그리고 하루에 겨우 한 끼 식사만 제공되어 배고파 죽은 사람, 노역에 지쳐 죽어 간 사람이 셀 수 없을 정도였다.

범희량范喜良은 책만 보던 서생이었는데, 진시황이 성을 쌓기 위해 닥치는 대로 사람을 잡아들인다는 소문에 겁을 먹고 고향을 등졌다. 하지만 산 설고 물 선 곳이어서 어딘들 안전할까? 아무리 달려도 마을이 보이지 않자 얼마 못 가서 그는 곧 실의에 빠졌다. 그래도 도망은 쳐야 했다. 다시 힘을 내어 한참을 달렸다. 그의 눈에 마을 불빛이 들어왔다.

그는 몰래 어느 집의 뜰 안으로 숨어들었다. 바로 맹 씨네였다. 맹강녀와 그녀의 하녀가 밖에 나와 산책을 즐기다 포도나무 시렁 아래 사람이 숨어 있는 걸 보고 소스라치게 놀랐다.

"까악······!"

그녀가 고함을 질렀다.

"무슨 일이세요?"

"어떡해. 저기 사람이 있어, 사람이!"

하녀가 목을 빼고 쳐다보니, 아니다 다를까 정말 사람이었다. 그녀가 다시 고함을 치려 하자, 범희량이 급히 뛰어나와 그녀를 막아섰다.

"소리치지 마십시오, 제발요. 절 좀 구해 주십시오. 저는 지금 도망 중입니다."

맹강녀는 범희량의 외모를 보고 그가 서생임을 단번에 알아챘고 그의 수려한 외모에 경계심을 늦추었다. 그녀는 이 사실을 아버지께 알렸고, 맹 씨는 흔쾌히 그 청년을 안으로 들어오게 했다.

"자네 이름이 뭔가?"

"성은 '범'가이며, 이름은 '희량'이라고 합니다."

"어디서 왔는가?"

"북쪽에서 왔습니다."

"그래, 왜 도망을 치고 있는가?"

"황제께서 성 축조를 위해 사람을 무자비하게 잡아간다고 들었습니다. 도망을 치는 것 말고는 달리 방법이 없었습니다."

맹 씨는 그의 솔직한 대답이 마음에 들었다.

"좋네. 그럼 여기서 지내게나."

'맹강녀도 이미 장성했으니 혼처를 정해야 할 때가 됐어!'

맹 씨 부부는 그 문제에 관해 친구인 강 씨와 상의했다.

"내가 보기엔 저 범희량이라는 청년이 좋을 듯한데 데릴사위로 삼는 게 어떻겠나?"

"그거 좋은 생각이군!"

범희량도 그들의 결정에 더할 나위 없이 기뻐했다. 일은 일사천

리로 진행되어 친지와 손님을 초청해 결혼식을 올렸다.

그런데 맹 씨의 친척 중에 형편없는 사내가 있었다. 그는 맹 씨에게 아들이 없다는 점을 이용해 계략을 꾸미고 있었다. 그는 늘 '저 집 데릴사위는 내가 따 놓은 당상이지!'라고 생각해 왔는데, 범희량이 등장한 것이었다. 결국 혼자 김칫국부터 마신 셈인지라 화가 나서 견딜 수가 없었다. 결코 그 사실을 받아들일 수 없던 그는 몰래 관가로 달려가 범희량을 고해 바쳤다.

"맹 씨 집에 노역꾼이 숨어 있습니다. 그놈 이름은 범희량이라고 합니다."

현령은 노역꾼이라는 말에 당장 명령을 내렸다.

"그 범희량이란 놈을 당장 잡아들여라!"

날이 어두워지면서 손님들이 하나 둘씩 돌아가고 맹강녀와 범희량도 막 신방에 들어갈 준비를 하고 있었다. 그런데 갑자기 주위가 소란해지면서 관원들이 들이닥쳐 아무 설명도 없이 범희량을 끌고 가 버렸다.

맹강녀는 남편이 잡혀 가는 모습을 보고 한참 동안 넋이 빠진 듯 멍하니 있었다. 정신이 들고 난 뒤 울부짖기 시작했지만 소용이 없었다. 아버지께 애원해 보았지만 별 도리가 없기는 마찬가지였다. 실의에 빠져 있던 그녀는 며칠 뒤 아버지를 뵙고 말했다.

"서방님을 찾아 떠나겠어요."

"그래, 다녀오거라!"

그리고 그녀에게 얼마의 돈과 그 친척을 딸려 보내 주었다.

그러나 이 친척의 됨됨이가 형편없음은 이미 앞에서 말한 그대로였다. 그는 범희량을 찾아가는 길에서도 차마 입에 올리지 못할 말을 지껄였다.

"범희량 그 녀석은 끌려가자마자 죽었을 게 뻔하잖아? 네가 보기에 난 어때? 나와 같이 사는 게 더 낫지 않겠어?"

친척 남자는 길을 가는 내내 그녀를 희롱했다.

맹강녀는 그가 수작을 부리고 있음을 알아챘다.

"좋아요, 그렇게 해요. 대신 그전에 먼저 중매쟁이가 필요하다는 사실은 알고 있겠죠?"

남자가 그녀의 말에 잠시 생각에 잠겼다.

'그렇긴 하지만 이 산골에서 어떻게 중매쟁이를 구하지?'

"지금은 어쩔 수 없는 상황이니, 그럼 저 골짜기에 피어 있는 꽃이라도 꺾어 오세요."

'정말 진심인가 본데.'

그는 이렇게 생각하며 골짜기를 향해 내달렸다. 그러나 골짜기에 다다른 순간 멈칫했다. 골짜기 아래로 깎아지른 기암절벽이 펼쳐져 있어 도저히 아래로 내려갈 수가 없었다.

맹강녀가 말했다.

"만약 당신이 사내대장부이고 남들만큼 용감하다면 이 밧줄을 타고 내려가세요. 한쪽 끝은 내가 잡아 줄 테니까."

남자는 맹강녀더러 밧줄 한쪽 끝을 잡게 하고, 무서워서 다리를 후들후들 떨면서도 밧줄을 꽉 잡고 절벽에 매달렸다. 순간 맹강녀는 잡고 있던 밧줄을 놔 버렸다.

"아악!"

비명 소리와 함께 그는 계곡 아래로 떨어져 비참한 최후를 맞았다.

혼자 남은 맹강녀는 자신을 추스르면서 성 축조 현장까지 내달렸다. 그곳에 도착한 뒤 며칠 동안 남편을 찾아 헤매고 다녔지만 그는 어디에도 없었다. 맹강녀는 한 늙은 노역자와 우연히 마주쳤다.

"할아버지, 혹시 범희량이라는 젊은이가 여기에 있나요?"
"암, 아마 새로 왔을걸."
"지금 어디에 있나요?"
옆의 다른 사람이 대답했다.
"못 본 지 벌써 며칠이 됐죠. 아마 죽었을 겁니다."
맹강녀는 순간 가슴이 철렁 내려앉았다.
"그렇다면 시신이라도 있겠죠?"
"아이고, 이 딱한 사람아! 여기서 시신은 신경도 쓰지 않아. 벌써 저 성벽의 토대로 다 묻혔지."

그 말에 맹강녀는 가슴이 꽉 막혔다. 눈에서 눈물이 흐르더니 마침내 통곡하기 시작했다. 그녀의 통곡에 하늘도 감동했는지 성벽이 와르르 무너져 내리면서 범희량의 시신이 드러났다. 그녀는 시체를 끌어안고 목이 터져라 울었다.

그런데 갑자기 관원들이 그녀를 둘러싸더니 한마디 설명도 없이 그녀를 밧줄로 묶어 관가로 끌고 갔다. 그녀의 미모에 반한 현령은 그녀를 진시황에게 보냈다. 진시황은 현령에게 포상으로 엄청난 재화를 주고 승진을 시켜 주었다.

진시황은 맹강녀를 차지했지만 맹강녀는 결코 두 지아비를 섬길 여인이 아니었다. 죽는다고 해도 허락할 수 없는 일이었다. 달리 방법이 없자 진시황은 자신의 후궁들을 보내 그녀를 설득해 보았지만 이도 소용없었다. 진시황이 친히 찾아와도 같은 결과만 되풀이될 뿐이었다.

완강한 태도를 보이던 맹강녀가 드디어 꾀를 냈다.
"좋아요. 혼인하겠어요."
그녀의 시녀가 진시황에게 가서 맹강녀의 말을 그대로 전했다.

● ──중국 민담

진시황이 맹강녀의 처소로 찾아갔다.

"폐하, 먼저 제 소원 세 가지를 들어주신다면 혼인하겠습니다."

"오냐, 내가 너와 부부의 연을 맺을 수만 있다면 세 가지가 아니라 열 가지도 들어줄 수 있다. 어서 말해 보거라."

"그렇다면 말씀드리겠습니다. 첫 번째 소원은 고승을 불러 49일 동안 불경을 읊게 해 주십시오. 불쌍히 죽은 남편의 영혼을 구제해 주고 싶습니다."

진시황은 곰곰이 생각에 잠겼다가 대답했다.

"좋아, 들어주마."

"두 번째 소원은 폐하께서 직접 상복을 입고 영정 앞에서 곡을 세 번 해 주시는 것입니다."

진시황도 이번에는 잠시 머뭇거렸다.

'이를 어쩐다. 이 나라의 황제로서 그런 행동은 절대 할 수 없지!'

"그 소원은 들어줄 수 없다. 다음을 말해 보거라."

"두 번째 소원을 들어주시지 않으면 나머지 소원도 말하지 않겠습니다."

선택의 여지가 없었다. 아무리 설득해도 그녀는 꿈쩍도 하지 않았다. 진시황은 그녀를 바라보며 생각했다.

'정말 눈이 부실 정도로 아름다워! 어디서 또 이런 미인을 구하겠어!'

"오냐, 좋다! 두 번째 소원을 들어줄 테니 세 번째 소원을 말해 보거라."

"세 번째 소원은 저와 함께 사흘 동안 바다 여행을 다녀오는 것입니다. 그 사흘이 지나면 폐하의 청을 들어드리겠습니다."

'세 번째 소원은 간단하군.'

"좋아, 모두 들어주마."

진시황은 고승과 도사들에게 분부를 내리고 상복을 준비시켰다. 준비가 끝나자, 그는 직접 상복을 입고 상주 노릇을 했다.

이제 바다 여행을 다녀오는 일만 남았다. 진시황은 꽃가마를 준비시켜 맹강녀와 함께 바닷가에 도착했다. 가마에서 내린 맹강녀는 몇 발 뗀 뒤 진시황을 밀치고 물속으로 풍덩 빠졌다.

상황이 급박해지자 진시황이 소리를 질렀다.

"여봐라, 거기 누구 없느냐!"

말이 채 끝나기도 전에 맹강녀는 이미 바닷속으로 가라앉고 있었다. 속았다는 생각이 든 진시황이 채찍 간산편(赶山鞭)을 소매에서 꺼내 바다를 향해 내리치자 바닷속에는 바위가 쌓여 갔다. 맹강녀를 바위에 깔려 죽게 하려는 심산이었다.

그러나 그의 행동은 용왕에게 걱정을 안겨 주었다. 만약 바위가 모두 바닷속으로 빠진다면 용궁은 파괴될 게 뻔했다.

총명하고 용감한 용왕의 딸이 그를 안심시켰다.

"아버님, 걱정 마세요. 제가 가서 그의 채찍을 훔쳐 오겠어요."

"네가 어떻게 그것을 훔쳐 온다는 말이더냐?"

"제가 맹강녀로 변해 그와 결혼을 한 뒤 훔쳐 오겠습니다."

용왕은 그녀의 방법이 괜찮다고 생각했다.

"그럼, 다녀오거라."

공주는 죽은 맹강녀로 변해 육지로 올라갔다. 진시황은 그때까지도 계속 채찍을 휘둘러 바위를 바닷속에 빠뜨리고 있었다.

공주가 말했다.

"보세요, 폐하! 제가 사흘 동안 바다를 여행하자고 하지 않았습니까? 아직 이틀도 채 안 됐는데, 폐하는 벌써 이 바다를 바위로 메울 생각을 하시는군요. 다행히 제가 바위에 깔려 죽지 않았기에 망정이지……."

진시황은 맹강녀가 살아 돌아온 것이 꿈만 같았다. 당장 채찍을 거두며 말했다.

"네가 돌아오리란 건 생각지도 못했다."

공주는 그와 100일 동안 부부로 지내다가 진시황의 간산편을 훔쳐 도망쳤다. 진시황은 채찍이 사라진 뒤 아무것도 할 수 없었다.

원래 이 간산편을 진시황이 얻은 과정은 이러했다. 성을 축조할 때 사람들을 많이 끌고 오긴 했지만 전혀 진척이 없자 계략을 생각해 냈다.

'돌로 말을 만들어 집집마다 밀고 다니면서 집주인에게 이 석마에게 풀을 먹여 보라고 하는 거야. 하하하! 돌로 만든 말이야 당연히 풀을 못 뜯지. 하지만 풀을 먹이지 못하면 당장 그 자리에서 죽여 버리는 거야. 그럼 틀림없이 그 소문을 듣고 신기한 재주를 가진 놈이 나타나 이 일을 해결하려 들겠지. 그럼 그놈에게 성 축조를 맡기는 거야. 하하하!'

진시황의 석마 때문에 이미 많은 사람들이 죽임을 당했다. 석마가 마을에 나타나면 사람들은 자기 집이 선택될까 벌벌 떨었다.

이날 석마는 왕씨 부락의 왕 원외 집 앞에까지 오고 말았다. 모두가 두려움에 벌벌 떨었다.

그때 문 앞에 탁발한 도인이 나타나자 왕 원외의 하인이 말했다.

"오늘은 날이 별로 좋지 않군요. 저희 어르신은 정말 선량한 분이시라 돈이며 음식이며 시주하는 것이 어려운 일이 아닙니다만 오늘은 안 되겠습니다. 오늘 저희 집이 큰 화를 당할지도 모르기 때문에 저희 어르신께서 걱정이 말이 아니랍니다."

도인이 물었다.

"무슨 큰 화를 당한다는 말씀이오?"

"이런, 아직 모르시는군요. 진시황이 석마를 만들었는데, 날이면 날마다 병사들이 그것을 마을마다 밀고 다닌답니다. 그리고 아무 집에나 밀고 들어가서 그 집 사람이 석마에게 풀을 먹이지 못하면 그 자리에서 죽이고 말지요."

도인이 웃으며 말했다.

"내가 바로 그 일 때문에 왔소. 그러니 어르신을 좀 뵙고 싶으니 가서 전하시오."

원외가 나와서 도인에게 예를 갖추고 물었다.

"도사님, 무슨 일이십니까?"

"오늘 저는 나리를 위해 왔습니다. 그러니 이제 걱정하실 필요가 없습니다. 저에게 좋은 방도가 있으니까요."

원외는 그의 말에 그제야 마음이 놓였다.

"어르신, 이 문제만 해결해 주신다면 원하시는 모든 것을 다 들어드리겠습니다."

"저는 재물에는 관심이 없습니다. 제가 이것을 드리지요."

그는 소매 속에서 작은 채찍을 꺼냈다.

"이 채찍은 간산편이라 합니다. 그것을 소매 안에 숨겨 놓고 석마가 나리 앞으로 오거든 팔을 흔들며 '먹어라.'라고 말씀만 하십시오. 그럼 석마가 풀을 뜯을 겁니다."

원외는 도인에게 감사를 표하고 채찍을 받아 들었다. 다시 고개를 드는 순간 도인은 온데간데없이 사라지고 없었다.

잠시 후 진시황의 석마가 다가오자 원외는 대문 앞에 서서 당황하는 기색 없이 팔을 흔들며 말했다.

"먹어라."

과연 석마가 풀을 뜯었다.

병사들은 석마가 풀 뜯는 모습을 보고 진시황에게 그 사실을 보고했다. 진시황은 원외를 황궁으로 불러들였다. 그는 그 일의 진상을 밝히기 위해 자초지종을 물었다. 결국 원외는 도인이 준 채찍에 대해 말하지 않을 수 없었다. 진시황은 간산편이란 채찍의 효력을 듣자 그것을 억지로라도 갖고 싶어 했고, 원외 입장에서도 줄 수밖에 없어 마지못해 그에게 건네주었다.

이렇게 해서 진시황은 간산편을 얻었지만, 결국 용왕의 딸에게 빼앗기고 말았다.

나비로 변한 양산백과 축영대

옛날 축祝씨 성을 가진 지주가 살았다. 그는 재산이 많아 모두가 그를 '축 원외'라고 불렀다. 그에게는 아들은 없었지만 미모가 출중한 축영대祝英臺라는 딸이 있었다.

어느 날 축영대가 2층 창문으로 밖을 내다보고 있었다. 사람들이 오고 가는 모습을 부러운 듯 바라보던 그녀의 눈에 등에 책궤를 멘 학생들이 들어왔다.

'아! 저 학생들은 얼마나 행복할까. 분명 먼 곳에서 공부하기 위해 이곳까지 왔을 텐데. 나에겐 어림도 없는 일일 뿐이야.'

그러다가 자기도 모르게 소리쳤다.

"맞아! 나라고 안 된다는 법이 어디 있어?"

축영대는 더 이상 얌전히 앉아서 수나 놓고 싶은 생각이 확 사라져 버렸다. 그녀는 용기를 내어 부모님께 항주로 공부하러 가게 해 달라고 부탁했다. 그러나 부모님은 그녀의 청을 딱 잘라 거절했다.

"가당치도 않은 소리! 지금껏 여자가 서원에 공부를 하러 다녔다는 소리는 들어 본 적이 없다. 하물며 다른 지방으로 가서 공부를 하겠다니!"

축영대도 이에 질세라 자기 주장을 폈다.

"제가 남장을 한다면 분명 그 누구도 절 알아보지 못할 거예요."

그녀의 계속되는 애교와 애원에 축 원외도 허락할 수밖에 없었다. 그 다음 날, 그녀와 하녀는 정말 남장한 뒤 책궤를 메고 항주 유학길에 올랐다.

축영대는 서원에서 학식이 높은 남학생 양산백梁山伯을 만났다. 이 두 사람의 의기투합은 서원에서도 유명할 정도였다. 같은 방 같은 책상에서 공부를 했고, 양산백이 있는 곳이라면 그 옆에는 항상 축영대가 있었다. 이 둘이 의형제의 연을 맺고 난 다음부터는 더더욱 서로의 그림자처럼 붙어 다녔다.

어느덧 3년의 세월이 지나 두 사람도 고향으로 돌아가야 할 시간이 되었다. 학생들은 스승에게 인사를 올리고 산을 내려갔다.

축영대는 산을 내려오면서 생각에 잠겼다.

'오늘 무슨 일이 있어도 내가 여자라는 사실을 알려야 해. 오늘이 아니면 기회가 오지 않을 거야.'

한편 양산백은 산을 내려오는 내내 굳은 표정으로 노래를 불렀다.

웅덩이 지나면 또 한 웅덩이
웅덩이 안팎은 잘 익은 농작물 가득
아우, 오늘 내가 자넬 보내면
앞으로 우리 형제 함께 있지 못하겠지?

이번엔 축영대가 노래를 읊조렸다.

웅덩이 지나면 또 한 웅덩이
웅덩이 안팎은 잘 익은 농작물 가득
장인어른 집에 가면
그때부터 우린 함께 있겠지.

양산백이 다시 노래를 불렀다.

골짜기 내려가면 다시 또 골짜기
골짜기 가득 꽃이 만발했네.
날 놀리지 말게나
내 마음은 정말 슬프다네.

축영대가 다시 이었다.

골짜기 내려가면 다시 또 골짜기
골짜기 가득 꽃이 만발했네.
네 어머니는 나의 시어머니
내 마음은 진정 기쁜데.

양산백이 다시 노래를 불렀다.

한 굽이 돌면 또 한 굽이
구불구불 돌고도는 시냇물
이봐, 아우 자네 말은 두서없군.
자네와 장난치고 싶은 마음이 아니야.

축영대가 노래를 불렀다.

한 굽이 돌면 또 한 굽이
구불구불 돌고도는 시냇물
청혼하지 않으면 다시는 못 볼걸
절대로 장난치는 게 아니야.

양산백이 노래를 불렀다.

10리 걸어가면 또 10리
정말정말 헤어지기 싫어.

축영대가 노래했다.

10리 걸어가면 또 10리
내 동생을 만나거든 처제라고 불러.

양산백이 노래했다.

저길 봐, 강 위의 새하얀 백조를
오늘따라 왜 날 놀리지?

축영대가 노래했다.

저길 봐, 수컷 백조가 길을 안내하면

암컷 백조가 오빠를 부르잖아!

오빠! 오빠! 날 기다려 줘

검은 머리 파뿌리 될 때까지 우리 함께해.

두 사람은 이렇게 서로 노래로 응수하며 길을 내려왔지만, 양산백은 전혀 눈치를 채지 못했다. 갈림길 앞에 선 두 사람, 이제 각자의 길을 떠나야 했다.

그로부터 몇 달 뒤, 양산백이 그리운 옛 아우의 집을 찾았다. 곱게 차려입고 그를 맞이한 여인은 바로 축영대였다. 그는 그제야 산길을 내려오며 나누었던 말을 이해할 수 있었다. 집으로 돌아온 양산백은 식음을 전폐하고 축영대만 생각하다 그만 병이 들었다.

그는 다시 축영대의 집으로 가 청혼했지만, 축 원외에게 가난한 학생이 눈에 찰 리 없었다. 딸이 이미 다른 사람과 약혼을 했다고 거짓말을 한 원외는 열심히 딸의 배필을 찾아 나섰다. 결국 그녀는 양산백이 아닌 고관대작의 아들 마 공자와 혼인할 수밖에 없었다.

양산백은 그 소식을 듣고 병져 누워 끝내 일어나지 못했고, 얼마 있지 않아 숨을 거두었다. 그는 죽기 전 부모님께 큰길가에 자신을 묻어 달라는 유언을 남겼다.

마 공자가 축영대를 아내로 맞이하던 날, 붉은색 도포를 입은 마 공자는 붉은 천을 덮은 준마를 타고 두 줄로 늘어선 수행원들을 이끌고 마을로 들어섰다. 이들은 등이나 비단으로 만든 우산을 들고 붉은 꽃으로 장식된 가마를 들고 왔다. 구경하던 많은 사람들이 근처로 몰려들자, 그들은 축영대를 안아서 가마에 태우고 축포를 세 차례 쏘았다. 마 공자와 축영대는 신랑 집으로 향했다.

가마가 막 큰길가에 들어섰을 때 갑자기 모래바람이 미친 듯이 일어 눈조차 제대로 뜰 수 없었다. 멈춰 선 가마에서 축영대가 걸어 나왔다. 가마에 올라탈 때 그녀는 흰옷 위에 붉은색 겉옷을 입고 있었지만, 가마에서 내리면서 붉은색 치마를 벗어 버려 안에 입고 있던 흰옷과 흰 치마가 드러났다. 그러고는 양산백의 무덤을 부여잡으며 통한의 눈물을 흘렸다.

그녀의 비통한 심정에 하늘도 감동했는지, 삽시간에 먹구름이 몰려와 하늘을 뒤덮더니 천둥 번개까지 내려쳤다. 땅이 심하게 흔들리면서 양산백의 무덤이 둘로 갈라졌다. 축영대는 마치 양산백이라도 본 양 두 손으로 치마를 감싸 쥐고는 무덤 속으로 뛰어들었다. 그녀의 모습이 사라지자 우르릉 소리와 함께 무덤이 다시 하나로 합쳐지며 일순간 조금 전 소란은 감쪽같이 사라졌다. 먹구름은 걷히고 비는 멈췄다. 활짝 갠 하늘 아래 꽃들이 만발하고, 양산백 무덤 위로 나비 한 쌍이 날아다녔다.

마 공자는 결혼식이 수포로 돌아간 마당에 머리 위로 나는 나비 한 쌍이 눈에 들어오자 마음이 다급해졌다. 그는 별벌레로 변한 뒤 파닥거리며 연신 나비를 쫓아다녔다.

결혼식 행렬에 참석했던 사람들은 순식간에 신랑과 신부가 사라져 버리자, 돌아가 마 대인을 볼 면목이 없어 모두 벌레나 화초로 변해 버렸다. 가마꾼은 질경이로, 우산을 받쳐 들고 따라가던 이들은 버섯으로 변했으며, 나팔수들은 모두 나팔꽃으로 변했다. 그리고 등을 들고 가던 이들은 모두 초롱꽃으로 변했다. 그래서 지금도 들판의 무덤 위에는 수많은 들꽃들이 있다.

붉은 매화와 흰 매화

왕이王二는 원래 가난한 농부 출신이었지만, 말년에 큰돈을 벌어 기와집도 새로 짓고 가축도 늘렸다. 그에게는 외동딸이 있었다. 머리끝에서 발끝까지 산뜻한 옷으로 맵시를 낸 그의 딸을 본 사람은 누구나 침이 마르도록 그녀의 아름다움을 칭찬했다.

왕이도 딸을 무척이나 아꼈다. 딸을 부잣집 아들에게 시집보낼 일만 생각하면 자다가도 웃음이 날 지경이었다. 이웃인 오삼吳三의 아들이 찾아와 청혼을 했지만 그는 들은 척도 하지 않았다. 또 시내에 있는 상성상회祥盛商會 주인이 와서 혼담을 꺼냈지만 그는 코웃음만 쳤다.

그러나 그렇게도 애지중지하던 딸이 그만 자기가 부리는 목동과 사랑에 빠지고 말았다. 왕이는 둘의 관계를 믿지 않았지만, 두 사람이 목장에 함께 있는 모습을 한두 번 보자 분노가 하늘을 찔렀다.

"이런 망할 놈의 목동 자식. 네가 감히 우리 딸을 넘봐!"

왕이의 딸은 그의 목소리가 들리면 도망을 쳤고, 목동은 늘 흠씬

두들겨 맞았다.

딸의 철없는 사랑 때문에 왕이가 화병이 나고 집안도 발칵 뒤집혔지만, 딸과 목동은 누추한 외양간에서 사랑을 속삭이며 꿈 같은 시간을 보냈다. 한번은 두 사람이 즐겁게 이야기를 나누다가 우연히 그 앞을 지나가던 왕이에게 들키고 말았다.

"이런, 짐승만도 못한 놈. 당장 내 눈앞에서 꺼져!"

왕이는 쓰러졌고, 목동은 쫓겨났다. 딸은 가족들의 감시를 피해 목동을 따라 도망쳤다.

그들은 산속의 낡은 암자로 도망쳤다.

목동이 물었다.

"이런 캄캄한 산에 있어도 무섭지 않아?"

"아니, 우리가 헤어지는 것 말고는 그 어느 것도 무섭지 않아. 그런 건 생각하지도 마. 아버지는 그리 걱정하지 않아도 돼, 옆에 엄마가 계시니까. 내일 집에 돌아갈게. 지금은 이렇게 함께 얘기를 나눌 수 있고, 또 노래도 부를 수 있어 참 좋아!"

날이 점점 어두워지면서 기온이 내려갔다. 머리 위로 상쾌한 바람이 불어온다 싶더니 어느새 눈발이 날리면서 어깨 위로 쌓이기 시작했다. 눈발이 점점 굵어졌다.

"춥지 않……아?"

목동이 쉰 목소리로 물었다.

"아니, 전혀. 마음은 불타는 것처럼 뜨거운걸. 넌 추워?"

두 사람은 서로에게 의지한 채 여전히 들뜬 목소리로 이야기를 나눴다.

그러나 그들의 사랑에는 아랑곳없이 눈은 더욱 세차게 내렸다.

두 사람은 그대로 얼어붙어 매화나무로 변했다. 한 그루에는 왕이의 딸이 변한 눈부시게 아름다운 붉은 꽃이, 또 다른 한 그루에는 목동이 변한 흰 꽃이 피었다. 그래서 매화는 겨울이 되어야 꽃을 피운다. 그리고 눈보라가 더욱 세찰수록 그 색깔도 더욱 아름답다.

분홍 꽃망울로 되살아난 우미인

옛날 낙양(洛陽)에 장 천관(張天官)이란 사람이 살았다. 그에게는 아들이 한 명 있었는데, 나이 열여덟에 이미 문무를 모두 갖추었을 정도로 총명함이 남달랐다. 천관 부부는 눈에 넣어도 아프지 않은 아들을 애지중지하며 키웠다.

열여덟 살 되던 해 4월, 장 공자(張公子)는 답답한 마음에 바람을 쐬러 밖으로 나갔다.

'어디로 갈까? 그렇지. 천하 절경인 소주(蘇州)와 항주(杭州)가 있었지.'

그는 잠시 생각에 잠겼다가 항주의 서호(西湖)를 가기로 결정했다. 청룡 보검을 차고 시름을 달래 줄 퉁소를 메고 여비를 챙긴 뒤 그는 부모님께 안부 인사를 올리고 말에 올랐다. 산 넘고 강 건너 낮에는 달리고 밤에는 잠시 눈을 붙이면서 보름간의 여정 끝에 드디어 서호에 도착했다. 서호의 둑에 서 있자니 버들강아지가 산들산들 날리고 호수의 푸른 물결이 넘실거렸다. 그는 호수의 아름다운 경치에 빠져 시간 가는 줄 몰랐다. 날이 어스름할 무렵 호숫가 근처에서 묵을 곳을 찾았다.

　찻집을 찾은 장 공자가 마침 차를 주문하는데, 맞은편 2층 방에서 처량한 노랫소리가 들려왔다. 머리를 밖으로 내밀어 보려 했지만, 날이 이미 저문 데다 방문 앞에 발이 반쯤 내려져 있어 구슬픈 노랫소리의 주인공을 볼 수가 없었다. 그가 의아해하자 찻집 주인이 말해 주었다.

　"저 목소리의 주인공은 바로 낙양 출신의 우미인虞美人이란 여인이지요. 뜻밖의 사고로 부모를 여의고 고아로 지내다가 설상가상으로 포주에게 잡혀 기생집인 저 연화원烟花院까지 팔려 오게 되었답니다. 그런데 우미인이 손님을 받느니 차라리 혀를 깨물고 죽겠다며 포주를 협박했다지 뭡니까. 술집 주인도 우미인 때문에 골치깨나 썩다가 결국은 사흘 안에 은 800냥을 가져오면 자유롭게 놓아 주겠다고 약속을 했죠. 하지만 그러면 뭐 합니까? 하늘 아래 혈혈단신인 그녀가 그만한 돈을 어디서 마련하겠습니까? 그 슬픔을 달리 하소연할 곳도 없다 보니 저렇게 하루 종일 하늘을 바라보며 구슬피 노래만 부른답니다."

　장 공자는 그녀의 애달픈 사연을 듣고 자신의 일인 양 가슴이 미어졌다.

　'친척은 아니지만 같은 고향 사람이잖아. 그러니 그녀를 이 구렁텅이에서 구해 줘야 해.'

　이런 생각에 미치자, 그는 맞은편 2층 방을 바라보며 애잔히 퉁소를 불었다.

　이튿날 장 공자는 비단 손수건에 은 50냥을 싸 들고 찻집 주인의 안내를 받아 연화원으로 갔다. 당연히 우미인을 만나 보기 위해서였다. 찻집 주인장 송성만宋成萬도 의협심이 많은 사람인지라, 장 공자의 호의를 충분히 이해해 연화원 포주를 만나 장 공자를 위해 말을 잘 전해 주었다. 그리고 이 포주라는 녀석도 돈이라면 자다가도 눈이 번쩍 뜨이는 인간인지라 번쩍이는 은을 보더니 단숨에 허락했다.

장 공자는 우미인의 기방 아래에서 고개를 들어 쳐다보았다. 마침 창가에 기대 선 우미인을 볼 수 있었다. 자신을 향해 두 눈을 부릅뜬 걸로 보아 화를 내고 있음을 확실히 알 수 있었다. 장 공자는 그녀의 반응을 보고 2층으로 올라가지 않고 아래에서 예를 갖추어 말했다.

"화내지 마십시오. 소생은 낙양 사람인데 어제 항주로 여행을 왔습니다. 낭자의 슬픈 노랫소리를 듣고 어젯밤 한숨도 자지 못했습니다. 전해 들은 낭자 신세도 무척 딱하더군요. 이렇게 고결하신 분이 저와 동향이시니 오늘은 낭자를 만나 뵙고 고향의 정도 나누고 또 이 진흙탕 같은 세상에서 빠져나올 방법도 함께 상의해 볼 겸 해서 찾아왔습니다. 절대 다른 의도는 없습니다."

우미인의 두 눈에 눈물이 맺혔다.

"그렇다면 어젯밤 퉁소를 부신 분이 바로 공자셨습니까?"

"어제 저녁 낭자의 처량한 노랫소리를 듣고 저도 모르게 반주를 넣었습니다. 주제넘었다면 용서하십시오."

순간 가슴이 뭉클해진 우미인의 눈에서 구슬 같은 눈물이 얼굴을 타고 흘러내렸다. 그녀는 후들거리는 다리로 아래층까지 내려와 그를 맞이하며 말했다.

"공자님의 의협심에 탄복했습니다. 다만 소녀의 몸값이 만만치 않은 데다 화류계의 여자인데 어찌 이 일에 공자님을 끌어들일 수 있겠습니까? 저도 본디 양갓집 규수였지만 그만 더럽혀지고 말았습니다. 이제 와서 공자님 사랑을 받게 되니 제가 죽어 구천을 떠돈다고 해도 절대로 공자님 마음을 잊지 못할 겁니다."

말을 채 끝내기도 전에 그녀는 다시 흐느껴 울었다. 장 공자도 우미인의 말에 가슴이 더욱 미어졌다.

"제 마음 같아선 당장 낭자를 이곳에서 구해 드리고 싶지만, 수중에 가진 돈이 얼마 안 됩니다. 제가 집으로 돌아가 부모님께 자초지종을 말씀드리고 돈을 가지고 다시 돌아오겠습니다. 가능한 한 빨리 돌아와 낭자를 이 고통에서 구해 드릴 테니 조금만 기다려 주십시오."

'내 마음을 이해해 줄 수 있는 사람이 이 하늘 아래 또 있을까? 그에게 내 모든 것을 맡기는 게 어쩜 가장 좋을지도 몰라.'

이런 생각에 그녀는 장 공자를 2층 자기 방으로 청한 뒤 가슴속에 담아 두었던 얘기를 모두 털어놓았고, 둘은 사랑을 굳게 맹세했다. 자신이 떠난 뒤에 포주가 그녀를 더 혹독하게 다룰까 걱정된 공자는 특별히 송성만에게 두 사람의 정혼 사실에 증인이 되어 줄 것을 부탁했다.

우미인의 정혼 사실이 전해지자 연화원의 다른 기녀들은 모두 그녀를 부러워했다. 포주도 감히 그녀에게 모질게 대하지 못했다. 장 공자가 떠난 뒤 우미인은 매일 창가에 기대 서서 그가 돌아올 날만 손꼽아 기다렸다. 그러나 한 달 또 한 달이 지나도 공자는 돌아오지 않았다. 우미인의 마음도 점점 검게 타 들어갔다. 그녀는 홀로 촛불 앞에 앉아 있다가 공자와 헤어질 때의 장면이 떠올라 그만 그간 참았던 울음을 터트렸다. 그러다 스르르 잠이 들었다. 어렴풋이 꿈결에서 장 공자가 그녀에게 눈을 부라리며 고함을 쳤다.

"내 본디 관리의 자제로 어찌 너 같은 기녀를 아내로 삼을 수 있겠느냐!"

우미인은 소스라치게 놀라 잠에서 깼다.

이 일이 있고 나서 식음을 전폐한 우미인은 날로 초췌해져 갔다. 결국 병이 들어 자리에 눕자 다른 기녀들이 앞다투어 그녀를 위로해 주었다. 하지만 가장 고치기 어려운 병이 바로 마음의 병이 아니던가! 처음에는 우미인을 천관의 며느리처럼 대해 주던 연화원의 포주도 장 공자의 그림자조차 보이지 않자 다시 본색을 드러냈다.

"창피한 줄도 모르고! 장 공자가 무엇 때문에 너 같은 것에게 관심을 두겠어? 심심풀이로 데리고 논 것이 틀림없다니까."

이 말을 듣고 가슴의 통증을 호소하던 우미인은 그 자리에서 피를 토하고 얼마 있지 않아 죽었다.

막심한 손해를 본 포주는 꼴도 보기 싫다며 주검을 들판에 내다 버리라고 고래고래 소리를 질렀다.

'아니지! 언젠가 장 공자가 돌아와 우미인을 내놓으라고 한다면, 그땐 뭐라고 말한담? 나 참, 송성만을 불러다가 상의해 볼 수밖에…….'

송성만은 한참 동안 생각에 잠겼다가 입을 열었다.

"우미인은 살아서도 장 천관 댁 사람이고 그건 죽어서도 마찬가지야. 내 생각에는 스님을 모셔와 사흘 동안 불경을 읊어 주는 게 좋은 방법일 것 같군. 그리고 시신을 화장해서 유골을 모셔 두었다가 장 공자가 오면 전해 주는 게 좋겠어."

우미인의 시체를 화장한 뒤 유골을 수습하던 송성만은 유골 속에서 반짝이는 선홍색 사리를 발견했다. 송성만은 순간 가슴이 벅차올랐다. 사리를 두 손으로 정성스럽게 받쳐 들고 호숫가로 가서 깨끗이 씻었다. 그러자 그의 눈앞에 상상도 못할 일이 일어났다. 안개

자욱한 물 위로 우미인의 그림자가 나타나 물결이 흔들리는 대로 따라 움직였다. 송성만은 놀라 허둥지둥 도망쳤다. 한참 뒤 다시 고개를 돌려 호수를 쳐다보니 우미인의 그림자는 온데간데없었다.

'나 참, 안개 때문에 눈앞이 흐릿해졌을 뿐인데 괜히 놀랐군. 이 사리나 마저 씻어야겠다.'

호숫가로 돌아오니 다시 물 위에 우미인의 그림자가 떠올라 있었다. 그제야 그는 사리를 물가로 가져가면 우미인의 형상이 물 위에 나타난다는 사실을 알아차렸다. 물결칠 때마다 우미인의 모습도 함께 천천히 움직였다.

'혼령이 하늘로 올라가지 못하고 구천을 헤매면서 장 공자가 돌아오기만을 기다리는 게 틀림없어. 무슨 일이 있어도 이 사실을 알려야 하는데……. 이 소문이 만약 장 공자의 귀에 들어간다면 반드시 여기로 달려올 거야. 그럼 이 부부도 서로 재회할 수 있겠지.'

송성만은 찻집으로 돌아온 뒤 물을 담은 대야에 사리를 담그고 그 앞에 큰 거울을 세웠다. 잠시 후 우미인의 자태가 어른거리면서 거울에 비쳤다. 이 소문이 꼬리에 꼬리를 물고 퍼져 나가 온 마을이 떠들썩해졌고, 항주에서 일어난 이 불가사의한 일을 보기 위해 찾아든 남녀노소의 행렬이 끝이 보이지 않을 정도였다.

그러던 어느 날 우미인을 보기 위해 몰려든 사람들 속에서 한 공자가 뛰쳐나와 거울을 부여잡고 대성통곡을 했다.

"흑흑! 낭자, 그간 연락할 길이 없었습니다. 하지만 어찌 날 기다리지도 않고 이렇게……."

그가 거울 속의 우미인을 끌어당기려는데 거울이 그만 쨍그랑 하며 산산조각이 나고 말았다. 사리를 손에 받쳐 든 장 공자는 비통한 마음을 금할 길 없어 눈물만 흘렸다.

뒤채에서 이 사실을 전해 들은 송성만이 마당으로 달려와 장 공자를 데리고 안채로 들어왔다. 송성만에게서 그동안의 일을 들은 장 공자는 더욱 설움이 북받쳤다. 그는 더 이상 항주에 머무르고 싶지 않아 송성만에게 감사를 표한 뒤 조심스레 우미인의 사리를 들고 천관이 보낸 심복 둘과 낙양으로 돌아갔다.

장 공자는 왜 이렇게 늦게 도착할 수밖에 없었을까?

사실 장 공자가 낙양에 도착한 뒤 어머니에게 먼저 우미인을 아내로 맞이하고 싶다는 말을 꺼냈다. 그러나 우미인이 화류계에 몸담고 있다는 말을 들은 어머니는 도저히 그 결혼을 승낙할 수 없었다.

"애야, 결혼은 인륜지대사란다. 그러니 절대로 혼자서 결정할 수 있는 일이 아니야. 아버지와 상의하여 결정하려무나."

장 공자는 북경에서 관직 생활을 하고 있는 아버지를 만나러 당장 떠났지만, 어머니는 장 공자 몰래 그보다 먼저 하인을 북경으로 보내 장 공자가 북경으로 간다는 사실과 기녀와 결혼하고 싶어 한다는 사실을 빠짐없이 알렸다. 장 공자가 도착하면 크게 꾸짖어 달라는 것도 함께 당부했다. 부모님의 의중을 모른 채 북경에 도착한 장 공자는 아버지의 감시 아래 억지로 과거 시험을 준비해야 했다.

그러던 어느 날 항주의 기이한 소문이 북경에도 전해졌다. 장 공자가 '우미인'이란 세 글자를 듣고 자신도 따라 죽겠다는 심정으로 항주행을 고집하자, 그의 아버지도 더 이상 막을 수 없어 심복 두 명을 딸려 보내 주었던 것이다.

낙양으로 돌아온 장 공자는 몰래 사리를 들고 침실로 들어갔다. 밤이 깊어지자 탁자 위에 사리를 조심스럽게 놓고 향을 피워 제를 올렸다. 한창 제를 올리는 중에 어디선가 낯익은 목소리가 들려왔다. 눈을 떠 보니 우미인이 바로 눈앞에 서 있었다.

"도련님, 도련님의 진심이 절 감동시키는군요. 도련님과 백년가약을 맺고 싶었지만, 도련님의 부모님이 절 마음에 들어하지 않은 것도 다 저의 박복함 때문이니 누구를 원망하겠습니까? 저는 이제 더 이상 이승의 사람이 아니옵니다. 도련님과 함께했던 모든 일이 꿈만 같사옵니다."

장 공자가 우미인을 잡아당겼다.

"낭자와 나의 사랑은 지고지순했지만, 나와 이루지 못한 사랑 때문에 결국 이 지경이 되고 말았소. 그러니 맹세하오. 앞으로 절대로 낭자 이외의 아내는 맞아들이지 않을 거요. 그러니 이렇게 밤에만이라도 날 만나러 와 주시오."

이때부터 장 공자는 두문불출하며 밤마다 우미인과 사랑을 키워 나갔다.

장 공자의 어머니는 아들이 갈수록 초췌해지고 무표정한 모습으로 변해 가자 안절부절못했다. 그녀는 무슨 연유인지 알고 싶어 아들의 방문 창호지에 구멍을 내어 며칠 동안 안을 몰래 들여다보았다. 아들 방에 절세미인이 숨어 있다는 사실에 어머니는 화가 북받쳐 올랐다.

"어디서 저런 여우 같은 것이 나타나 내 아들을 홀리는 게야?"

그녀는 장 공자에게 아버지가 중병이 들었으니 급히 북경으로 가서 병을 간호하라고 거짓말을 했다. 그리고 그 틈을 타 아들 방에서 사리를 찾아 산산조각을 낸 뒤 땅에 묻어 버렸다.

장 공자는 어머니에게 속았다는 사실을 알고 급히 돌아왔지만, 결국 그가 들은 것이라곤 사리가 이미 산산조각이 나 앞뜰에 묻혔다는 게 전부였다. 그는 정신이 나간 양 땅을 파 내려갔다. 깨진 사리 조각을 보는 순간 참았던 눈물이 와락 쏟아졌다. 오장육부가 갈

가리 찢기는 고통을 느낀 장 공자는 순간 서릿발같이 날을 세운 청룡 보검을 꺼내 자신의 심장을 찔렀다. 불을 뿜듯 터져 나온 핏줄기가 사리를 적셨다.

  이듬해 봄, 사리를 묻었던 곳에 부드러운 새싹이 피어 올랐다. 이 새싹은 파릇파릇 잘 자라 4월이 되자 꽃봉오리를 피웠고, 며칠 뒤 분홍색 꽃망울을 터트렸다. 하얀색 꽃잎에 붉은색이 투영되어 구슬처럼 맑은 분홍색 꽃망울을 보고 사람들은 기적이라고 입을 모았다. 그 뒤 조정에서 어화원御花園 규모를 확장하면서 전국의 신기하고 기이한 식물을 모아 올 것을 하달했는데, 장 천관은 이 신기한 꽃을 바쳤다. 이 꽃이 마음에 쏙 든 황제가 꽃 이름을 물었다. 장 천관은 대답 대신 그간 장 공자와 우미인 사이에 일어난 사건을 낱낱이 아뢰었다. 황제는 기막힌 사연을 듣고 난 뒤 이 꽃을 '우미인'이라 명했다.

  이때부터 우미인 이야기가 세상에 전해졌다.

황제와 쥐

 옛날에 한 멍청한 황제가 있었다. 그는 먹고 마시는 향락만 좋아하고 사치를 일삼으면서 나랏일은 아랑곳 않고 백성들에게서 세금 뜯어내는 일에만 골몰했다. 어느 날 어전에 쥐 한 마리가 나타났다. 그는 지금껏 쥐를 단 한 번도 본 적이 없어 요괴라고 생각했다. 두려운 나머지 그는 방에 숨어서 며칠이 지나도 감히 어전에 들지 못했다. 조정의 대신들은 의견이 분분했지만, 궁궐에 요괴가 나타났다는 것에는 동의하는 분위기였다.
 며칠이 지나자 쥐는 황제와 문무 대신들이 감히 자신을 잡지 못함을 알고, 간이 커져 매일같이 목에 힘을 주고 어전을 뛰어다녔다. 심지어 황제가 입는 곤룡포의 옥대까지 씹어 놓았다.
 이런 까닭에 모두가 놀라고 당황스러워했다. 무관들은 하루빨리 사람들을 불러 저 쥐를 잡아야 한다고 주장했고, 문관들은 기도를 드려 물리쳐야 한다고 주장했다. 어찌 할 바를 몰랐던 황제는 마침내 이 두 가지 방안을 모두 써 보기로 결정했다. 날마다 쥐를 향해 아침 저녁으로 절을 세 번 하고 새벽에 향을 피우고 공양을 드리는 가운데, 요괴를 잡을 사람을 구한다는 방도 내걸었다. 전국 방방곡곡에 붙은 방에는 쥐의 모습이 그려졌고 다음과 같이 쓰어 있었다.

이 요괴를 잡아 주는 사람에게 황금 1만 냥과 비단 1,000필을 상금으로 하사한다.

한 젊은 농사꾼이 이 요괴가 다름 아닌 쥐라는 사실을 알고, 마음속으로 쾌재를 부르며 어전에서 요괴를 잡겠다고 장담했다.

다음 날 아침, 젊은이는 집에서 키우던 살쾡이 한 마리를 몰래 소매에 숨겨 갔다. 궁궐에 도착했을 때, 황제가 문무 대신들을 이끌고 제상 앞에 머리를 조아리고 있었다. 제상 위에는 쥐가 앉아 두 발로 기름 덩어리를 안고 맛있게 먹고 있었다. 청년 농사꾼은 그깟 쥐 한 마리에 놀라 허둥대는 사람들을 보고는 자신도 모르게 깔깔대며 웃기 시작했다.

황제와 문무 대신들이 그제야 웃음소리를 듣고 고개를 들어 보았더니 한 젊은이가 서 있었다. 화가 치민 황제는 그를 잡아들이도록 명했다. 젊은이가 진지하게 말했다.

"화내지 마십시오. 저는 저 요괴를 잡으러 온 사람입니다."

그는 말을 끝내자마자 소매 안에서 살쾡이를 꺼냈다.

살쾡이는 쥐를 보자마자 쏜살같이 제상으로 달려들어 한 입에 쥐를 먹어 치웠다. 그 모습에 놀란 황제와 문무 대신들은 할 말을 잃고 눈이 휘둥그레졌다. 지금껏 쥐를 본 적도 살쾡이를 본 적도 없었기 때문이다.

젊은이가 쥐를 먹어 치운 살쾡이를 데리고 떠나려 하자 황제가 급히 그를 막아서며 애원했다.

"자네가 가고 난 뒤 다른 요괴가 나타나면 어떡하나?"

황제는 젊은이가 궁궐에 계속 남아 자신을 보호해 주길 바랐다. 그러나 젊은이는 결코 응낙하지 않았다. 이에 황제가 원래의 상금에 황금 1만 냥과 비단 1,000필을 더 주겠다며 애원하자, 못이기는 척하고 혹시나 있을 다른 요괴를 잡도록 살쾡이를 황제에게 주었다.

젊은이는 상금으로 받은 황금과 비단을 가난한 사람들에게 나눠 주었다. 그 마을 탐관오리가 이 사실을 알게 되었다.

'만약 나에게 황금 1만 냥과 비단 1,000필이 생긴다면 천하 제일의 부자가 될 텐데.'

그는 이런 욕심에 속이 근질댔다.

때마침 황제가 비를 간택하겠다고 공표하면서 전국 방방곡곡의 미인을 찾아 나섰다. 이 세상 그 누구도 자기 딸이 미련한 황제의 비가 되길 원치 않았지만, 이 탐관오리만은 달랐다. 그는 이번이 천년에 한 번 올까 말까 하는 기회라고 생각하고 딸을 곱게 화장시켜 꽃가마에 태우고 황궁으로 보냈다. 그는 아주 많은 황금과 비단을 얻을 수 있을 거라고 확신했다.

그러나 이 탐관오리의 희망은 물거품이 되고 말았다. 황제가 그의 딸을 비로 맞아들인 뒤, 탐관오리에게 말했다.

"조정의 요괴는 이미 다 잡았으니 이 살쾡이를 자네에게 예물로 보내겠네. 이래 봬도 황금 1만 냥과 비단 1,000필로 얻은 살쾡이라네."

탐관오리는 자기 딸이 살쾡이 한 마리 값이라는 사실을 알고 후회했지만 이미 너무 늦은 뒤였다. 그저 고개를 숙인 채 상심하여 살쾡이를 안고 집으로 돌아올 수밖에 없었다.

●─중국 민담

초서 대왕

장 승상은 초서 쓰기를 아주 좋아했다. 하루는 좋은 시구가 몇 구 떠올라 붓을 들고 빠른 속도로 써 내려갔다. 종이 가득 써 내려간 글씨는 마치 용이 춤추듯 멋졌다.

그는 다 쓴 뒤 조카를 불러 이 작품을 그대로 베껴 쓰게 했다. 조카가 한참 써 내려가다가 어느 한 부분에 이르러 아무리 궁리를 해도 도저히 무슨 글자인지 알아볼 수가 없었다. 상심한 그는 붓을 거두고 숙부에게 물었다.

승상은 한참 동안 들여다보더니 화를 버럭 냈다.

"이 녀석아, 왜 진작 묻지 않았느냐? 이젠 나도 무슨 글자인지 영 알 수 없지 않느냐?"

재상과 농부

옛날 한 재상이 재상 자리에서 물러나 귀향하다가 마침 어렸을 적 친구를 만났다. 두 사람은 이미 노인이 되어 있었다.

재상이 농부에게 말했다.

"어허, 우리 두 사람 벌써 나이가 많이 들었구먼. 그렇지만 우리 두 사람에게는 같은 점과 다른 점이 있지."

"그게 무슨 뜻인가?"

"공통점은 우리 두 사람이 모두 등이 굽을 만큼 늙었다는 것이고, 다른 점은 자네는 밭에서, 난 궁궐에서 생활했다는 것이지."

"그렇군. 근데 우리 둘에게는 다른 점이 하나 더 있지."

"뭔가?"

"내 등이 굽은 건 오랜 세월 허리를 굽혀 풀을 뽑고 모를 심은 때문이지만, 자네 등이 굽은 건 오랜 세월 황제 앞에서 허리를 굽히며 아첨했기 때문이지."

이 말을 들은 재상은 씁쓰레하게 웃을 뿐 반박하지 못했다.

세 멍청이

옛날 어리석은 현령이 있었다. 백성들은 다들 그가 멍청이라고 수군댔다. 현령은 백성들이 자기를 멍청이라고 비난하는 소리를 듣고 부하들에게 명령했다.

"백성들이 모두 멍청이라 욕하는데, 그렇다면 멍청이는 반드시 질 나쁜 사람일 것이다. 그러니 사흘 안에 멍청이 세 명을 잡아오너라. 하나라도 모자라면 너희가 죽을 줄 알라!"

부하들은 명령을 받들어 멍청이를 찾아 성을 나섰다. 한 사람이 머리에 짐을 인 채 말을 타고 가는 모습을 보고 관리가 물었다.

"왜 말 등에 짐을 싣지 않은 거요?"

"머리 위에 짐을 이고 있으면 말의 힘을 좀 덜어 줄 수 있지 않겠습니까?"

'이 사람 정말 멍청하군.'

관리는 그 사람을 데리고 길을 떠났다.

그들이 성 입구에 도착했을 때 근심 어린 표정으로 대나무 장대를 들고 있는 사람이 눈에 들어왔다. 그는 장대를 가로로 들어도 세로로 들어도 성문으로 들어갈 수 없었다.

"여기 멍청이가 또 있군."

그러나 세 번째 멍청이는 아무리 찾아보아도 찾을 수가 없었다. 관리는 어쩔 수 없이 먼저 찾아낸 두 명만 데리고 관아로 돌아갔다.

현령이 말을 탄 사람에게 말했다.

"자네가 머리에 짐을 이고 있는 것은 말의 힘을 아끼기 위함이지? 정말 멍청하구먼."

또 대나무 장대를 들고 있는 사람에게 말했다.

"그 대나무 장대를 톱으로 두 도막 내면 더 빨리 성으로 들어갈 수 있지 않았겠나? 자네도 정말 멍청하군."

관리는 그의 말을 듣고 급히 현령에게 말했다.

"세 번째 멍청이를 찾았습니다. 멀리서 찾을 필요가 없겠습니다. 바로 여기 있으니까요."

흉작 보고

옛날 한 늙은 농민이 관아까지 와서 그해가 얼마나 흉년인지를 보고했다.

현령이 그에게 물었다.

"보리 수확은 어느 정도였나?"

"3할 정도입니다."

현령이 또 물었다.

"그렇다면 목화 수확은 어느 정도였나?"

"2할 정도입니다."

그가 또 물었다.

"벼 수확은?"

"마찬가지로 2할 정도였습니다."

현령이 그의 말을 듣고 노발대발했다.

"이런 나쁜 놈! 모두 7할이나 수확을 했으면 됐지, 무엇 때문에 흉년이라고 보고까지 하러 와?"

늙은 농민은 이러지도 저러지도 못했다.

"나리, 정말 사상 초유의 흉년입니다. 100년을 넘게 산 사람도 이런 흉년은 겪어 본 적이 없다고 하지 않습니까?"

현령이 그를 쳐다보다가 버럭 화를 내며 물었다.

"100년을 넘게 산 사람이 어디에 있느냐?"

늙은 농민이 대답했다.

"제가 올해로 일흔입니다. 제 큰아들 녀석이 마흔이고, 둘째가 서른입니다. 합하면 모두 백마흔 살입니다."

현령이 말했다.

"이런 바보 같은 놈! 나이를 어떻게 그렇게 합쳐?"

늙은 농민이 대답했다.

"정말 바보 같지요! 그런데 나리는 어떻게 보리, 목화에 벼의 수확량까지 합하십니까?"

세 하 인

  옛날 한 현령이 성격이 서로 다른 하인 세 명을 고용하고 싶어서 부하에게 마땅한 사람을 찾아오라고 명했다.
  어느 날 관리들은 성 밖에서 어슬렁어슬렁 길을 걷는 사람을 보았다. 그 뒤로 오히려 얼굴이 온통 땀으로 범벅이 된 채 급히 쫓아가는 사람이 있었다. 앞 사람을 따라잡지 못하자, 뒷사람이 앞 사람을 향해 소리쳤다.
  "자네, 빨리 집으로 돌아가 보게. 자네 집에 불이 났어!"
  앞 사람은 오히려 침착하게 말했다.
  "뭐가 그리 급한가? 내가 돌아간다 해도 이미 다 타 버렸을걸."
  관리들은 이 두 사람을 보고 현령의 요구에 안성맞춤이라고 생각해 당장 그 둘을 붙잡았다. 돌아오는 길에 그들은 장사꾼을 만났다. 그는 적은 돈으로 물건을 싸게 사겠다고 떼를 쓰고 있었다. 관리들은 공짜 좋아하는 이 사람도 현령의 요구에 딱 맞아떨어진다고 생각하여 그를 붙잡아 관아로 데려왔다.

붙잡힌 세 사람은 자기들이 무슨 죄라도 저지른 게 아닐까 싶어 벌벌 떨었지만, 현령을 만나 보고는 현령이 자기들을 하인으로 삼고 싶어 한다는 것을 알고 거절했다. 그러나 현령은 다짜고짜 그들에게 이름을 지어 주고는 각각 임무를 부여했다.

성질 급한 사람은 '조급쟁이'라 부르며 현령을 따라다니도록 했고, 느긋한 사람은 '낙천가'라 부르며 두 아들을 돌보게 했다. 그리고 공짜 좋아하는 사람은 '공짜 선생'이라 부르며 관아에 필요한 물건을 구매하게끔 했다.

세 사람은 모두 화가 치밀어 올랐다. 밤에 한 방에서 함께 잠을 청하면서 서로의 생각을 말했다. 조급쟁이가 말했다.

"저 염병할 현령이 빨리 해 주길 원하니, 다음번에 그에게 특별히 빨리 해 주지."

그러자 낙천가가 말했다.

"그는 내가 느긋하길 원하니, 다음번에는 그에게 진정 느긋한 모습을 보여 줘야겠어."

공짜 선생이 말했다.

"좋아! 현령이 공짜를 좋아한다 하니 다음에는 그에게 공짜 물건을 더 많이 줘야지."

며칠 뒤 현령은 조급쟁이를 데리고 고향으로 일을 처리하러 떠났다. 강가에 다다르자 그는 조급쟁이에게 자신을 업고 강을 건너라고 했다. 그에게 업혀 건너던 중에 현령이 말했다.

"너는 사람을 참 잘 업는구나. 관아로 돌아가면 내 너에게 은 열 냥을 주마."

현령의 채 말이 끝나기도 전에 조급쟁이가 풀썩 꿇어앉았다.

"감사합니다, 나리."

그 바람에 현령은 물속에 잠겨 물에 빠진 생쥐 꼴이 되었다. 현령은 너무 화가 나서 그를 내쫓아 버렸다.

관아로 돌아온 현령은 낙천가에게 두 아들을 데려오라고 명했다. 한나절이 지난 뒤 낙천가가 작은아들만 데리고 꾸물거리며 나타났다.

"큰아들은 어디에 있느냐?"

"변소에 빠져 죽었습니다."

"이런 죽일 놈! 왜 일찌감치 알리지 않았느냐?"

"작은 도련님이 죽고 난 다음에 함께 알리려고 했지요."

화가 난 현령은 온몸을 부들부들 떨었다. 낙천가 또한 쫓겨났다.

현령은 공짜 선생을 시켜 큰아들의 관을 사 오도록 시켰다. 공짜 선생이 관 짜는 가게에 가서 가격을 물었더니 관 크기에 상관없이 도매 가격으로 은 여덟 냥이었다. 만약 큰 관과 작은 관을 함께 살 경우 은 열네 냥에도 살 수 있었다.

'현령은 공짜를 좋아하니 관 두 개를 사다 줘야지.'

공짜 선생은 사람들에게 부탁해 관아까지 관 두 개를 가져다 놓게 했다. 현령이 배달되어 온 관 두 개를 보고 눈이 휘둥그레졌다.

"너는 왜 관을 두 개나 사 가지고 돌아왔느냐?"

공짜 선생이 말했다.

"두 개를 사면 은 두 냥을 아낄 수 있었지요. 그러니 작은 도련님이 죽어도 다시 살 필요가 없지 않습니까?"

분통이 치민 현령은 눈이 뒤집혀 뒤로 쓰러졌다.

손가락을 주시오

 돌도 금으로 만드는 재주가 있었던 한 신선이 속세로 내려가 관료들 마음을 떠 보겠다고 결심했다. 많은 관료들을 만나 보았지만 모두가 탐욕에 눈이 멀어 만족할 줄 몰랐다. 제아무리 큰 바위를 금으로 만들어 보여도 그들은 여전히 적다고 투덜댔다. 그는 욕심이 없는 관료를 찾고 싶었다.
 어느 날 신선은 우연히 한 관료를 만났다. 그가 돌을 가리키며 말했다.
 "내가 저 돌을 금덩어리로 바꿔 자네에게 주겠네."
 관료는 고개를 가로저으며 말했다.
 "싫습니다."
 신선은 관료가 돌덩이가 작아서 싫어하는 줄로 여기고 가장 큰 돌을 가리키며 말했다.
 "그럼, 가장 큰 저 돌을 금덩어리로 만들어 주겠네. 마음에 드는가?"

관료는 여전히 고개를 가로저었다.

신선은 지금껏 욕심이 끝도 없는 관료들만 만나 왔던 터라 욕심 없는 관료를 만날 수 없을 거라고 생각했다.

'그러나 오늘 이 관료는 욕심이라고는 찾아보기 힘드니 정말 대단하구나! 저 관료는 분명 득도를 통해 신선이 되기에도 족한 인물일 게야.'

이런 생각에 빠져 있던 신선이 물었다.

"자네는 큰 금덩이도 작은 금덩이도 싫다는데, 그럼 도대체 자네가 원하는 것이 뭔가?"

관료가 말했다.

"아무리 큰 금덩어리도 싫습니다. 저에게 돌을 금으로 바꿀 수 있는 그 손가락을 주십시오."

자린고비

  자린고비로 소문난 한 마을의 유지가 어느 날 손님을 초대했다. 그러나 손님을 위해 준비한 음식이라곤 고작 두부 볶음, 두부 무침, 두부 튀김, 두부 찌개 이 네 가지가 전부였다. 식사가 다 끝나자 마지막으로 두부 국이 나왔다.
  손님이 물었다.
  "어떻게 모두 두부 반찬입니까?"
  마을 유지가 말했다.
  "전 평생 두부만 먹어 왔습니다. 제가 가장 좋아하는 것이 두부 반찬이랍니다. 두부는 바로 제 목숨과도 같지요!"
  다음 날 그 손님이 자린고비를 초청했다. 손님은 그의 기호를 존중해 모든 요리에 두부를 넣어 조리했다. 찐 고기에도 두부를 넣고 백숙에도 두부를 넣었다. 심지어는 탕수육에도 두부를 넣었다. 식사가 시작되자 마을 유지는 젓가락으로 생선과 고기를 덥석 집어 먹으면서도 두부엔 손도 대지 않았다. 대단히 의아해하던 손님이 결국 그에게 물어보았다.

"가장 좋아하는 음식이 두부 아닙니까?"

"맞습니다."

"두부는 당신의 목숨과도 같은 존재라고 하지 않으셨습니까?"

"맞습니다."

"그렇다면 왜 두부에는 젓가락 한 번 대지 않습니까?"

마을 유지가 말했다.

"두부는 내 생명과도 같습니다. 그러나 제가 생선이나 고기를 만났을 때는 죽음도 불사합니다."

학문을 게을리 하지 않는 유지

한 마을에 유지로 행세하던 사람이 있었는데, 그는 글을 모르는 까막눈이기도 했다. 하루는 배를 타고 친척 집에 가는데, 그의 옆자리에서 서생이 책을 보고 있었다. 그도 자랑하고 싶어 옷 속에서 책을 꺼내 뚫어져라 보았다. 잠시 뜸을 들였다가 서생이 그에게 말을 걸었다.

"선생, 당신이 보는 건 무슨 책이오?"

유지가 대답했다.

"삼국지요."

서생이 실소를 금치 못했다.

"근데 책을 왜 거꾸로 해서 보고 계시오?"

유지는 다급히 대답했다.

"이렇게 잡은 건 당신에게 보여 주기 위해서였소."

서생은 책을 받아서 몇 장을 넘겨 보고는 이상하다는 듯 말했다.

"이건 달력이지 않소!"

유지가 얼른 말했다.

"그렇지. 오늘 외출해서 얼마나 재수가 있을지 보는 중이오."

서생은 다시 한바탕 크게 웃고는 말했다.

"하지만 이건 작년 달력인걸요."

독서의 좋은 점

한 부잣집 아들이 놀기만 좋아하자 아버지는 마음이 답답하고 초조해졌다. 어느 날 아버지가 아들을 방에 가둬 놓고 책 한 권을 건네주며 말했다.

"애야, 이젠 더 이상 놀지 말고 사흘 동안 방 안에서 진지하게 책만 읽거라. 사흘 동안 책을 읽고 나면 독서를 통해 얼마나 많은 것을 얻을 수 있는지 알게 될 게다."

아들은 아버지 말씀대로 하루 종일 방 안에만 있었다. 사흘이 지나자 아버지가 들어와 얼마나 열심히 공부했는지 살펴보았다. 아들은 아버지를 보자마자 기쁜 나머지 흥분한 듯 말했다.

"아버지, 제가 사흘 동안 책을 봤더니 과연 큰 수확이 있었어요."

아버지는 기쁜 마음으로 물었다.

"그래, 그것이 무엇이냐?"

"예전에는 책은 붓으로 쓴 거라고 생각했는데, 사흘 동안 자세히 쳐다보니 그게 아니었어요. 한 쪽 한 쪽 모두가 인쇄된 것이던걸요."

●──중국 민담

쌀은 쌀나무에서

마을 유지의 두 아들이 쌀이 어디에서 나는지에 대해 논쟁을 벌이기 시작했다.

형이 말했다.

"쌀이야 뒤뜰 창고에서 자라지. 거기에서 쌀을 한 포대씩 메고 나오는 걸 직접 보았는걸."

동생이 말했다.

"쌀이 어떻게 창고에서 자랄 수 있니? 쌀은 뒤주 속에서 자라나. 하녀가 밥을 할 때 항상 뒤주 속에서 바가지로 쌀을 퍼 오는 걸 봤다고."

두 사람이 서로 자기 말이 맞다며 생각을 굽히지 않았다. 이때 아버지가 문을 열고 나오면서 소리를 질렀다.

"이런 밥통들! 나이를 그만큼이나 먹었으면서 아직도 쌀이 어디서 생기는 줄을 모른단 말이냐! 쌀이야 쌀나무에서 열리지! 이제 알겠느냐? 쯧쯧."

다 그어 보았죠

한 인색한 주인이 하인에게 성냥 한 통을 사 오라고 시키면서 거듭 당부했다.

"가게에 가서 성냥 한 통을 사 오너라. 대신 성냥이 모두 켜져야 한다. 만약 한 개비라도 켜지지 않는다면 절대로 안 된다. 알겠느냐?"

잠시 후 하인이 성냥 한 통을 사 들고 왔다. 주인이 여러 개비를 켜 보았지만 전혀 불이 붙지 않았다.

주인이 벌컥 화를 냈다.

"내가 말하지 않았더냐? 성냥이 다 켜져야 한다고 말이다."

하인이 침착하게 대답했다.

"그러셨죠! 주인 어른. 주인 어른 분부에 따라 사기 전에 한 개비씩 다 그어 보았죠. 물론 모두 켜지던걸요."

설상가상

한 농부가 소 한 마리를 키웠는데 이 소는 사람들의 곡식을 종종 훔쳐 먹었다.

하루는 쌀을 훔쳐 먹으려고 머리를 쌀독 안에 처넣었다가 밖으로 빠져나오지 못하고 있었다. 가족들은 어찌 할 바를 몰라 숙부를 모셔 오도록 했다.

숙부가 그 광경을 보고 말했다.

"무슨 일이냐? 소의 머리를 잘라라!"

조카는 그의 말대로 소의 머리를 잘라 냈다. 그러나 머리가 여전히 독 안에 끼어 있자, 숙부에게 다시 어떻게 해야 할지 물었다.

숙부가 말했다.

"동이를 깨부숴라."

모두 숙부의 결정이 탁월했다고 탄복했다. 그러자 숙부가 갑자기 큰 소리로 울기 시작했다. 집안 사람들이 구슬피 우는 이유를 물었다. 숙부는 눈물을 닦으면서 말했다.

"내 나이가 이만큼 먹었으니 앞으로 살 날이 얼마 남지 않았거늘, 만약 앞으로 어려운 일이 또 생긴다면 누가 너희를 도와주겠느냐? 그것이 걱정될 따름이다."

장화

며칠째 비가 계속 내렸다. 장삼이 처가에 가려고 보니 비는 멈췄지만, 땅은 이미 진흙 천지로 변해 있었다. 걷기가 불편하겠다고 생각한 장삼이 며느리에게 말했다.

"얘야, 옆집 이 씨네 가서 장화 좀 빌려 오렴."

장삼의 며느리는 이 씨네 집에 가서 물었다.

"아저씨, 저희 아버님이 처가에 가시려고 어르신의 장화를 좀 빌렸으면 하십니다."

이 씨는 문 밖을 보고는 더듬거리며 말했다.

"어어, 그 신발, 그 신발 새 거……. 으음, 그럼 이렇게 하지. 자네 시아버지의 처가가 여기서 3리 길이지? 아마도 발이 진흙에 젖는 게 싫은가 본데, 그렇다면 내가 업고 가 드리지."

이 말을 들은 며느리는 그냥 집으로 돌아갈 수밖에 없었다.

집에 돌아온 며느리가 이 씨가 말한 그대로 전하자 장삼이 벌컥 화를 냈다.

"쳇, 무슨 놈의 이웃이 그렇게 속이 좁아. 장화 좀 빌려 주는 게 뭐가 그리 아까워?"

그는 이를 갈더니 며느리를 불렀다.

"애야, 집에 있는 새 장화를 내오너라."

돼지 아내

옛날에 먹는 것을 무척 밝히는 아내가 있었다. 그녀는 입만 열면 모든 단어에 음식을 갖다 붙였다.

저녁 무렵, 그녀의 남편이 물건을 팔고 돌아오자마자 눈이 내리기 시작했다. 남편은 눈이 많이 내려 내일 장사를 나가지 못할까 봐 걱정이 돼 안절부절못했다. 그는 밥그릇을 들고 서서 아내에게 말했다.

"눈이 얼마나 많이 쌓였는지 밖에 나가 보고 와."

아내는 밖을 휙 둘러보고 돌아와 말했다.

"파전 두께만큼 쌓였어요."

남편은 아내를 흘끗 쳐다보았다. 잠시 후 다시 아내에게 물었다.

"눈이 얼마나 많이 쌓였는지 다시 한 번 나가 봐."

잠시 후 아내가 말했다.

"시루떡 두께만큼 쌓였네요."

남편은 두 눈을 부라리며 아내를 쳐다보았다.

밥을 먹고 난 뒤, 남편은 다시 아내에게 밖의 상황이 어떤지를 물어 보았다. 아내는 희희낙락하며 말했다.

"백설기 두께만큼 쌓였어요."

남편은 눈이 점점 많이 내려 조급해지는데, 먹는 것만 밝히는 아내가 말끝마다 음식에 비유하자 화가 치밀어 올랐다. 결국 그는 화를 삭이지 못하고 화롯불 옆의 불쏘시개로 그녀의 얼굴을 퍽퍽 두 차례 때렸다. 참을 수 없이 아프자 아내는 대성통곡하며 울부짖었다.

"당신 정말 모질군요. 그렇게 꽈배기 모양의 불쏘시개로 내 얼굴을 만두 반죽하듯 때리면 앞으로 밥을 어떻게 먹으라는 거예요!"

검소한 부부

한 마을에 왕 씨 부부가 살았다. 어느 날 남편이 외지에서 장사를 마치고 돌아오자 아내가 그에게 말했다.

"당신이 외지로 나간 뒤부터 저는 집에서 근검절약했어요."

왕 씨가 말했다.

"어떻게 근검절약했는데?"

아내가 말했다.

"하루 세 끼 식사 후에 남은 음식을 돼지에게 먹이기도 아깝고 그렇다고 닭에게 먹일 수도 없어서 돼지고기, 계란, 콩기름에 파를 함께 넣어 볶아 두었다가 밤에 먹었지요."

왕 씨가 말했다.

"나는 당신보다 더 근검절약하는 생활을 했소."

부인이 말했다.

"당신은 어떻게 근검절약하셨어요?"

왕 씨가 말했다.

"신다 떨어진 신발은 버리기도 아깝지만 그렇다고 기워서 다시 신는 것은 더 아까웠소. 왜냐하면 신다가 다시 떨어지면 어떡하나 싶었거든. 그래서 외출할 때는 항상 마차를 타고 다녔지."

죽어 버린 술

주인이 손님을 초대했는데, 술을 대접하는 것이 아까워 술 주전자에 물을 타 놓고 손님을 맞이했다. 이를 눈치 챈 손님이 술잔을 들고 울기 시작했다. 주인이 의아해하며 물었다.

"술까지 대접했는데, 왜 우십니까?"

"제 평생 가장 좋아하는 것이 술이죠. 근데 이젠 술이 죽었으니 내가 어찌 울지 않을 수 있겠습니까?"

주인이 깔깔대며 웃었다.

"농담도 잘하시는군요. 술이 어떻게 죽을 수가 있습니까?"

손님이 빈정대며 말했다.

"술이 죽지 않았다면 어떻게 술맛을 느낄 수 없단 말입니까?"

다리가 여섯 개면 더 빠르지

긴급한 공문을 보내야 하는 한 남자가 시간에 늦을까 걱정되어 가장 빠른 파발마를 데리고 갔다. 그는 채찍을 들고 말 엉덩이를 한 번 내려치더니 앞에서 달리는 말을 따라 그 뒤를 달렸다. 다른 사람들이 쳐다보고 이상해서 물었다.

"이렇게 급한 일인데 왜 말을 타고 가지 않습니까?"

그는 머리를 돌려 대답했다.

"참 나, 여섯 개의 다리가 달리면 네 개의 다리가 달리는 것보다 훨씬 더 빠르지 않겠습니까?"

점

　점쟁이의 아들이 점치는 법을 배우고 싶어 하지 않자 아버지가 아들을 꾸짖었다.
　"야단치지 마세요. 점치는 것이 쉬운 일이 아니지만 내일은 제가 한번 해 볼게요."
　다음 날 비바람이 몰아치는 가운데 한 농부가 점을 보러 왔다. 아버지는 아들에게 점을 쳐 보도록 했다. 아들은 점을 보러 온 사람에게 물었다.
　"당신은 동북쪽에서 왔지?"
　"맞습니다."
　"당신 장씨지?"
　"맞습니다."
　"당신 아내 때문에 점을 보러 왔군?"
　"맞습니다."
　그 사람은 점을 다 본 뒤 복채를 내고 돌아갔다.

점쟁이가 너무도 신기해 아들에게 물었다.

"어떻게 그런 걸 다 알았느냐?"

아들이 대답했다.

"첫째, 오늘은 비도 내리고 또 북동풍이 불었습니다. 이 사람은 서남쪽 방향으로 왔기 때문에 그의 어깨와 등이 모두 젖어 있었죠. 그래서 그 사람이 동북쪽에서 왔음을 알 수 있었습니다. 둘째, 우산 위쪽에 '장張'이라고 적혀 있었으니 당연히 그의 성이 장씨겠죠. 셋째, 오늘 이 세찬 비바람 속에 만약 아내 때문이 아니라면 설마 노부모 때문에 왔겠습니까?"

만약 죽지 않는다면

"선생님, 제가 몇 살까지 살 수 있을까요?"
점쟁이는 잠시 손가락을 세어 보더니 말했다.
"음, 만약 죽지 않는다면 아흔네 살까지는 살 수 있겠소."
"그렇습니까?"
점쟁이는 확신에 찬 목소리로 말했다.
"만약 아흔네 살까지 살지 못하고 그전에 죽는다면 언제든 우리 집에 와 내 따귀를 때리시오."

아첨하지 않는 이유

어느 마을에 가난하지만 좀처럼 부자들에게 아첨하려 들지 않는 가난뱅이가 살았다.

부자가 가난뱅이에게 물었다.

"자네는 왜 부자인 나에게 아첨하지 않는가?"

"당신이 돈은 많지만 그걸 나에게 공짜로 주지는 않을 텐데, 왜 내가 당신에게 아첨을 해야 하오?"

"좋아! 그럼 내 돈의 5분의 1을 당신에게 주지. 그럼 나에게 아첨할 수 있겠나?"

"당신이 5분의 4를 가지고 나에게는 겨우 5분의 1만 주면 불공평하지 않소? 아직 당신에게 아첨할 생각이 없소!"

"그럼, 내 재산의 반을 자네에게 주지. 이제는 나에게 아첨해야겠지?"

"그럼 내가 당신과 평등한 관계가 되는데 내가 왜 당신에게 아첨하겠소?"

● ─── 중국 민담

"그럼 내 전 재산을 자네에게 주지. 이제는 나에게 아첨해야겠지?"

"그럼 내가 부자가 되고 당신은 거지가 되는데, 내가 당신에게 아첨할 이유가 더더욱 없지 않소."

영리한 며느리

지혜로운 노인 장고로張古老에게는 네 아들이 있었다. 세 아들은 이미 결혼해 가정을 꾸렸지만, 막내는 아직 미혼이었다. 결혼한 아들 내외들이 모두 분가할 능력이 없자 하는 수 없이 그가 자식들을 데리고 살았다.

이상하게도 아들 셋은 태어나면서부터 장 노인을 닮지 않아 하나같이 멍청했다. 며느리들도 다들 도토리 키 재기여서 가족 중 그 어느 누구도 장 노인에게 기쁨이 되지 못했다.

날이 갈수록 장 노인은 시름만 쌓여 갔다.

'내 이 늙은 몸뚱이로 평생을 살 수 없는 노릇인데, 저 멍청한 녀석들을 앞으로 어떻게 해야 한단 말인가.'

오랜 고민 끝에 그는 막내아들을 영리한 아내와 결혼시켜 가업을 잇게 해야겠다고 마음먹었다.

그러나 생각은 쉬워도 행동으로 옮기는 건 어려웠다. 장 노인은 여기저기 적당한 아가씨를 수소문해 보았지만 도저히 찾을 수가 없어 대신 절묘한 방법을 생각해 냈다.

그는 며느리들을 불러들여 말했다.

"너희들, 친정에 다녀오고 싶지? 내 오늘 보내 주마."

세 며느리는 친정으로 보내 준다는 말을 듣고 신이 나서 얼마나 머물러도 되는지를 물었다.

장 노인이 말했다.

"큰며느리 너는 3, 5일 머물고, 둘째는 7, 8일 머물고, 셋째는 15일 머물렀다 오너라. 대신 너희 세 명은 떠나는 것도 함께, 돌아오는 것도 함께라야 한다. 알겠느냐?"

세 며느리는 깊이 생각하지도 않고 말이 떨어지기가 무섭게 그렇게 하겠다고 다짐했다.

장 노인이 다시 말했다.

"그간 너희들은 항상 물건으로 나에게 효를 다했다. 하지만 늘 가져온 물건들이 내 성에 차지가 않았다. 이번에도 많은 것을 싸 가지고 돌아올 테니 차라리 내가 필요한 것들을 먼저 알려 주마."

"아버님, 무엇이든 말씀만 하세요. 반드시 가져오겠습니다."

세 며느리가 함께 말했다.

"첫째는 심장 모양의 홍당무를 가져오고, 둘째는 불을 쌀 수 있는 종이를 가지고 오너라. 또 셋째는 다리 없는 자라를 구해 오너라."

세 며느리는 시아버지의 요구에 흔쾌히 대답한 뒤 친정으로 향했다. 함께 길을 나선 세 며느리는 얼마 뒤 세 갈래 길을 만났다. 큰며느리는 중간 길로, 둘째 며느리는 오른쪽 길로, 그리고 셋째 며느리는 왼쪽 길로 가야만 했다. 세 사람이 각자 길을 가려 할 때가 되어서야 시아버지의 말이 떠올랐다.

큰며느리가 말했다.

"시아버님이 분부하셨지 않니. 우리에게 한 명은 3, 5일을, 한 명은 7, 8일을, 그리고 한 명에겐 15일을 머물라고 하셨어. 그리고 함께 출발해서 한날한시에 같이 돌아오라고 하셨고. 어휴, 그런데 세 사람이 머무르는 날이 서로 다르지 않니. 가는 건 쉽지만 돌아오는 건 무척이나 어렵구나."

둘째와 셋째가 이구동성으로 말했다.

"그래요. 함께 돌아오는 건 어려워요."

"그리고 또 선물은 어떡한담? 하나는 심장 모양의 홍당무, 하나는 불을 쌀 수 있는 종이, 그리고 또 하나는 다리 없는 자라라니. 처음 들었을 때는 평범한 물건 같았지만, 지금 생각해 보니 여태껏 한 번도 본 적이 없는 물건들이야."

"맞아요! 모두 한 번도 본 적이 없는 물건이에요."

"같이 갔다가 함께 돌아오지 않고, 거기다가 선물까지 가져오지 않으면 시아버님께서 우릴 집으로 들이지 않겠다고 하셨으니 어떡하면 좋지?"

큰며느리가 안달이 나 말했다.

"이제 어떡하죠?"

둘째와 셋째도 덩달아 말했다.

세 명은 이런저런 방안을 생각해 보았지만 묘안이 떠오르지 않아 어떻게 해야 할지 몰랐다. 갈 길이 급했지만, 결국 길 옆에 앉아 울기 시작했다.

울면 울수록 지금 상황이 더욱 어처구니없었다. 그들의 울음소리는 갈수록 커져 그 근처에 사는 백정 왕 씨까지 놀라게 했다.

왕 씨는 딸 교고^{15妮}와 함께 도로변에 초막을 지어 놓고 매일 고기를 팔았다. 울음소리가 계속 들리자 그가 딸에게 말했다.

"얘야, 누가 우는 건지 가서 알아보거라. 무슨 일인지 모르겠다."

교고가 가 보았더니 세 아주머니가 얼싸안고 울고 있었다.

"아주머니들, 무슨 일로 그렇게 구슬피 우세요?"

세 며느리는 누군가가 자기들에게 관심을 갖자 재빨리 눈물을 닦으며 쳐다보았다. 서 있는 아가씨를 본 그들은 울음을 멈추고 앞뒤 사정을 모조리 얘기해 주었다.

그녀는 그들의 말을 듣고는 깔깔깔 웃으며 말했다.

"너무 쉬운걸요. 아주머니들이 깊이 생각하지 않으셨기 때문이에요. 첫째 아주머니, 3, 5일에 돌아오라고 한 건 3 곱하기 5니까 15죠. 그러니 15일 후에 돌아오시면 되는 거예요. 둘째 아주머니는 7, 8일에 돌아오라고 하셨으니 7에 8을 더하면 15니까 마찬가지로 15일 후에 돌아오시면 되고요. 셋째 아주머니는 15일 후에 돌아오라고 하셨으니, 같은 날 출발해서 같은 날 돌아오는 게 아니고 뭐겠어요?"

교고는 계속 말을 이어 나갔다.

"세 가지 선물 중 우선 심장 모양의 홍당무는 계란이고요. 불을 쌀 수 있는 종이는 등을 말하는 것이고, 다리 없는 자라는 두부를 말하지요. 이런 것들은 어느 집에나 있는 물건들이지요."

셋이 생각을 해 보니 과연 그 답이 틀림없었다. 그 아가씨에게 감사를 표하고 들뜬 마음으로 각자 친정집으로 향했다. 셋은 친정집에 가서 딱 15일 지낸 뒤 함께 돌아와 시아버지를 뵙고 선물을 건네 주었다.

장 노인은 대단히 놀랐다. 며느리들이 가져온 선물은 틀림없이 자기가 말한 대로였지만, 그는 속으로 이것을 절대로 며느리들이 스스로 생각해 냈을 리가 없다고 단정지었다. 며느리들에게 누가 해답을 알려 주었는지 캐묻자 세 며느리도 더 이상 숨기지 못하고 낱낱이 알려 주었다.

장 노인은 며느리들의 설명을 듣고 그 아가씨를 만나 봐야겠다며 단숨에 고기 파는 초막으로 달려갔다.

마침 왕 씨는 집에 없고 교고가 나와 물었다.

"손님, 어느 고기를 드릴까요?"

"껍질과 껍질끼리 붙어 있는 부위, 껍질이 껍질을 때리는 부위, 순 살코기에 뼈 없는 부위, 그리고 비계에 껍질이 없는 부위로 갖다 주시오."

교고는 장 노인의 말을 듣고 군말 없이 사라졌다가 연잎에 싼 보퉁이 네 개를 가지런히 내놓았다.

장 노인이 보퉁이를 펴 보자 껍질과 껍질이 붙어 있는 돼지 귀와 껍질이 껍질을 때리는 돼지 꼬리 부위, 그리고 살코기만 있고 뼈는 없는 부위인 돼지 간, 비계에 껍질이 없는 돼지 배가 들어 있었다. 그녀는 장 노인이 의도한 답을 모두 다 맞혔다.

'드디어 내 마음에 꼭 드는 며느리를 찾았어!'

장 노인은 집으로 돌아온 뒤, 곧장 백정 왕 씨 집으로 매파를 보냈다. 왕 씨 또한 장 노인의 집안 사정을 알았기 때문에 딸과 상의하여 혼담을 받아들이기로 결정했다. 얼마 뒤 장 노인은 적당한 날을 정해 자신의 아들과 교고를 혼인시켰다.

장 노인은 영특한 며느리를 맞이하고 난 다음부터 하루하루가 즐거웠다. 막내며느리의 의견을 존중했고, 그녀에게 집안을 맡길 계획까지 세웠다. 교고 역시 자신에게 극진한 시아버지를 존경했다.

그러나 시간이 지나면서 세 며느리가 불만을 드러냈고 급기야는 뒤에서 이러쿵저러쿵 말이 많았다.

"시아버님은 너무 편파적이셔. 막내 동서만 좋아하고 우리는 본 체 만 체하시잖아."

장 노인은 그녀들의 생각을 꿰뚫어 보았다.

'모두가 탄복할 만한 일을 해야겠군.'

그날 저녁, 그는 네 며느리를 불러들였다.

"내가 하루하루 기력이 빠져 더 이상 우리 집 살림을 맡아 처리할 수가 없구나. 그래서 내가 이 집 살림을 너희에게 맡기고 싶은데, 우리 집은 식구도 많고 그에 따른 일거리도 많으니 가장 지혜로운 사람만이 이 모든 것을 처리할 수 있을 게다. 하지만 너희 중 누가 가장 똑똑한지 이 시아버지는 모르겠구나."

네 며느리가 동시에 말했다.

"아버님, 그럼 시험해 보세요."

장 노인이 말했다.

"좋다. 그럼 시험을 한번 해 보자. 누가 가장 능력이 있고 지혜로운지 살펴서 그 사람에게 집안 살림을 맡기겠다. 이건 너희가 제안했으니 절대 원망하지는 마라. 집안일을 할 사람은 우선 절약이 무엇인지 알아야 한다. 무에서 유를 창조할 수 있어야 한다는 뜻이다. 두 가지 재료를 써서 요리 열 개를 만들어 오너라. 그리고 두 가지 재료로 일곱 가지 밥을 만들어 오너라. 이것을 만들어 오는 사람이 가장 능력 있는 사람이니, 그 사람에게 이 집안 살림을 물려줄 것이다."

그는 먼저 큰며느리에게 물었다.

"만들어 올 수 있겠느냐?"

'겨우 두 가지 재료로 어떻게 열 가지 재료 몫을 할 수 있단 거지?'

큰며느리는 잠시 생각에 잠겼다가 장 노인에게 말했다.

"아버님 장난치지 마세요. 누가 이걸 만들어 낼 수 있겠어요?"

다시 둘째 며느리에게 물었다.

"넌 만들어 낼 수 있겠느냐?"

'평상시에 쌀로 밥을 지을 때도 기껏해야 한두 재료를 더 넣었을 뿐인데 무슨 수로 일곱 가지 밥을 지을 수 있담?'

둘째 며느리가 말했다.

"아버님. 우릴 데리고 장난치시는 거죠? 누가 그걸 만들어 낼 수 있겠어요?"

"넌 만들어 낼 수 있겠느냐?"

장 노인은 다시 셋째 며느리에게 물었다.

'두 형님이 모두 만들어 내지 못하신다는데, 나라고 말할 나위 있겠어?'

셋째 며느리는 뭐라고 달리 대답하지는 않았다. 장 노인은 이 세 며느리가 만들어 내지 못할 것을 이미 예상하고 있었다. 마지막으로 교고에게 물었다.

"너는 어떠냐?"

교고는 잠시 생각에 잠겼다가 말했다.

"제가 한번 해 보겠습니다."

그녀는 주방으로 가 계란에 부추를 넣고 볶아 한 그릇을 만들고, 녹두를 쌀 속에 넣어서 한 그릇을 만들어 장 노인 앞에 들고 나타났다. 장 노인이 말했다.

"내가 원한 것은 열 가지 음식인데, 어째서 겨우 두 가지뿐이냐? 그리고 일곱 가지 밥을 만들어 오랬는데 마찬가지로 두 가지뿐이구나."

그녀가 말했다.

●──중국 민담

"계란을 부추와 함께 요리한 것은, 아홉에 하나를 더한 것이니 열 개가 아닙니까? 그리고 녹두와 쌀을 함께 요리한 것은, 여섯에 하나를 더한 것이니, 일곱이지 않습니까?"[1]

장 노인은 그녀의 설명을 듣고 연신 '맞다, 맞아.'를 외쳤다. 그러고는 즉시 곳간 열쇠를 가져와 막내 며느리에게 건네주었다.

교고가 집안 살림을 맡은 뒤 집안일은 제때에 제대로 처리됐다. 먹고 입는 것 모두 그녀의 손을 통했기 때문에 식구들은 마음 편히 지낼 수 있었다.

어느 날 장 노인은 아무 할 일 없이 대문 옆에서 볕을 쬐던 중 갑자기 과거의 일들이 떠올랐다. 해마다 빚을 지고 그것 때문에 모욕을 당한 적도 있었다.

'그에 비한다면 이보다 더 편한 생활이 있을까? 빚을 지지도 않았고 사람들에게 부탁할 일도 없으니 말야.'

순간 너무 기뻐 땅에 있던 진흙을 뭉쳐서는 대문에 다음과 같이 썼다.

"모든 일은 내가 직접 한다."

그러나 공교롭게도 현령이 마침 가마를 타고 지나가다가 그 집 문에 씌어진 큰 글자를 보고 깜짝 놀랐다.

'이 사람 정말 간이 크군. 감히 이런 말을 입 밖으로 꺼내다니. 혹시 현령은 안중에도 없다는 것을 고의로 나타내려 한 것은 아닐까? 내 너를 불러 이 앞에서 빌도록 해 주지.'

현령이 성난 목소리로 소리쳤다.

"당장 가마를 멈춰라! 이렇게 오만방자한 말을 한 녀석을 당장 잡아들여라."

관원들은 기세 등등하게 집으로 쳐들어가 장 노인을 붙잡았다.

"무슨 대단한 능력이라도 가진 놈인 줄 알았더니 늙은 영감이로구먼. 네가 그렇게 호언장담을 했으니 대단한 능력이 있으렷다! 너에게 사흘을 줄 테니 다음 세 가지 물건을 구해 오너라. 구해 온다면 달리 처분이 없겠지만, 만약 구해 오지 못할 시에는 관리를 욕보인 죄를 면치 못할 것이다."

장 노인이 말했다.

"나리, 세 가지 물건이란 무엇입니까?"

"수소가 낳은 송아지 한 마리, 바다를 다 메울 수 있는 기름, 그리고 하늘을 가릴 수 있는 검은색 천을 가져오너라. 하나라도 모자랄 시에는 관아의 매서운 맛을 보여 주겠다."

갑작스레 곤란에 빠진 그는 당황했지만, 마땅히 좋은 방법이 생각나지 않아 하루 종일 밥도 먹을 수가 없고 잠도 잘 수가 없었다.

교고는 평상시와 다른 시아버지의 모습을 이상히 여기고 물었다.

"아버님, 대체 무슨 일이 있으신 거예요? 무슨 일인지 저에게 말씀해 보세요."

"허풍을 떨지 말았어야 했는데. 그러나 너에게 말해서 무슨 소용이 있겠느냐?"

"아버님, 말씀해 보세요. 혹시 제가 묘안을 생각해 낼 수 있을지도 모르잖아요."

장 노인은 어쩔 수 없이 고민거리를 털어놓았다.

"아버님 말씀이 지당하세요. 농사꾼이란 모름지기 자신이 생산해 낸 것으로 먹고 입는 사람들이니, 다른 사람의 힘을 빌리지 않고 자신이 직접 하는 셈이지요. 안심하세요, 아버님. 그 문제는 제가 해결할게요."

사흘이 지나자 과연 현령이 다시 찾아왔다. 그는 문을 열고 들어서면서 소리쳤다.

"장고로는 어디 있느냐?"

교고가 담담하게 앞으로 나아가 말했다.

"아룁니다. 아버님은 지금 집에 안 계십니다."

현령은 눈을 휘둥그레 뜨며 말했다.

"이놈이 감히 도망을 가. 내가 시킨 일이 아직도 유효하거늘."

교고가 말했다.

"아버님은 도망을 간 것이 아니라 아이를 낳으러 가셨습니다."

현령은 괴이한 듯 물었다.

"세상 이치가 여자만이 아이를 낳을 수 있거늘, 어찌 남자가 아이를 낳을 수 있단 말이더냐?"

"나리도 남자는 아이를 낳을 수 없다는 사실을 아시면서 어찌 새끼 낳는 수소를 데려오라고 하셨습니까?"

현령은 그녀의 말에 달리 대꾸할 방도가 없자 다시 말했다.

"그렇다면 이 일은 없었던 걸로 하겠다. 그래도 아직 두 가지 일이 남아 있다."

"두 가지 일이라뇨?"

"바다를 다 메울 수 있는 기름을 구해 오는 거 말이다."

"그거야 쉽죠. 먼저 나리께서 바닷물을 다 빼 주세요. 그다음에 기름을 붓겠습니다."

"이렇게 넓은 바다의 물을 무슨 수로 다 빼낸단 말이냐?"

"저 망망대해 바닷물을 다 못 빼내면 기름을 어디에 채우란 말씀인지요?"

현령은 그녀의 대답을 듣자마자 부끄러워 얼굴이 발갛게 달아올랐다. 그러고는 바로 소리쳤다.

"그럼 이것도 그만두어라. 하지만 아직 한 가지가 더 남아 있다."

"세 번째 일을 가르쳐 주십시오."

"하늘을 다 덮을 수 있는 검은 천을 구해 오는 것이었다."

"나리, 하늘이 얼마나 넓은지 아십니까?"

"하늘이 얼마나 넓은지 아는 사람이 어디 있느냐? 아무도 재어 본 적이 없으니."

"하늘이 얼마나 넓은지도 모르시면서, 어째서 저희더러 천을 구해 오라고 하셨습니까?"

원래 장 노인은 그 지방에서 유명한 사람이었는데, 이 일로 인해 그 집의 명성을 모르는 이가 한 명도 없게 되었다. 사람들은 모두 "그 시아버지에 그 며느리."라고 말했다.

●──주

1 중국에서 부추를 가리키는 말 '韭菜' 중 韭의 발음이 숫자 9의 발음 '지우'와 같다. 그리고 녹두를 가리키는 말 '祿豆' 중 '祿'의 발음이 '뤼'로 숫자 6의 발음인 '리우'와 비슷하다.

새해에 호박을 마루에 놓는 까닭

옛날 중국에서는 새해가 다가오면 호박을 잘 씻은 대야에 넣어 대청마루의 책상 위 한가운데에 놓아 두고 악귀를 쫓았다. 그런데 호박이 어떻게 악귀를 쫓을까?

아주 오래전에 땅에는 연^{年}이란 괴물이 살고 있었다. 이 괴물은 몸집이 코끼리의 서너 배, 호랑이의 수십 배나 되는데 사람만 잡아먹고 다녔다. 한 번에 수십 명씩 잡아먹었기 때문에 땅에 사는 사람들은 매일 이 괴물을 피해 도망을 다녔다. 어느 날 연이 다시 나타나자 한 젊은이가 증오에 찬 눈빛으로 고함을 질렀다.

"저 녀석에게 잡아먹히느니 차라리 저 녀석과 한판 대결을 벌여 보는 게 어떻습니까? 어차피 한 번 죽는 목숨이니……."

그러고는 도끼를 들고 달려들자 많은 젊은이들이 그 뒤를 따랐다. 하지만 괴물을 당해 내기엔 힘이 턱없이 부족했다. 젊은이들은 모조리 연의 밥이 되고 말았고, 연의 횡포는 더욱 심해졌다.

백성들의 원성에 천상의 금성^{金星}과 지하의 지왕보살^{地王菩薩}까지 놀랄 지경이었다. 상의 끝에 금성과 지왕보살은 신농神農에게 연을 잡아오라고 명령했다.

신농은 괴물을 때리는 채찍으로 연의 볼기짝을 내리쳤다. 그러자 사납기 그지없던 연이 얌전히 땅에 엎드려 꼼짝도 하지 못했다. 신농은 한 발로 연의 머리를 누르며 호통을 쳤다.

"천하에 못된 놈! 네놈이 무고한 사람들을 잡아먹는 잔악한 짓을 수없이 저질렀으니, 오늘이 바로 네 제삿날인 줄 알아라."

말이 끝나기가 무섭게 신농은 허리춤에서 사발 두 개를 꺼내 연을 가운데에 놓고 합쳤다. 믿기 어렵겠지만, 코끼리보다 덩치가 큰 연이 작은 사발 속에 그만 갇혀 버리고 말았다. 신농은 연을 가둔 사발을 땅 아래에 묻고 떠나기 전에 백성들에게 거듭 당부했다.

"땅속에 묻은 이 사발에서 씨가 자라날 것이다. 이 씨는 절대로 깨지지 않을 것이다. 잘 기억해 두거라, 절대로 깨어지지 않는다는 사실을."

이후 사발에서 신기하게도 씨가 자라났고 백성들은 그 이름을 호박이라 지었다.

신농이 연을 없앤 날이 바로 음력 12월 30일이었다. 그래서 중국인들은 이날을 과년過年이라 불렀는데, 연을 피하고 연을 없앤다는 의미에서 붙인 이름이다. 해마다 이날 호박을 마루에 놓는 것은 사악한 기를 없애고 신농의 공덕을 기념하기 위함이다.

섣달그믐 밤 마당에 참깨 줄기를 놓는 까닭

중국 농촌에서는 해마다 섣달그믐이 되면 인적이 드물 때 집집마다 미리 준비해 둔 참깨 줄기를 마당에 내던진다. 참깨 줄기가 없는 집에서는 참기름을 대문 앞에 뿌려 놓거나 만두소 안에 넣어 휘휘 저어 준다. 이런 행동을 하는 데는 그만한 사연이 있다.

은나라 주왕紂王은 중국 역사에서 가장 무도한 왕이었다. 그는 술과 여색에 빠져 자신과 왕비의 향락을 위해 녹대鹿臺를 주조하는 등 사치와 부패가 최고조에 달한 왕이었다. 청렴한 관리 강자아姜子牙가 주왕에게 간곡히 호소했지만 그의 말을 귀담아듣기는커녕 오히려 그를 참수하려고 했다.

이 사실을 알고 화가 난 자아는 조정을 몰래 빠져나와 서기산西岐山 골짜기의 반계磻溪라는 곳에서 은거하면서 아침마다 위하渭河로 나와 낚시를 했다. 하지만 그가 물고기를 낚기 위해 쓰는 방법은 남들과 사뭇 달랐다. 일반 사람들의 낚싯줄에는 낚싯바늘이 달려 있지만, 그의 낚싯줄에는 일반 바늘이 달려 있었다.

점심 나절이 되었을 때, 이혼한 강자아의 아내 마 씨가 형편없는 몰골로 나타나 예전의 부부 사이로 돌아가자고 애원했다. 강자아는 그녀의 비통한 모습에서 어느 정도 진심을 느낄 수 있었다.

"이렇게 먼 길을 오다니, 정말 쉽지 않았겠구려. 집에 가서 함께 점심이나 먹읍시다."

마 씨는 피곤에 지친 표정으로 말했다.

"오는 길에 이미 먹었어요. 제가 이곳에서 낚싯대를 봐 드릴 테니, 당신 혼자 들어가서 잡숫고 오세요."

강자아는 어쩔 수 없이 혼자 집으로 돌아갔다. 마 씨는 강가에 앉았다. 한참이나 낚싯대를 지켜보았지만 물고기는 한 마리도 낚일 낌새가 보이지 않았다.

'미끼가 없는 모양인데.'

그녀는 낚싯대를 들어 올려 보았다.

'어머나, 그냥 일반 바늘이잖아. 왜 이것으로 물고기를 낚으려고 했을까?'

그녀는 달리 방법이 없자 궁리 끝에 일반 바늘을 낚싯바늘처럼 약간 구부려 그 끝에 미끼를 달고 다시 강물 속으로 낚싯대를 드리웠다. 좀 의아하긴 하지만 그때부터 물고기들이 앞다투어 걸려들었다.

강자아가 밥을 먹고 다시 강으로 돌아와서는 아내가 낚은 고기를 보고 깜짝 놀랐다.

"당신, 어쩌자고 물고기들을 낚았소?"

마 씨가 말했다.

"당신도 참 바보예요. 낚싯바늘이란 게 끝이 구부러져야 고기를 잡을 수 있죠. 당신처럼 했다간 평생 한 마리도 못 잡을 거예요. 보세요, 그새 얼마나 많이 잡았는지."

강자아는 당장 그녀에게서 낚싯대를 빼앗아 낚싯바늘을 떼어 던져 버렸다. 그리고 침통한 표정으로 아내에게 말했다.

"이 낚싯대는 낚시를 위한 것이 아니었단 말이오. 당신이 잡아 올린 것은 모두 용왕의 자손들인 데다 몇 마리는 당신 때문에 이미 목숨까지 잃었소. 이제 곧 용왕이 당신에게 복수를 하러 올 텐데, 당신 목숨이 남아날 것 같소?"

그 말을 듣고 소스라치게 놀란 마 씨는 강자아를 끌어안으며 애원했다.

"여보, 당신을 찾아 천 리 길을 왔는데, 이곳에서 죽음을 당하라니요. 어서 묘안을 생각해 보세요, 제발요."

"한 가지 방법이 있긴 하오. 잠시 후 북쪽 하늘에서 용왕이 변한 검은 먹구름이 몰려올 것이오. 먹구름이 이쪽으로 다가올 때 내가 소리를 지르면 당신은 정남쪽으로 강을 따라 정확히 백 걸음을 뛰어야 하오. 절대로 뒤를 돌아보아선 안 되오. 만약 뒤를 돌아보았다간 그 자리에서 목숨을 잃을 것이오. 알겠소?"

마 씨는 연신 고개를 끄덕였다.

"알겠어요."

과연 청명하게 맑던 하늘에 갑자기 북쪽에서부터 어마어마한 먹구름이 몰려왔다. 먹구름은 우르릉 쾅쾅거리는 천둥, 벼락과 함께 위하 근처로 점점 가까이 왔다. 강자아가 떨리는 목소리로 고함쳤다.

"빨리 남쪽으로 뛰어요. 절대로 뒤를 돌아보아선 안 돼!"

그녀는 뒤에서 무슨 일이 일어나는지 전혀 알지 못한 채 아흔아홉 보까지 세면서 뛰다가 이런 생각을 했다.

'이제 겨우 한 발밖에 남지 않았으니, 일이 어떻게 돌아가는지

한번 돌아봐도 상관없겠지?'

그녀는 고개를 돌리자마자 머리에 벼락을 맞고 숨졌다.

강자아는 아내가 자신을 찾아왔다가 밥 한 끼 제대로 먹지도 못하고 벼락에 맞아 참담히 죽자 가슴이 무너져 내렸다.

그 뒤 주나라 무왕(武王)이 은나라 주왕과의 전쟁에서 승리를 거두고 강자아가 황제의 명을 받아 봉신 업무를 담당하게 되자 마 씨가 연일 그의 꿈에 나타나 애원했다.

"여보, 우리가 부부의 연을 맺었으니 저를 신으로 봉해 주세요."

강자아는 봉신 명단을 살펴본 뒤 한숨을 내쉬었다.

"봉신 명단에 당신 이름은 없소."

"그럼, 당신이 제 이름을 올려 주시면 되잖아요."

"어찌 그런 일이 가능하겠소?"

마 씨는 강자아가 청을 들어주지 않자 바닥에 풀썩 주저앉아 꺽꺽대며 통곡했다. 그 모습을 본 강자아도 난감했다.

'봉신할 수도, 그렇다고 해 주지 않을 수도 없으니 정말 진퇴양난이군. 이 일을 어쩐다?'

갑자기 그에게 묘안이 떠올랐다.

'그렇지, 사당 꼭대기에는 내 힘으로 봉신할 수가 있지.'

"당신을 사당의 꼭대기 신으로 봉해 주겠소."

그녀는 뛸 듯이 기뻐했다.

"짧은 이승의 연을 저승에서나마 꼭 갚겠어요."

마 씨가 봉신의 증표를 들고 사당 문을 들어서자 모든 신들이 말했다.

"이 사당 안에 네 자리는 없다. 우리 위쪽으로 올라가거라!"

고개를 들어 올려다보니 사당 지붕 기와 위에 신위가 하나 붙어 있었다. 그녀는 하는 수 없이 사당 꼭대기 푸른 기와 위에 올라앉았다.

　해마다 섣달그믐이면 사당으로 와서 향을 피워 놓고 공물을 올리는 사람들의 행렬이 줄을 이었다. 그녀는 사당 꼭대기에서만 머무는 바람에 일 년 내내 바람을 맞고 햇볕에 그을리며 향불과 올린 음식은 먹을 수 없는 처지였다. 달리 방법이 없자 그녀는 섣달그믐날 살그머니 사당으로 내려가 다른 신들에게 올린 음식을 몰래 먹어 치웠다. 다른 신들은 그녀가 강자아의 아내였다는 사실을 알고 있었기 때문에 강자아에게 고발했다. 강자아는 그들에게 한 가지 방안을 알려 주었다.

　"이제부터는 공물 올리는 사람들에게 참깨 줄기를 뿌려 놓으라고 하게. 그녀가 다시 음식을 훔쳐 먹으려고 몰래 내려왔다가 참깨 줄기를 밟으면 탁탁 소리가 날 테니, 그럼 자네들이 들을까 봐 무서워서라도 절대로 사당 아래로 내려오지 못할 걸세."

　모두 강자아의 말대로 했더니 마 씨는 다시는 아래로 내려와 음식을 훔쳐 먹지 않았다. 이 관습이 지금까지 그대로 전해져서 해마다 섣달그믐만 되면 농촌에서는 집집마다 마당에 참깨 줄기를 뿌려 놓는다.

밤을 새우는 풍습

아주 오래된 옛 전설에 따르면, 상제가 천하의 모든 백성이 잘 살도록 하기 위해 섣달그믐 저녁마다 하늘의 문을 활짝 열어 창고 안에 있는 금은보화를 사람들에게 뿌려 주었다고 한다. 그래서 그때만 되면 전국은 금빛 은빛 물결로 넘쳤다. 세상의 모든 벽돌과 기와, 심지어는 돌멩이까지도 금과 은으로 변했다. 그러나 여기에도 한 가지 규칙이 있었다. 절대로 욕심을 부려서는 안 된다는 것이었다. 주운 금과 은을 방에 가만히 두었다가 날이 밝으면 그때 방문을 열어야 했다.

이씨 집안의 두 형제 중 첫째는 성격이 포악하고 모질 뿐 아니라 돈을 목숨보다 귀하게 여겼지만, 둘째는 사람 됨됨이가 선하고 충직했다. 그해 섣달그믐날, 이씨 형제도 방에 앉아 하늘 문이 열리기만을 기다리고 있었다. 기다리고 또 기다렸지만 아무리 기다려도 하늘 문은 열릴 기미가 보이지 않았다.

조바심을 내던 첫째는 어떻게 하면 많은 금은보화를 얻을 수 있을지 궁리했다.

'하늘 문이 열리자마자 가능한 한 많은 금은보화를 주워야지. 그러기 위해선 기막힌 방법을 생각해 내야 하는데……'

그래서 그는 큰 바위와 돌멩이, 돌로 된 농기구를 모두 자기네 문 앞에 가져다 놓았다. 반면 둘째는 꼼짝도 하지 않고 촛불만 바라보며 인내심을 가지고 기다렸다.

새벽이 되자 하늘 문이 열렸고, 마당의 벽돌과 기와도 모두 금과 은으로 변했다. 둘째는 금과 은을 광주리에 담아서 방 안으로 옮겨 놓고 방문을 닫았다. 첫째는 문 앞에 준비해 두었던 것들을 있는 힘껏 방으로 옮겨 놓았다. 온 방 안에 가득 찬 금은보화를 보자 그는 자신도 모르게 웃음이 터져 나왔다.

'이제부터 이 세상 최고의 부자는 바로 나다.'

그는 날이 밝기를 초조하게 기다렸다. 그러나 아무리 기다려도 날이 밝아 오지 않자 더는 못 참겠다며 문을 열고 나가 하늘을 쳐다보았다. 초조한 마음에 그만 '날이 밝을 때까지 문을 열어서는 안 된다.'는 규율을 잊은 것이다. 방으로 다시 돌아오자 방 안에 가득했던 금은보화는 어느새 바위와 돌덩이로 변해 있었다. 너무 화가 나 눈물이 앞을 가렸다.

반면 둘째는 날이 환하게 밝을 때까지 차분히 기다린 뒤 방문을 여니 광주리에 담아 놓았던 금은보화가 눈이 부실 정도로 밝게 빛나고 있었다.

상제는 이씨의 첫째 아들처럼 탐욕스러운 사람들이 부지기수로 늘어나는 것을 보고 화가 나 다시는 하늘 문을 열지 않았다. 그러나 사람들은 행복하고 부유한 생활을 꿈꾸며 늘 요행을 바라는 마음으로 어리석게도 기다리고 또 기다렸다. 한 해가 지나고 또 한 해가 지나도 하늘 문은 끝내 다시 열리지 않았다. 그러나 사람들은 음력 섣달그믐이 되면 여전히 가족끼리 모여 촛불을 켜 놓고 날이 밝을 때까지 기다렸다.

이런 이유로 밤을 새우는 풍습이 생겨났고, 이 풍습은 지금까지 이어지고 있다.

새해에 대문에 거는 춘련

　해마다 새해 벽두에 중국인들은 대문에 춘련[1]을 어김없이 붙여 놓는데, 여기에는 그럴 만한 이유가 있다.

　아주 오랜 옛날, 당시만 해도 풍경이 빼어나게 아름다운 도삭산度朔山에 엄청난 규모를 자랑하는 복숭아나무 숲이 있고, 그 숲 속에서 가장 큰 복숭아나무 아래에 방 두 칸 딸린 돌집이 있었다. 이곳에 신도神荼와 울루鬱壘 두 형제가 살았다. 형제는 보기 드문 장사여서 호랑이나 표범도 그들의 적수가 되지 못했고, 호랑이는 오히려 형제들을 위해 숲을 열심히 수호해 줄 지경이었다.

　원래 이 숲은 황량한 야생 복숭아나무 숲이었다. 이곳에서 태어난 두 형제는 부모를 일찍 여읜 뒤 야생 복숭아를 먹으며 목숨을 부지했다. 이런 이유로 복숭아나무는 이들 형제에게 목숨 이상의 것이었다. 가뭄이 들면 물을 찾아다녔고, 병충해가 생기면 직접 한 마리 한 마리 손으로 잡았다. 흙을 갈고 가지를 정리해 주는 등 열심히 일했다. 이에 하늘도 감탄했는지 드디어 이 야생의 복숭아나무에 복숭아가 열렸다. 하나같이 달고 향긋했지만, 특히 가운데 나무의 복숭아가 가장 크고 달았다. 사람들은 가장 큰 복숭아나무에서 열린 복숭아는 신선들만 먹는다는 '천도'여서 이 천도만 먹으면 장수를 누릴 뿐 아니라 신선이 될 수도 있을 거라고 수군댔다.

한편 도삭산의 동북쪽 야우령野牛嶺이란 곳에 야 왕자野王子가 살았다. 무지할 정도로 힘이 센 그는 자기 힘만 믿고 그 지방에서 왕 노릇을 했다. 그의 마음은 독사처럼 차가웠고, 언제나 다른 사람을 질투하며 백성들의 피를 빨아먹는 악랄한 인물이었다. 야 왕자도 도삭산의 천도를 먹으면 신선이 될 수 있다는 소문을 듣고 당장 도삭산으로 사람을 보냈다.

숲 근처에 도착한 부하는 신도 형제를 협박해 야 왕자에게 바칠 천도를 내오도록 명했다. 그러나 형제는 차갑게 말했다.

"우리가 가꾸는 복숭아는 가난한 사람에게만 나눠 주는 것이니 왕에게는 절대로 줄 수 없소."

그러고는 그를 산 밖으로 쫓아냈다.

부하의 말에 노발대발한 야 왕자는 병사 300여 명을 이끌고 도삭산으로 향했다. 신도 형제도 숲을 지켜 주던 맹수들을 데리고 나섰다. 형제는 숲 남쪽에서 야 왕자 군대와 마주쳤고, 피비린내 나는 싸움 끝에 승리를 거두었다. 야 왕자의 병사들은 형제의 공격에 이내 지리멸렬해 허겁지겁 도망을 치느라 바빴다.

야우령으로 도망치다시피 돌아온 야 왕자는 천도 생각에 입맛을 잃은 데다 복수를 생각하면 잠까지 확 달아났다. 결국 며칠 밤낮을 고민한 끝에 기막힌 계략을 생각해 냈다.

바람이 세차게 불던 어느 날 밤, 단잠에 빠져 있던 신도 형제는 갑작스러운 인기척에 놀라 일어났다. 과연 험상궂게 생긴 퍼런 얼굴에 붉은색 머리와 초록색 눈을 한 악귀들이 이를 드러내고 신도 형제의 집을 향해 달려 들었다. 그러나 지금껏 정직하게 살아온 두 형제는 악귀들의 소란에도 전혀 동요하지 않았다. 신도는 곧바로 복숭아나무 가지를 꺾어 이들을 유인했고, 울루는 갈대로 만든 밧줄을 잡고 그 뒤를 따랐다. 신도가 앞에서 그들을 붙잡고, 울루가 뒤에서 그들을 꽁꽁 묶었다. 수십 명의 요괴는 순식간에 모두 호랑이 밥이 되었다.

이 요괴들은 사실 야 왕자와 그의 부하들이 변장했던 것인데, 본디 그들은 신도 형제가 자신들을 무서워해 도망갈 거라고 생각했지 오히려 목숨을 잃을 거라곤 전혀 예상치 못했다.

다음 날 이 일은 삽시간에 퍼져 나갔다. 사람들은 신도 형제가 자신들을 위해 야 왕자 무리를 없애 준 것에 고마워했고, 두 형제의 명성은 더욱 멀리 퍼져 나갔다. 이후 두 형제가 모두 세상을 떠난 다음에도 사람들은 여전히 두 형제가 신선이 되어 세상의 요괴들을 무찔러 주고, 악귀와 마주치면 갈대 밧줄로 묶어 호랑이 먹이로 만들어 준다고 믿었다. 뿐만 아니라 신도 형제가 가꾼 복숭아나무 숲은 악귀와 사악한 무리들을 충분히 물리칠 수 있다고도 믿었다.

그 뒤 해마다 새해가 되면 사람들은 복숭아나무로 만든 목판 두쪽에 신도와 울루 형제의 이름을 새긴 뒤 대문 양쪽에 걸어 두었다. 이 모두가 재난을 막고 사악한 기운을 없애 가정의 평안을 빌고자 한 데서 연유한 것이다. 이것이 바로 중국 최초의 춘련인 셈이다.

사람들이 복숭아나무로 만든 춘련을 걸어 두는 풍습은 오대까지 계속되었다. 그러다가 촉의 맹창孟昶이 춘련에 "새해에는 경사스러운 일을 받아들이고, 좋은 시절에는 긴 봄날을 불러 보네."라는 시구를 지어 대문 양쪽에 걸어 둠으로써 중국 최초로 시어를 연결하여 만든 대련(對聯)이 되었다.

　명 태조 주원장은 남경(南京)으로 도읍을 옮긴 뒤, 섣달그믐에 각 고관대작들 집 대문에는 반드시 춘련을 붙이라는 공문을 내렸다. 이때부터 춘련은 붉은 종이에 적었다. 애초에 춘련은 대관 집 대문에만 붙이는 것으로 제한되었지만, 이후 일반 평민들의 집에서도 점차 붙이기 시작했다. 이때부터 새해에 춘련을 붙이는 것이 중국인들 사이에 일반적인 풍습이 되었으며, 이는 지금까지도 이어진다.

●──주

1　春聯. 새해를 맞이하며 문이나 기둥 등에 써 붙이는 주련(柱聯)이나 대련(對聯).

청명절에 버드나무 가지를 대문에 꽂는 이유

옛날에 청명절이 되면 황제들은 일반 백성들의 생활상을 몸소 체험하는 시간을 가졌다. 그럴 때면 황제는 볼품없는 솜저고리에 개털로 만든 모자를 쓰고, 돼지 껍질로 발을 묶고 어깨에 전대까지 멘 영락없는 시골 노인네 모습으로 변장한 뒤 마을에 잠입하곤 했다.

그해에도 황제는 새벽 안개가 걷히기도 전에 혼자서 황궁 뒷문을 통해 몰래 밖으로 빠져나와 성 북쪽으로 난 시골 오솔길을 걸었다. 가시나무 수풀이 무성한 언덕과 기암괴석들이 즐비한 산 정상을 거쳐 정오 무렵이 되어서야 앞에는 시내가 흐르고 뒤로 산을 끼고 있는 한 농촌 마을에 도착했다.

마을에 들어서자마자 마침 담벼락 아래서 노인들이 삼삼오오 모여 햇볕을 쬐면서 도란도란 이야기를 나누는 모습이 눈에 들어왔다.

'그것 참 잘됐군. 백성들의 속마음을 알아볼 절호의 기회야. 몰래 끼어들어 저들이 무엇이라 하는지 한번 들어 봐야겠어.'

그러고는 조용히 구석에 앉아 귀를 쫑긋 세워 듣기 시작했다. 흰 머리에 수염이 허연 노인이 느릿느릿 말을 이어 나갔다.

"천년 후나 백 년 후나 앞일을 모르긴 마찬가지지. 그렇지만 나는 아들 여덟 명에 며느리 여덟을 두었어. 그 아들들은 각자 여덟 명씩 아이를 낳아 나에게 예순네 명의 손자를 안겨 주었지. 그리고 그 손자들과 손자며느리가 다시 여덟 명씩 증손자를 낳아 나에게 안겨 주었다네! 이러니 내 나이 백 살이 되어 땅에 묻히는 날이 온다면 슬퍼하며 몰려들 식구들은 가히 천 명을 넘지 않겠나. 그야말로 천하 제일의 대가족이 아니고 뭐겠나."

황제는 사람들 틈에서 이 노인의 말을 듣고 나자 마음이 흡족해졌다.

'이 노인은 자식들이 번창하군. 특히 내가 다스리는 나라에서 이렇게 자손이 번창한 대가족을 만나니 대단히 기쁘군. 황궁으로 돌아가 이 집에 '천하 제일의 가족'이라는 현판을 달아 주라고 명해야지. 하하하!'

노인들은 서로 한마디씩 주고받으며 즐거운 시간을 보냈다. 황제도 사람들 한마디 한마디에 담긴 속내를 이해하려고 애쓰느라 어느덧 해가 아스라이 지는 것도 몰랐다. 수다를 떨던 노인들은 하나 둘 저녁밥을 먹기 위해 자리를 털고 일어섰다.

황제는 자손이 많다는 그 노인 뒤를 몰래 따라갔다. 여러 모퉁이를 지나고 길을 건너더니 길가 옻칠을 한 대문 안으로 들어갔다. 황제는 노인 집 앞에 있는 버드나무에서 가지를 두 개 꺾어 대문 양쪽에 꽂아 표시해 두었다. 황궁으로 돌아간 뒤 노인의 집을 제대로 찾아야 현판을 보내 줄 수 있기 때문이었다.

어느덧 해가 서쪽으로 지고 있었다. 그는 바로 마을을 빠져나와 어둠이 찾아올 즈음 다리를 절뚝거리며 다시 궁으로 숨어 들어왔다.

그는 몰래 성을 빠져나간 뒤 생긴 일을 그날 밤 황후에게 들려주었다. 그는 4대가 사는 그 집에 '천하 제일의 가족'이라는 현판을 달아 줄 계획이라고 말했다. 하지만 예상과는 달리 황후는 그의 말을 듣고 오히려 화들짝 놀랐다.

"아니 폐하, 재난이 닥쳤는데 오히려 기쁜 일이라고 생각하시다니요."

황제는 황후가 놀라서 허둥대는 모습을 보고 도저히 영문을 알 수가 없었다.

"폐하, 조금 전에 말씀하셨던 그 대가족이 바로 재난의 뿌리란 말입니다. 한번 잘 생각해 보세요. 여덟 명의 아들에 예순네 명의 손자라면 증손자만도 오백열두 명입니다. 그 증손자가 다시 결혼을 해서 아이를 낳는다고 생각해 보세요. 순식간에 천여 명으로 늘어날 겁니다. 이런 식으로 자자손손 그 수를 불려 나간다면 몇 년도 안 돼 조정의 문무 대신과 장군들, 하물며 시골의 백성들까지도 그의 가족들과 관련이 있지 않겠습니까? 그때가 되면 천하를 저들이 손 하나 까닥하지 않고 차지할지도 모를 일이 아닙니까?"

설명을 듣고 난 황제는 마치 망치로 머리를 맞은 듯 멍해졌다. 황후의 말이 구구절절 맞자 몸서리가 쳐졌다. 얼굴이 하얗게 질려 황제가 되물었다.

"그, 그, 그렇다면 어떻게 해야겠소?"

황후는 잠시 미간을 찌푸렸다가 묘안을 생각해 냈다.

"폐하, 그 집이 어느 마을에 있으며 문은 어느 쪽을 향하고 있는지 보셨습니까?"

"비록 그 노인의 이름은 물어보지 못했지만 황궁 동쪽으로 반나절 정도의 거리에 있었소. 앞에는 강이, 뒤로는 산이 둘러싼 마을이었다오. 그 집 앞에 버드나무가 있다고 했잖소. 그래서 그 집을 찾지 못할까 걱정돼 버드나무 가지를 두 개 꺾어서 대문 양쪽에 꽂아 두고 왔소."

황후는 그의 말을 듣고 다시 희색이 돌았다.

"폐하, 그럼 모든 것이 문제없이 해결될 겁니다. 한시라도 빨리 소리 소문 없이 군사들을 데리고 밤새 길을 달려 그 마을로 가십시오. 쥐도 새도 모르게 그 집을 에워싸서는 거기 사는 사람들은 모조리 죽여 버리세요. 화근과 후환을 철저히 없애 버려야 합니다."

황제는 황후의 말을 듣고 가장 힘이 센 장군과 수백 명의 병사들을 이끌고 몰래 황궁을 빠져나가 동쪽으로 내달렸다. 군대는 가능한 한 빠른 시간 안에 앞에는 강이 흐르고, 뒤로는 산으로 둘러싸인 마을을 찾아야 하는 데다 대문 앞에 버드나무가 있는 집을 찾아 가족도 몰살해야 했다.

하지만 "낮 말은 새가 듣고 밤 말은 쥐가 듣는다."라고 하지 않았던가! 황제가 몰래 변장을 하고 마을로 잠입했던 일과 친히 대가족 집 대문에 버드나무 가지를 꽂아 둔 일은 봄바람을 타고 천하로 퍼져 나갔다. 사람들은 이 표시가 상을 내리기 위함이라 생각하고, 자신들도 뜻밖의 행운을 잡기 위해 버드나무 가지를 꺾어 너도나도 대문에 꽂아 두었다.

황제는 짙은 안개를 무릅쓰고 병사들을 데리고 성을 나와 반나절을 헤맸다. 달빛에 기대 위치를 살펴보니 마을 앞은 모두가 강이고 뒤는 모두가 산이었다. 게다가 길이란 길은 모두 꼬불꼬불하고 집집마다 문 앞에 버드나무가 있긴 했지만 남아난 가지가 없었다. 바로 집집마다 대문 양쪽에 버드나무 가지를 꽂아 두려고 모조리 꺾었기 때문이었다.

이쯤 되자 황제는 이러지도 저러지도 못했다. 집집마다 마을마다 돌아다니며 여덟 명의 아들에 예순네 명의 손자, 그리고 오백열두 명의 증손자가 사는 대가족 집이 어디냐고 물어보자니 사람을 죽인 소문이 누설될 경우 반란의 빌미를 제공할 가능성이 있었다. 그렇다고 자초지종을 살펴보지도 않고 버드나무 가지가 꽂혀 있는 집을 찾아가 모조리 죽이자니 천하에 살아남는 자가 얼마 없을 것 같았다. 아무리 생각해 보아도 좋은 생각이 떠오르지 않았다. 결국 발을 동동 구르다 황제가 말했다.

"그만두고 돌아가자."

이렇게 칼을 꺼내 보지도 못한 병사들을 이끌고 황제는 날이 밝기 전에 황궁으로 다시 돌아왔다.

그 뒤 청명절이 되면 집집마다 대문 양쪽에 버드나무 가지를 꽂아 두어 재앙과 화를 피하고자 했는데, 이러한 풍습은 지금도 지켜지고 있다.

단오절이 생긴 까닭

지방마다 단오절 풍습이 있는데, 이 명절은 언제부터 생겨났을까?

춘추 전국 시대 사람들은 5월을 미워할 '오(惡)' 자를 써서 '싫어하는 달'이라고 불렀고, 그중에서 5월 5일을 가장 불길한 날로 여겼다. 이날 태어난 아이는 가르침을 참아 낼 수 없는 아이로 보았기 때문에 감히 키우지 않고 죽이거나 버렸다.

그런데 제(齊)나라 농부 전 씨의 아들이 그만 5월 5일에 태어나고 말았다. 그 아이의 이름은 전문(田文)으로, 이 아이가 바로 중국 역사상 가장 유명한 재상이라는 맹상군(孟嘗君)이다. 전문은 태어나면서 머리를 땅에 부딪히는 사고를 당했다. 그의 아버지는 어머니에게 그를 당장 죽이라고 시켰지만, "아이는 어머니의 피와 살."이라는 중국 속담처럼 어머니는 통통하고 복스럽게 생긴 아들을 보고 잔혹한 마음을 먹어도 도저히 죽일 수가 없었다. 그러나 그의 아버지가 가만 두지 않을 것을 알았기 때문에 어머니는 아이를 친정에 몰래 보내 키웠다.

전문이 일고여덟 살 되었을 무렵 어머니가 그를 데리고 집으로 돌아왔다. 아버지는 그를 보자마자 화를 내며 입에 담지 못할 욕을 퍼부었다.

"내가 저 녀석을 살려 두지 말라고 했을 텐데, 왜 내 말을 듣지 않았소?"

어머니는 눈물만 글썽인 채 아무런 대꾸도 하지 않았다.

전문이 옆에 서 있다가 아버지에게 물었다.

"왜 5월 5일에 태어난 아이는 원치 않으세요?"

아버지가 대답했다.

"5월 5일에 태어난 아이는 키가 천장 높이만큼 자라고 부모에게 액운을 가져와 패가망신할 수 있기 때문이다."

전문은 겁 없이 말대꾸를 했다.

"꼭 그렇진 않아요."

아버지는 그의 대꾸에 화가 나 얼굴이 벌겋게 달아올랐다.

'내 저 녀석을 내 손으로 꼭 죽여 버리고 말겠어.'

그의 친척들도 전문이 돌아왔다는 소문을 듣고 달려와 아버지를 말렸다.

"아이가 저만큼 자란 데다 얼마나 총명하고 귀엽게 생겼나. 그러니 그냥 살려 두게나."

아버지는 다른 친척들의 얼굴을 봐서 어쩔 수 없이 마음을 접어야 했다. 그러나 해마다 5월 5일만 되면 전문은 꼭 외할머니 댁으로 피신해야 했다.

어려서부터 총명하고 명석해 출세에 뜻을 두었던 전문은 마침내 박학다식하고 경륜이 풍부한 덕에 제나라의 재상 자리에까지 올랐다.

전문은 재상이 된 뒤 5월 5일만 되면 피신해야 했던 옛 일이 떠올라 이날을 '단오端五'로 바꿔 부르도록 했다. 피신의 의미인 '躱五'와 '端五'의 중국어 발음이 '둬우'와 '두안우'로 비슷하기 때문에 가능했다.

그는 5월 5일은 명백한 길일이며, 이날 태어난 아이는 절대로 불이익을 당해서도, 또 외할머니 집으로 피신시켜서도 안 된다고 공표했다. 그 뒤로 사람들은 5월 5일을 명절로 삼았으며, 이날을 단오절端午節이나 단양절端陽節이라고 불렀다.

종자[1]와 용 모양의 배

굴원屈原이 강으로 투신한 뒤 초나라 사람들은 이루 말할 수 없이 슬퍼했다. 중국의 위대한 애국 시인을 기리기 위해 해마다 단오절이 되면, 사람들은 배를 몰고 나오거나 밥을 가지고 나와서는 멱라수汨羅水 중류까지 거슬러 올라가 강물 속에 밥을 던져 굴원에게 제사를 올렸다.

이렇게 한 해가 지나고 두 해가 지난 어느 날 밤, 백성들은 꿈에서 굴원을 보았다. 꿈속에서 그는 머리에 높은 관을 쓰고 허리춤에 긴 보검을 찼으며, 몸에는 진주와 보석을 달고 있었다. 그의 편안한 모습에 다들 흐뭇해하며 한 사람도 빠짐없이 그에게 예를 표했다. 굴원이 웃으며 다가와 말했다.

"여러분, 여러분이 나에게 보여 준 호의에 몸 둘 바를 모르겠소. 그대들의 행동에서 우리 초나라 백성들이 나라를 사랑함은 물론 공명정대함을 생명으로 삼는 것도 알게 되었소."

그런데 굴원의 모습이 수척해진 것이 무척 이상했다.

"어르신, 저희가 쌀밥을 던져 드렸는데, 그것들을 모두 다 드셨습니까?"

"모두 고마웠소!"

굴원은 감격에 찬 표정을 짓다가 이내 한숨을 내쉬었다.

"하지만 그대들이 넣어 준 밥은 모두 다 물고기 친구들이 먹어 버린다네."

모두가 그 말에 기가 찼다.

"그럼 먹지 못하게 하셔야죠."

굴원이 쓴웃음을 지었다.

"어떻게 그 녀석들과 먹는 것을 두고 다투겠는가."

"그럼 어떻게 해야 물고기들이 먹지 못할까요?"

굴원이 대답했다.

"밥을 대나무 껍질로 싼 뒤 각이 진 종자로 만들어 던진다면 물고기들은 절대 달려들지 못할 거라네."

이듬해 단오절이 되자 사람들은 굴원이 꿈속에서 일러 준 대로 했다. 그랬더니 단오가 지난 뒤에 다시 굴원이 사람들 꿈속에 나타나 말했다.

"그대들이 보내 준 종자 정말 고마웠소. 아주 배불리 먹을 수 있었소. 하지만 물고기들이 여전히 많이 빼앗아 먹었다네."

사람들은 다시 의아한 듯 물었다.

"그렇다면 다른 방법은 없을까요?"

"그대들이 배에서 종자를 던져 줄 때 배의 머리 모양을 용 머리 모양으로 바꾸면, 물고기들은 그것들을 용왕이 던지는 것으로 알고 절대로 달려들지 않을 걸세."

그 뒤부터 백성들은 이 방법을 그대로 썼다. 그래서 아직까지도 단오절에 종자를 먹고 용 머리를 단 배를 모는 풍습이 그대로 전해 온다.

●——주

1　찹쌀에 대추 따위를 넣어 댓잎이나 갈잎에 싸서 쪄 먹는 단오절 음식의 한 가지.

음력 5월 13일은 비 내리는 날

음력 5월 13일에는 늘 해마다 첫 홍수가 났다. 그래서 오랫동안 가물어 비가 내리지 않는 여름철이면, 사람들은 하나같이 이날 비가 내릴 것이라 예상한다.

삼국 시대에 관우關羽가 장사長沙 지방을 공격하자, 유비와 제갈량이 친히 전방으로 가 그들의 노고를 치하했다. 장군과 사병들은 모두 술자리에서 마음을 터놓고 실컷 술을 마셨다. 술자리가 끝나자 관우는 병사들의 환호 속에 적토마에 올라타 서서히 북문을 빠져나가 주둔지로 향했다. 거나하게 취한 그의 오른팔 격인 주창周倉 장군이 관우의 청룡언월도를 메고 비틀거리며 그 뒤를 바짝 따랐다.

한참을 걸으니 작은 강이 그들 앞을 가로막았다. 마침 5월의 날씨에 며칠 동안 계속된 폭우로 강물은 엄청나게 불어나 있었다. 주창이 정신을 가다듬고 강변을 따라 걸어가다가 갑자기 우레와 같은 소리에 놀라 앞으로 고꾸라지면서 그의 칼자루가 하필 말 엉덩이를 때리고 말았다. 갑작스러운 공격을 받은 적토마는 순식간에 공중으로 뛰어올랐고, 칼은 깊은 강 속으로 빠지고 말았다. 이것을 지켜본 관우는 원망 섞인 몇 마디를 내뱉고는 즉시 부하들이 준비해 놓은 배를 타고 가서 칼을 건져 올렸다. 이후 칼이 떨어졌던 곳을 낙도취 落刀嘴라고 부르고, 이 강을 칼을 건져 올렸다는 의미를 따서 노도하 撈刀河라고 불렀다.

건져 낸 청룡언월도의 칼끝이 이미 강 속의 바위에 떨어져 나간 걸 본 관우의 마음은 답답하기만 했다. 관우의 양아들 관평 關平이 그의 마음을 알아차리고 말했다.

"소자가 어제 길을 가던 중 오두막집의 한 할아범이 여러 종류의 칼을 만드는 걸 보았습니다. 마침 그가 만든 칼의 칼끝이 하나같이 예리해 보였는데, 그를 불러 도움을 구해 보는 게 어떻겠습니까?"

관우는 별다른 방안이 떠오르지 않아 아들의 제안에 순순히 응했다.

관평이 말한 그 노인은 나한장 羅漢莊이란 사람으로, 사람들은 그를 대장장이 나 씨라고 불렀다. 그는 자식 없이 아내와 단둘이 생활하고 있었다. 예순 정도 된 이 노인은 대단히 건장하고 정정해 젊은 사람들보다 더 강해 보였다. 늘 예리한 칼을 만드는 데만 온 정신을 집중해 왔기 때문에 그의 명성은 근처에 자자했다.

관우가 칼을 건져 올린 다음 날 아침, 관평이 노인을 데리고 관우를 찾아왔다. 노인은 막사에 들어서서 50킬로그램에 달하는 청룡언월도의 부서진 부분을 손으로 만져 본 뒤 말했다.

"장군, 보검이 이런 아픔을 당하다니 정말 안타깝습니다. 다행히 부서진 부분이 크지 않아서 잘 다듬으면 예전 모습으로 돌아올 테니, 그리 걱정 마십시오."

관우는 대장장이의 말을 듣고 마음이 한결 놓였다.

"그럼 자네를 믿어 보겠네."

나한장은 병사들에게 숫돌을 구해 오도록 부탁하고, 혼자 군 장막 아래 앉아서 정성 들여 보검을 갈기 시작했다. "5월에 끝내지 못하면, 하루 종일 비가 퍼붓는다."는 중국 속담이 있다. 대장장이가 칼을 갈자, 비가 쏟아졌다. 빗물은 군 장막을 따라 때마침 숫돌 위로 차 올랐다. 대장장이는 꼬박 사흘을 갈아 음력 5월 13일, 마침내 칼을 완성해 관우에게 보였다. 보검의 광채와 으스스할 정도의 살기 때문에 관우는 자신도 모르게 탄성을 내질렀다. 관평은 그 자리에서 감사의 대가로 비단과 은을 상으로 내렸다.

이후 사람들은 음력 5월 13일에 비가 내리면 그 옛날 관우의 칼을 갈았기 때문이라 생각했고, 그래서 이 비를 칼을 갈 때 내린 비란 의미로 '마도우磨刀雨'라고 불렀다.

이때부터 사람들은 해마다 음력 5월 13일은 당연히 비가 내릴 것이라 예상했고 "가뭄도 5월 13일을 넘지는 못한다."라고 말하는 습관이 생겼다.

음력 6월 6일은 시집간 딸이 친정 오는 날

해마다 음력 6월 6일이 되면, 농촌에서는 집집마다 출가한 딸을 친정으로 불러 잘 대접한 뒤 다시 돌려보내는 풍습이 있다.

춘추 전국 시대의 진나라에 호언狐偃이란 재상이 있었다. 그는 문공文公을 보좌하며 여러 나라를 떠돌아다닌 공신으로, 재상으로 임명된 뒤 조정을 위해 물심양면으로 애쓴 인물이다. 일 처리가 빈틈이 없고 대단히 영민해 위로는 문공부터 아래로는 백성들까지 모두 그를 존경했다. 해마다 호언의 생일인 음력 6월 6일 되면 엄청나게 많은 사람들이 찾아와 그의 천수를 빌고 선물을 바쳤다. 모든 사람들이 받들다 보니 그도 점점 교만해졌다. 시간이 지날수록 사람들의 불만이 쌓여 갔지만, 호언의 권세가 무서워 감히 말을 꺼내지 못했다.

호언은 딸을 공신 조쇠趙衰의 아들에게 시집보내 사돈 관계를 맺었다. 조쇠는 평소 호언을 못마땅하게 여겨 왔던 터라 그의 행동을 열거하며 낱낱이 꾸짖었다. 이에 호언은 사람들 앞에서 사돈을 몰아세웠다. 이미 연로하고 기력도 약했던 조쇠는 호언의 무례한 행동에 끓어오르는 화를 참지 못하고 결국 숨을 거두었다. 조쇠의 아들은 인의를 저버린 장인의 행동에 복수의 칼을 갈았다.

이듬해 진나라에 가뭄이 들어 호언은 도읍을 떠나 식량을 나눠 주러 떠나게 되었다. 이때 그가 잠시 집에 들러 무슨 일이 있어도 6월 6일에는 반드시 집으로 돌아와 생일상을 받겠다고 말했다. 호언의 사위는 그 말을 듣고 속으로 쾌재를 불렀다. 그는 가족과 친한 친구를 집으로 불러 6월 6일 생일 잔치에서 호언을 죽여 부친의 원수를 갚을 계획을 상의했다.

모두 돌아간 뒤 호언의 사위는 뒤채로 가 아내를 만났다. 그는 아내의 마음을 떠볼 심산으로 물었다.

"우리 장인어른 같으신 분을 백성들이 미워하지 않을까?"

호언의 딸도 아버지의 행동에 화가 났기 때문에 내키는 대로 대답했다.

"당신이나 저도 아버지가 미운데 다른 사람들은 어떻겠어요?"

그는 아내의 말에 두 사람 사이의 깊은 사랑을 믿기로 했다. 그녀에게 말을 해도 괜찮겠다고 생각한 그는 자신의 계획을 털어놓았다. 그녀는 얼굴이 새파래지더니 한참 동안 멍하니 있었다.

"저는 이미 조씨 집안 사람이에요. 친정 일은 생각하지 않을 테니, 당신이 올바른 일이라고 생각하신다면 그렇게 하세요."

그러나 남편 말을 듣고 나서 호언의 딸은 하루 종일 두려움에 가슴을 졸였다. 그녀는 친정아버지의 분별없는 행동과 시댁을 무시한 처사를 원망했다. 그러나 친정아버지와 좋았던 기억도 떠올랐다. 그동안 길러 준 아버지가 죽을 것을 알고도 구하지 않는다는 것은 도리가 아니라고 판단했다. 여러 날 고민을 했어도 마땅한 방법을 찾지 못한 그녀는 6월 5일 오후 남편이 계획을 점검하느라 바쁜 틈을 타 친정으로 달려갔다. 그녀는 친정어머니에게 여쭈었다.
"어머니, 남편과 아버지 중에 누가 더 저와 가까워요?"
어머니는 딸이 친정으로 황급히 달려와 이런 질문을 하자 영문을 알 수 없었다.
"아버지는 머리와 같은 존재란다. 한번 잘라 내면 더 이상 살아갈 수 없지. 반면 남편은 옷과 같아서 이 옷을 벗어 다른 옷으로 바꿔 입을 수도 있어."
딸은 어머니의 말에 위안을 삼으며 남편의 계획을 어머니에게 알렸다. 어머니는 대경실색하며 급히 호언에게 사람을 보내 이에 대한 대비를 하도록 알렸고, 하인들에게도 집을 더욱 철저히 지키도록 당부했다.
호언의 사위는 아내가 사라진 것을 알고 이미 비밀이 새어 나갔음을 직감했다. 그는 두려움에 떨며 호언의 처분만 기다렸다.
6월 초엿새 새벽, 호언의 사위가 막 아침상을 물렸을 때 문지기가 황급히 달려왔다.
"어르신! 재상 나리께서 친히 여기로 들르셨습니다. 재상 나리 말씀이 어르신을 모시러 왔다고 합니다."
"모시러 왔다고?"
사위는 씁쓸한 표정을 지었다. 더 이상 피할 길이 없다는 생각에 미치자 할 수 없이 나가 장인을 맞이했다. 하지만 호언은 사위를 보고도 아무것도 모르는 양 예전과 똑같이 대했다. 두 사람은 말을 타고 함께 호언의 집으로 향했다.
올해의 생일 잔치는 예년과 달랐다. 호언이 일찌감치 상석에 앉아 손님들 인사를 받는 것이 아니라 딸과 사위를 정중히 상석에 앉혔다. 딸과 사위는 이러지도 저러지도 못하고 가슴만 두근거리며 가만히 앉아 있을 수밖에 없었다.

바로 이때 호언이 참석한 손님들에게 말했다.

"내가 올해 지방에서 식량을 나눠 주면서 백성들의 삶이 얼마나 고단한지 알게 되었소. 최근 내가 했던 행동들이 얼마나 잘못되었는지도 가슴 깊이 깨달았고 말이오. 오늘 내 사위가 날 죽이려는 계획을 세웠다고 들었소. 비록 잔인한 방법이긴 하지만 모두가 백성을 위하고 아버지의 원한을 갚기 위함이었으니 결코 죄가 아니오. 내 딸도 이 아비의 목숨을 구하고자 했으니, 이도 효를 다한 것이라 하겠소이다. 그러니 나의 절을 받아야만 하지 않겠소? 우리 현명한 사위가 내 얼굴을 봐서 복수의 칼은 거두고 두 사람이 행복하게 사는 것이 내 소망이오."

잔치에 참석한 사람들은 놀랄 수밖에 없었다. 딸 내외도 호언에게 머리를 조아리며 사죄했다. 호언이 급히 그들을 일으켜 세우자 그들은 각자 자리로 돌아가 호언에게 생일 축하 절을 올렸다.

이후 호언의 행동은 눈에 띄게 달라졌고 사위와의 관계도 더욱 각별해졌다. 이를 기념하기 위해 호언은 해마다 6월 6일이 되면 딸과 사위를 집으로 불러들였다. 이 풍습은 일반 백성들에게도 퍼져 나가 사람들은 해마다 6월 6일 출가한 딸을 불러들여 마음속에 쌓인 원망이나 응어리를 풀어 주었다. 세월이 흘렀지만 이 풍속은 지금까지 계속 이어져 오고 있다.

중추절에 얽힌 사연

 전설에 따르면, 아주 먼 옛날 상고시대에는 하늘에 태양이 열 개나 떠 있었다고 한다. 태양 열 개가 대지를 비추니 연기가 나고 바닷물이 바짝 말라 사람들이 살 수가 없었다. 이때 후예(後羿)가 백성들의 고통을 안타깝게 여겨 영험한 힘을 가진 화살로 한꺼번에 태양 아홉 개를 쏘아 떨어뜨렸다. 마지막 하나 남은 태양이 죄를 빌자, 후예는 노여움을 가라앉히고 활을 거두면서 시간에 맞춰 뜨고 지면서 백성들을 행복하게 해 주겠다는 약속을 태양에게서 받아 냈다.
 후예의 이름은 전국으로 퍼져 나갔고 모두 그를 존경해 마지않았다. 이후 그는 상아(嫦娥)를 아내로 맞이했다. 상아는 성격이 온화하면서도 지혜로운 절세미인이었다. 두 사람의 사랑은 각별했고, 그들의 생활은 더할 나위 없이 완벽했다. 상아는 남편이 잡아 온 사냥감을 이웃과 친척들에게 모두 나누어 줄 만큼 마음씨도 착했다. 마을 사람들도 후예가 좋은 아내를 얻었다고 칭찬이 자자했다.
 어느 날 후예는 사냥 중에 한 도사와 마주쳤다. 도사는 후예의 능력과 사람됨을 흠모하여 그에게 불사약을 한 봉지 건네주었다.

"이 약을 먹으면 늙지도 않고, 신선이 되어 하늘로 올라갈 수 있다네."

그러나 후예는 가족들을 저버린 채 혼자 하늘로 올라가고 싶지 않았기 때문에 집으로 돌아와 그 불사약을 상아에게 주었다. 상아는 불사약을 머리맡 장신구 통에 넣어 두었다.

당시 후예의 명성을 부러워한 많은 사람들이 그에게 기예를 배우고 싶어 했다. 그중 후예의 불사약을 먹고 신선이 되고 싶어 그에게 접근한 봉몽(蓬蒙)이란 자는 간사하고 아첨을 잘하는 소인배였다.

그해 8월 15일, 후예는 제자들을 이끌고 사냥을 나갔다. 저녁 무렵, 봉몽은 몰래 그 무리에서 빠져나와 상아의 방으로 뛰어 들어와 불사약을 내놓으라며 위협했다. 어쩔 수 없는 상황에서 상아는 그 불사약을 입에 넣고 삼켜 버렸다. 순간 몸이 연기처럼 가벼워져 창문 사이로 홀연히 빠져나가는가 싶더니 어느새 구름을 타고 하늘 위로 올라갔다. 그러나 그녀는 여전히 남편을 간절히 그리워했기 때문에 땅과 가장 가까운 달에 머물기로 했다.

집으로 돌아온 후예는 시녀에게 자초지종을 들었다. 다급한 마음에 집을 뛰쳐나가 하늘을 쳐다보았더니 달이 예전보다 훨씬 둥글고 아름다웠다. 마치 사랑하는 아내가 달에서 자신을 내려다보는 듯한 착각에 빠졌다. 그는 칼로 심장을 도려 내듯 가슴이 아팠다. 후예는 있는 힘을 다해 달을 따라갔다. 그러나 한 발 다가서면 달은 한 발 물러섰고, 한 발 물러서면 달은 한 발 다가왔다. 아무리 해도 그 거리를 좁힐 수 없었다. 후예는 마음 깊이 사랑하는 아내를 생각하면 마음이 찢어져 남몰래 눈물을 흘렸다. 그러나 어찌 할 도리가 없었기 때문에 아내가 가장 좋아하는 과일을 마당에 차려 놓고 저 멀리 떨어져 있는 아내를 향해 제사를 올렸다. 이 소식을 전해 들은 마을 사람들도 모두 마당에 과일을 쌓아 두고 마음씨 착했던 상아에게 제사를 올렸다.

이듬해 8월 대보름 저녁은 바로 상아가 달로 도망친 기일이었다. 대보름달이 평소보다 더 밝고 둥근 이유는 그 때문이다. 후예와 마을 사람들은 일찌감치 달빛 아래 마당에 과일을 준비해 놓고 제사를 지내며 사랑하는 사람에 대한 마음을 담았다. 그 뒤 해마다 이런 행사가 이어졌는데, 음력 8월 15일은 가을의 중반이기 때문에 이날을 '중추절中秋節'이라고 불렀다.

한편 달로 올라간 상아 역시 매일 남편을 그리워했다. 비록 산해진미를 먹고 궁녀들의 춤을 감상하는 평온한 나날이 계속되었지만 고뇌를 벗어던질 수는 없었다. 해마다 8월 15일 저녁이 되면 그녀는 궁궐을 빠져나왔다. 그때면 언제나 맑은 하늘에 선선한 바람이 불었다. 하늘 아래 세상이 눈앞에 펼쳐지면 그녀는 아무 말 없이 바라보기만 했다. 그녀의 아름다운 모습 때문에 달도 더 둥글고 더 밝게 빛났다.

당나라 현종이 집권했을 때의 중추절 저녁이었다. 당 현종이 궁궐에서 달을 감상하는데, 도사 나공원羅公遠이 현종을 달로 초청했다. 나공원이 하늘을 향해 지팡이를 던지자 바로 은색 다리가 생겨났다. 두 사람이 이 다리를 지나가자 눈앞에 궁궐이 나타났다. 궁궐 안 수정 계단은 마치 거울 속을 걷고 있는 듯한 착각에 빠지게 했고, 신선들이 산다는 궁궐은 황홀하기 그지없었다. 상아는 이승에서 온 손님을 보고 황급히 달려가 궁궐로 안내했다. 그녀는 궁녀들에게 달고 바삭한 선병仙餠을 내오도록 명했다. 수백의 궁녀들이 정원에서 노래에 맞춰 춤을 추었다.

인간 세상으로 돌아온 현종은 선녀들의 가무를 다시금 떠올리며 이를 정리하게 하여 아름다우면서도 감동적인 「예상우의곡霓裳羽衣曲」을 만들었다. 또 신선들이 먹는다는 선병을 본떠 보름달처럼 둥근 과자를 만들도록 했는데, 그것을 '월병月餠'이라고 불렀다.

그날 이후 해마다 중추절 저녁이면 가족들이 모두 모여 달빛 아래에서 달을 감상하고, 크게 잘 여문 과일과 월병을 준비해 놓고 달에게 제사를 지냈다. 어떤 사람들은 시를 지어 서로 응수하면서 달 속의 상아에 대한 그리움이나 생활이 원만하길 바라는 마음을 표현했다. 이 풍습은 지금도 이어진다.

망자에게 겨울옷을 태워 보내는 날

　산해관山海關 지역에는 해마다 음력 10월 초하루에 붉은색과 초록색 종이를 옷 모양으로 잘라 만들어 태우는 풍습이 전해 내려온다. 바로 죽은 자들에게 겨울옷을 보내 주는 의미가 담겨 있다.

　전설에 따르면, 맹강녀와 범희량이 결혼한 지 사흘째 되던 날, 남편 범희량이 만리장성 축조를 위해 징용을 당했다. 범희량이 떠난 뒤 맹강녀는 언제나 그의 안전을 걱정했다. 몇 달이 흘렀지만 여전히 남편 소식을 들을 수가 없었다. 더욱이 남편이 달랑 홑옷 한 벌만 입고 떠났기에 더욱 불안했다. 늦가을이 되면서 북경의 날씨는 벌써 싸늘해지기 시작했다.

　'그이는 이 겨울을 어떻게 견딜는지?'

　맹강녀는 밤낮없이 솜옷을 지었다. 솜옷을 거의 완성할 즈음 친정 아버지와 상의했다.

　"아버지, 날씨가 점점 추워지니 그이에게 이 옷을 보내 주고 싶어요."

아버지는 한숨을 내쉬었다.

"희량의 일이라면 나도 걱정이 되는구나. 하지만 그가 어느 지역에서 일을 하는지 우리로선 알 수가 없지 않으냐? 게다가 너같이 약한 여자의 몸으로 그를 찾으러 간다면 이 애비가 어떻게 마음을 놓고 지낼 수 있겠느냐?"

맹강녀가 거듭 애원하자 남편을 생각하는 딸의 깊은 마음을 아는 아버지가 한 가지 방안을 생각해 냈다.

"그렇다면 이렇게 하자꾸나. 맹묵(孟墨)에게 부탁해 이 솜옷을 희량에게 전해 달라고 하자. 대신 맹묵에게는 노잣돈으로 은 50냥을 쥐어 주면 될 테지."

맹강녀의 아버지는 맹묵에게 거듭 당부했다.

"무슨 일이 있어도 내 사위를 찾아 주게. 이 솜옷을 전해 주기만 하면 내 꼭 보상을 하지."

맹묵은 길을 떠나자마자 머리를 굴렸다.

'이렇게 넓은 하늘 아래 어디서 범희량을 찾아? 내 허리춤엔 은 50냥이 있으니 먹고 놀기 딱 좋은 세월이지. 돌아가서 도저히 찾을 수 없었다고 하면 그만이지 뭐.'

맹묵은 당장 기방을 찾았다. 먹고 마시고 마작에 빠지다 보니 며칠도 안 돼 그 많던 돈을 다 쓰고 말았다. 하는 수 없이 범희량이 입어야 할 솜옷을 자신이 입고서는 맹 노인 집으로 돌아와 도저히 그를 찾을 수 없었다고 거짓말을 했다. 그러나 맹강녀는 맹묵에게서 수상한 점을 알아차리고 자신이 직접 남편에게 솜옷을 전해 줘야겠다고 결심했다. 맹강녀는 집을 떠나 밤낮으로 길을 걸어 마침내 산해관에 도착했다. 만리장성을 쌓는 사람들이 수천 수만 명에 달했지만, 남편을 만날 수 있다는 생각에 힘이 절로 났다. 금세 찾을 수 있을 것 같았지만, 남편을 본 사람은 아무도 없었다. 그러나 그녀는 낙심하지 않았다. 계속 성 주위에서 수소문한 결과 마침내 범희량을 안다는 한 노인을 만날 수 있었다.

"우리 두 사람이 함께 이곳으로 끌려왔지. 하지만 책만 읽은 서생이 무슨 힘이 있어 이런 힘든 일을 배겨 내겠나? 여기에 도착한 지 얼마 되지 않아 과로로 죽고 말았네."

맹강녀는 노인의 말을 듣고 그 자리에서 쓰러져 정신을 잃었다. 사람들이 몰려들어 너도나도 그녀를 깨웠다. 노인은 그녀가 먼 길을 걸어 이곳에 도착한 사실을 알고 눈물을 닦아 주었다.

"울지 말게. 어디 힘들어 죽은 사람이 당신 남편 혼자뿐인가? 셀 수 없을 정도지."

"어르신, 그 사람을 어디에 묻었는지 아세요?"

"어리석긴. 일꾼이 죽었다고 어디에 묻어 주기나 하겠나? 저길 보게……."

노인은 손가락으로 성벽을 가리켰다.

"대신 내가 표시를 한 군데 해 두었지. 죽은 사람들 모두 저 성벽 속에 묻히긴 했지만……."

맹강녀는 노인의 말이 채 끝나기도 전에 표시를 해 놓았다는 곳으로 달려가 소리 내어 엉엉 울었다. 그녀는 울부짖으면서 남편에 대한 사랑과 이별의 고통을 읊조렸다. 먼 길을 찾아올 수밖에 없었던 사연과, 결국 살아 있을 때도 함께 있지 못했는데 죽어서도 시신마저 찾을 수 없는 아픔을 하소연했다.

그녀의 마음에 감동했는지 갑자기 하늘이 캄캄해지더니 우르릉 쾅 소리와 함께 성벽이 갈라졌다. 갈라진 틈으로 시체가 쏟아져 나왔다. 그녀는 울음을 멈추고 노인의 도움을 받아 남편의 시신을 수

습했다. 남편의 시신과 천신만고 끝에 가져간 솜옷이 눈에 들어오자 그녀는 다시 목 놓아 울었다. 울다 지친 그녀는 가져온 솜옷을 남편의 시신 앞에서 태웠다. 그에게 솜옷을 입혀 주겠다는 뜻이었다. 이날이 바로 음력 10월 초하루였다.

당시 사람들은 맹강녀의 불행을 동정하고 천 리 길을 떠나 남편을 찾으러 온 정절을 높이 사 이를 풍습으로 삼았다. 그래서 음력 10월 초하루를 망자에게 겨울옷을 태워 보내는 날로 정했다.

동지에 먹는 물만두

남양南陽에 장중경張仲景이란 명의가 있었다. 아무리 고치기 어려운 난치병이라고 해도 그의 손만 닿으면 씻은 듯이 나았다. 그래서 그를 '의성醫聖'이라 불렀다.

장중경은 장사 지방에서 관리로 지내다가 나이가 들어 사직하고 그해 겨울 고향으로 돌아왔다. 겨울 찬바람이 뼛속까지 스며들고 눈발이 흩날렸다. 살기 위해 바쁘게 뛰어다녀도 고향 사람들은 누렇게 뜬 얼굴에 비쩍 마른 몸, 전혀 추위를 막아 주지 못하는 홑옷, 얼어 터진 귀 등 한마디로 비참함 그 자체였다. 그들을 바라보는 그의 마음이 편안할 리 없었다.

장중경이 집에 도착하니 대문 앞에 이미 진찰을 받으러 온 사람들이 늘어서 있었다. 노새를 타고 온 사람, 마차를 타고 온 관리나 마을 유지, 그리고 돈 많은 장사치들까지 하루 종일 장중경 곁에서 떠날 생각을 하지 않았다. 일이 바쁜 가운데서도 그의 마음속은 온통 귀가 얼어 터진 가난한 마을 사람들 걱정뿐이었다.

그는 제자들에게 남양 동편의 공터에 간이 의원을 열게 했다. 그리고 동짓날부터 가난한 사람들에게 동상 치료약을 나누어 주었다. 우선 양 고기에 고춧가루, 추위를 물리치게 해 주는 약재를 솥에 넣고 푹 끓인 다음 양고기를 꺼내 잘게 다져 사람 귀 모양으로 만들었다. 그러고 나서 귀 모양 약을 다시 솥에 넣고 끓였다. 다 끓이고 난 뒤 사람들에게 국 한 그릇과 귀 모양 약을 두 개씩 나누어 주었다. 이 둘을 먹고 난 사람들은 온몸이 따뜻해지고 귀에서 열이 나는 것을 느낄 수 있었다. 이 일은 섣달그믐까지 이어졌고, 마침내 사람들 귀가 모두 낫게 되었다.

그리하여 사람들이 새해를 맞이하면서 귀 모양의 새해 음식을 만들기 시작했는데, 이후 이 음식을 만두라고 불렀다. 사람들은 만두를 먹으면서 장중경이 베푼 은혜를 잊지 않았다.

그가 관직 생활을 그만두고 고향으로 내려갔을 때에도 장사 지방 사람들은 그를 여전히 그리워해 해마다 덕 있는 노인들 몇 분을 뽑아 찾아가 뵙곤 했다. 그해 장중경은 깊은 병이 들어 여생이 얼마 남지 않아 보였다.

한 노인이 말했다.

"어르신이 돌아가시고 나면 그 유해를 우리 장사 지방에 묻고 싶습니다."

그러나 남양 사람들이 그 의견에 반대했고, 결국 이 두 지방 사이에 논쟁이 시작되었다.

이 모습을 지켜본 장중경이 말했다.

"내가 장사 지방의 물을 마시고 살았으니 장사 지방의 은정을 잊지 않겠소. 그리고 내가 태어난 곳이 이곳 남양성이니 나를 길러 준 남양의 은정도 잊지 않을 것이오. 그러니 내가 죽거든 내 관을 들고

● ──중국 민담

장사 지방 쪽으로 가다가 밧줄이 끊어지는 바로 그곳에 내 시신을 묻어 주시오."

　그의 유언을 듣고 사람들은 더 이상 논쟁을 벌이지 못했다. 장사와 남양 두 지방에서 건장하고 힘센 청년을 선발했다. 동짓날 장중경이 사망하자 그의 유언대로 장사 지방과 남양 지방 청년들이 각각 관의 왼쪽과 오른쪽을 메고 성을 빠져나와 장사 지방으로 향했다. 공교롭게도 그의 관이 예전에 국을 나눠 주던 그곳에 도착하자마자 밧줄이 끊어졌다. 상복을 입고 행렬을 따르던 사람들은 모두 집으로 뛰어가 그릇 등을 가지고 나와 너도나도 땅을 파기 시작했다. 밤낮으로 이어진 작업 덕분에 장중경의 무덤은 대단한 위용을 드러냈다. 그의 무덤 앞에 사당도 세웠는데, 그것이 바로 지금까지 남아 있는 의성사醫聖祠이다.

　장중경은 가난한 환자들의 질병을 치료하기 위해 갖은 애를 다 쓴 인물이다. 추위를 잊게 해 주는 국을 나눠 준 일은 아직까지도 회자될 정도이다. 사람들은 그가 신선이 되었고, 그의 영혼이 그가 집필한 의학 서적의 처방전에 그대로 담겨 있다고 믿었다. 그래서 사람들은 병이 생기면 그의 처방전에 따라 약을 지어 먹으면 씻은 듯 낫는다고 믿었다. 그런 이유로 해마다 동지가 되면 사람들은 만두를 먹었다. 동지에 만두를 먹으면 겨울에 귀가 얼지 않는다는 믿음 때문이었다.

전족에 담긴 사연

 옛날 중국 여자들은 고관대작의 딸이건 농부의 딸이건 신분에 상관없이 어려서부터 발을 긴 천으로 싸매야 했다. 싸맨 모양이 몹시 뾰족하고 작아서 '연꽃 잎'이라 불리기도 했는데 이 전족을 하는 풍습은 수나라 때로 거슬러 올라간다.
 수나라 양제楊帝 양광楊廣은 중국의 봉건 통치자 중에서 가장 방탕한 황제였다. 기록에 따르면, 그는 운하에서 배를 타고 남방 지역을 유람할 때 뱃사공 대신 아리따운 어린 소녀들 백 명을 태워 노를 젓도록 시켰다고 한다. 그래서 신하들은 항상 각 지역을 돌아다니며 미인들을 선발해야 했다.
 운하 근처 한 마을에 대장장이인 오 씨가 살았다. 그의 딸 오월랑吳月娘은 미모나 품성이 출중할 뿐만 아니라 매우 총명했다. 이 부녀는 대장장이 일로 근근이 입에 풀칠할 정도로 찢어지게 가난했다. 여느 때와 마찬가지로 월랑이 아버지를 도와 집안일을 하고 있을 때 갑자기 하급 관리 몇 명과 흠차 대신이 집으로 쳐들어왔다. 흠차 대신은 월랑을 보자마자 마음에 쏙 들어 은 열 냥을 던져 주고 말했다.

"사흘 뒤에 다시 올 테니 예쁘게 치장하고 기다리거라."

흠차 대신이 대문을 나서자 월랑은 아버지 품으로 뛰어들어 소리내어 울었다. 양광의 패륜적인 행동은 누구나 다 알고 있던 바였다. 72명의 후궁도 모자라 지방에서 뽑아 올린 미녀만도 3,000명을 헤아릴 정도였다. 모두가 황궁에 갇힌 그의 노리개일 뿐이었다. 작년에 끌려갔던 월랑의 언니는 황제를 비난하다 혀가 잘리는 변을 당한 뒤 괴로움 속에 죽어 갔다. 월랑의 어머니는 애통하여 사흘 밤낮을 울부짖다 그만 세상을 뜨고 말았다. 월랑은 울면서 생각했다.

'저 극악무도한 황제는 이미 언니와 어머니를 죽음으로 몰아넣었어. 두 사람 복수도 아직 못 했는데, 나에게까지 이런 일이 닥치다니.'

이런 생각이 더해 갈수록 양광을 향한 원한이 더욱 가슴에 사무쳤다. 그녀는 한참 울다가 갑자기 울음을 뚝 그쳤다.

"아버지! 저는 이미 결심이 섰어요. 이번 기회에 저 못된 왕을 죽여 구천을 떠도는 어머니와 언니의 원한을 꼭 갚겠어요."

계획을 털어놓은 그녀는 아버지에게 주머니칼 한 자루를 만들어 달라고 했다. 대장장이는 딸의 비장함에 가슴이 울컥했다.

"오냐, 알겠다. 내 너에게 가장 예리한 칼을 만들어 주마."

그는 그날 밤을 꼬박 새워 칼을 만들어 다음 날 아침 그녀에게 건네주었다.

칼을 손에 쥔 월랑은 뜨거운 눈물이 북받쳐 올랐다.

"월랑아, 왜 눈물을 흘리느냐? 죽는 게 두려운 게냐?"

월랑이 땅에 꿇어앉았다.

"아버지, 백성들을 위해서라면, 그리고 어머니와 언니의 원한을 갚기 위해서라면 칼산을 오른다고 해도 조금도 무섭지 않아요. 하지만 아버지가 걱정돼요. 일이 성공하건 못하건 간에 아버지에게 화가 미칠 수 있으니까요."

대장장이는 딸의 말에 연신 고개를 끄덕이다가 월랑을 일으켜 세웠다.

"얘야, 강철이 있으면 칼을 만들라는 속담도 있지 않으냐? 저 극악무도하고 잔혹한 왕을 죽이겠다는 것은 정의롭고 용감한 일이거늘 어찌 이 애비 때문에 마음이 흔들리느냐?"

그는 월랑에게서 칼을 받아 들었다.

"내가 먼저 이 칼이 얼마나 예리한지 살펴봐 주마."

그러고는 순식간에 자신의 목을 그었다. 월랑은 놀라 고함을 지르며 피투성이가 된 아버지 시신 위로 쓰러졌다.

사흘 뒤, 월랑은 칼을 자신의 발바닥에 숨겼다. 운하에 떠 있는 배는 용과 봉황 모습이 새겨져 화려한 위용을 자랑했다. 배 한가운데에 양광이 문무 대신과 궁녀들의 호위를 받으며 의기양양하게 앉아 있었다. 배가 떠날 채비를 하자 해안 양쪽에서 치는 징과 북소리에 하늘이 진동할 지경이었다. 강가에 길게 늘어선 소녀들은 활짝 핀 꽃처럼 아름다웠다.

"남자가 잘생겨 보이려면 검은 옷을 입고, 여자가 예뻐 보이려면 상복을 입는다."는 말처럼 흰색 치마에 흰색 신발, 머리에는 흰 비단 끈을 매고 어깨에 흰 띠를 두른 월랑은 눈에 확 띄었다. 양광은 그녀를 보자마자 반해 배로 올라올 것을 명했다.

흠차 대신은 양광의 말이 떨어지기 무섭게 그 앞에 꿇어앉아 말했다.

"폐하! 저 흰 옷을 입은 아이는 오월랑이라고 하온데, 그녀의 부친이 얼마 전에 죽어 상복을 입고 있습니다. 그러니 저 아이는 폐하를 뵐 수 없습니다."

양광은 침울한 표정을 지었다.

"짐이 황궁을 빠져나와서는 흉사를 피해야 하거늘, 자네도 그것을 알고 있을진대 어찌 하여 그녀를 선발해 온 것이냐?"

흠차 대신이 연신 고개를 조아렸다.

"폐하, 오월랑의 미모가 워낙 출중하여 소신이 선발하였습니다. 통촉하여 주십시오."

"흠……, 그녀의 미모가 저리도 뛰어난 데다 짐이 바로 천자인데 어찌 상복 따위를 무서워하겠느냐? 그녀를 만나 보겠다."

오월랑은 몸수색을 받은 뒤 배에 올랐다. 월랑이 배에 오르자 그 모습이 미풍에 흔들리는 버들개지 같았다. 눈물을 머금은 그녀의 얼굴은 서리 내린 연꽃같이 아름다웠다. 양광은 그녀의 모습에 완전히 넋을 잃었다. 흠차는 양광이 마음에 들어 하는 것을 보고 다시 양광 앞에 꿇어앉아 말했다.

"폐하! 오월랑의 발을 보십시오. 천으로 발을 감싼 모습이 연꽃잎 같습니다."

양광이 그 말을 듣고 보니 더욱 월랑의 미모가 마음에 들었다. 두 눈을 둥그렇게 뜬 채 그녀의 발을 쳐다보고 물었다.

"너는 왜 발을 천으로 감쌌느냐?"

월랑은 당황하지 않고 대답했다.

"소녀가 어찌 감히 황제 폐하를 속이겠습니까? 소녀는 본디 왕모요王母瑤 연못의 연화 선녀였으나 현세에 인간으로 환생했습니다. 그러니 이 연꽃 잎 같은 발로 연꽃 잎 자국을 남기는 것이야 당연하지요."

 양광은 그녀의 말을 듣고 활짝 웃었다.

 "네가 연화 선녀였구나. 어쩐지 다른 여인들보다 훨씬 아름답더구나. 얼른 발의 천을 풀어 보거라. 네 그 연꽃 잎 같은 발이 보고 싶구나."

 양광이 월랑의 발을 어루만졌다.

 월랑은 가까스로 분노를 참으며 뒤로 몇 발 물러났다.

 '이제야 기회가 왔어. 하지만 이렇게 사람이 많으니 어떻게 손을 쓰지?'

 그녀는 주위 사람들을 휙 둘러보고 난 뒤 고개를 숙였다. 사람들을 뒤로 물러서게 해 달라는 무언의 의사 표시였다.

 양광은 그녀의 속내를 알아차리고 즉시 사람들을 뒤로 물러서게 했다. 하지만 이런 미인을 선발한 공로가 있다고 스스로 생각한 흠차 대신만은 그 뒤에 숨어서 훔쳐볼 심산으로 그대로 있었다.

 '과연 폐하가 그녀에게 무어라 말씀하실까? 나에게도 상을 내리시겠지?'

 월랑은 뱃머리에 양광 혼자만 남은 것을 보고 몸을 돌려 발의 천을 벗기고 발 아래 숨겨 둔 칼을 손에 쥐었다. 크게 심호흡을 한 번 하고 몸을 돌려 양광의 가슴을 향해 달려갔다. 양광이 놀라 날카로운 외마디를 지르며 몸을 비틀자 칼은 그만 그의 어깨에 박히고 말았다. 오월랑은 다시 양광을 찌르려다가 그의 비명소리를 듣고 달려온 흠차 대신의 얼굴을 먼저 가격했다. 그는 고통으로 얼굴을 감싸 쥐며 바닥에 나뒹굴었다. 순간 아수라장이 된 배 위로 사람들이 달려와 월랑을 붙잡았다. 월랑은 계획한 일이 실패하고 적들의 손에 붙잡히자 도도히 흘러가는 운하로 몸을 던졌다.

이 사건 이후로 양광은 미인을 뽑을 때 아무리 얼굴이 아름답다 하더라도 발을 천으로 싼 여인은 선택하지 않았다. 그 뒤로 천하의 모든 여인들은 양광에게 선택되지 않기 위해서 하나 둘 발에 천을 감싸기 시작했다. 그리고 세월이 지나면서 풍습으로 자리 잡았지만 결국 악습이었기 때문에 사회의 진보에 발맞추어 사라졌다.

온돌은 어디서 온 것일까?

중국인 중 북방인들은 온돌방에서 자는 풍습이 있다.

기원전 10세기 즈음인 서주西周 시대에 사람들은 모두 차가운 석판 위에서 생활했다. 그 위에는 풀이나 나무 껍질, 또는 짐승의 가죽을 깔았다. 그 당시엔 온돌이 무엇인지 몰랐다. 주의 무왕도 일국의 왕이긴 했지만 석판 위에서 잘 수밖에 없었다. 석판 위에 짐승의 가죽 한두 장을 깔아 보았지만 밤에는 추워서 온몸이 덜덜 떨렸다. 그는 대신들을 모아 놓고 석판을 데울 수 있는 방법을 물었지만, 누구 하나 기발한 생각을 떠올리지 못했다.

어느 날 무왕의 동생인 주공周公 희단姬旦이 농촌을 순시하던 길에 예순 정도 되어 보이는 농부가 마침 흙 구덩이 안에 불을 피우는 모습을 보았다. 주공은 호기심에 흙 구덩이 속으로 걸어 들어가 보았다. 농부는 그리 깊지 않은 구덩이 위에 평평한 석판을 놓고 불로 데우는 중이었다. 주공은 혼잣말로 속삭였다.

'저 노인, 장작불로 불을 지펴 밥을 하진 않고 흙 구덩이 속에서

불을 피워 뭘 하겠다는 거지?'

그는 냉소를 보내며 당장 자리를 떴다. 한두 발 뗐을까? 노인의 목소리가 들렸다.

"사람들은 모두 주공이 백성들을 인으로 다스린다고 하던데, 내 눈에는 오히려 사람을 모욕하는 군주의 모습만 보이는구먼."

그의 말을 듣고 머릿속이 멍해졌던 주공은 곧 화가 났다. 그러나 형 무왕이 항상 자신에게 당부했던 "민심은 오랑캐보다도 더 무섭다."는 말이 떠올라 냉정을 되찾아 노인에게 물었다.

"어떻게 부르면 되겠소이까?"

노인은 자기 소개를 했다.

"마을 사람들이 모두 저를 온돌 노인이라고 부르지요."

주공은 의아해 다시 물었다.

"왜 당신을 온돌 노인이라고 부르는 게요?"

노인은 자신의 본명은 희이숙(姬利叔)이라고 밝혔다. 어려서부터 차가운 석판 위에서 잠을 자니 온몸이 으슬으슬 춥고 아팠다고 했다. 그래서 궁리 끝에 구덩이를 파고 그 속에 불을 피워 석판을 데우니, 남은 온기 덕분에 밤에 잘 때 몸이 따뜻해져 대단히 편안하다고 말했다. 이 비법은 금방 퍼져 나가 마을 사람들은 너나 할 것 없이 모두 그의 방법대로 하고 있다고 넌지시 자랑까지 했다. 주공은 크게 놀랐다.

'주무시는 일로 형님이 골머리를 썩으셨고 대신들도 적절한 방법을 생각해 내지 못했는데, 민간에서는 이미 이런 방법을 알고 있었다니!'

주공은 당장 희이숙을 궁궐로 데려가 무왕을 만나게 했다. 무왕은 흡족해하며 희이숙에게 궁궐 안에 구덩이를 파고 온돌을 만들라고 주문했다. 온돌이 완공된 뒤, 희이숙이 무왕께 아뢰었다.

"폐하, 석판은 수리가 가능할 뿐 아니라 불을 땔수록 더욱 따뜻해져 좋습니다. 온돌 위에 삼베나 동물 가죽을 깔아 놓으면 따뜻함을 계속 유지할 수 있어 더욱 좋습니다."

온돌 위에 눕자 과연 그 온기로 숙면을 취할 수 있었다.

희이숙은 계속 궁궐에 머물며 온돌을 개량했다. 몇 개월 뒤 땅을 깊이 파 만든 온돌 대신 평지보다 더 높은 온돌로 개조하여 온돌 아래에 불 지피는 구멍을 만들고, 이것을 아궁이라고 불렀다. 또 아궁이 속에 연기가 나가는 길을 만들고 밖으로 연기가 배출되는 굴뚝도 만들었다. 무왕은 온돌을 만든 희이숙의 공로를 치하했다.

"자네의 공로를 인정해 이제부터 자네를 온돌 신으로 봉하겠네."

이때부터 온돌에서 자는 습관이 보편화되었다. 진나라가 들어서면서 석판으로 만든 온돌 외에 벽돌로 만든 온돌이 나와 지금까지도 계속 사용된다.

글자 '囍'의 유래

민간에서는 경축할 일이 있을 때 종이를 자르거나 글씨로 쓴 '囍(희)'란 글자를 장식으로 자주 사용한다. '囍'는 기쁘다는 '喜(희)'와 같은 의미인데, 이 글자를 두 번이나 쓴 이유가 무엇일까? 기록에 따르면 이 풍습은 북송 시대의 재상 왕안석王安石과 연관이 있다.

왕안석은 젊은 시절 과거 시험을 보기 위해 경성의 외숙부 집에서 머물렀다. 그는 근처 길가에서 우연히 대문 위 다락방에 주마등이 달려 있는 모습을 보았다. 그 주마등에는 시가 적혀 있었다.

달리는 말 모양의 등, 등이 말을 달리게 하네.
하지만 등불이 꺼지자 말도 멈추네.

"좋은 글귀로군, 참 좋은 글귀야."
마침 그 시에 알맞은 다음 구를 생각하고 있는데, 그 집에서 한 노인이 나와 그를 붙잡으며 말했다.

"저 문구가 좋다고 감탄하는 말을 들었네. 잠시 시간을 내 준다면 내 즉시 대감님께 여쭈어 주겠네."

사연인즉 그 글귀는 마 대감이 무남독녀의 남편감을 찾기 위해 내걸었는데, 반년 동안 아무도 그 다음 구를 완성하지 못해 아직도 사윗감을 찾는 중이라고 했다. 왕안석은 다음 날 과거 시험을 보아야 했기 때문에, 노인이 마 대감께 여쭙고 나오는 것을 기다리지 못하고 그냥 집으로 돌아왔다.

이튿날 왕안석은 과제가 출제되자마자 답안지를 채워 나갔다. 시험관은 그의 탁월한 재능을 한눈에 알아보고 그에게 따로 면접을 청했다. 시험관은 대청 앞의 비호기를 가리키며 읊었다.

"나는 호랑이를 그린 기, 기가 호랑이를 날게 하네. 그러나 기가 걷히자 호랑이도 숨었네."

말을 마치고 왕안석에게 그 다음 구를 짓도록 명령했다.

왕안석은 그의 말을 듣고 순간 마음속이 환하게 밝아졌다.

'저 구는 마 대감 집에 걸려 있던 '달리는 말 모양의 등, 등이 말을 달리게 하네. 하지만 등불이 꺼지자 말도 멈추네.' 와 딱 어울리는 구잖아!'

그래서 즉석에서 줄줄 읊었다.

"달리는 말 모양의 등, 등이 말을 달리게 하네. 하지만 등불이 꺼지자 말도 멈추네."

시험관은 그의 창작력과 순발력이 남다를 뿐만 아니라 대답까지 시원스럽자 그가 무척 마음에 들었다.

시험이 끝나고 왕안석이 외숙부 집으로 들어서자마자 어제 마주쳤던 노인이 다짜고짜 그를 데려갔다.

마 대감은 왕안석에게 예를 차린 뒤 하인에게 문방사우를 내오도록 했다. 왕안석은 붓을 휘갈기며 써 내려갔다.

　나는 호랑이를 그린 기, 기가 호랑이를 날게 하네.
　그러나 기가 걷히자 호랑이도 숨었네.

　마 대감은 그의 깔끔한 문장력을 보고 대단히 흡족해하며 그에게 사위가 되어 달라고 요청했다.
　왕안석은 집으로 돌아와 외숙부와 상의했다. 외숙부는 마 대감의 딸이 학식과 교양을 갖춘 데다 예절과 미모까지 겸비했음을 알았기 때문에 적극 찬성했다.
　결혼식을 치르고 신방에 든 뒤 신부가 웃으며 말했다.
　"서방님의 재능과 학식을 보건대 이번 과거 시험에서 틀림없이 급제하실 겁니다."
　왕안석이 아내와 행복한 시간을 보낼 때 갑자기 두 관리가 들이닥쳤다.
　"왕 대인, 대인의 관운이 빛을 발해 드디어 과거에 급제하셨습니다. 내일 황제께서 베푸는 연회에 참석하시라는 전갈입니다."
　축포가 터지고 축하 연주 소리에 온 동네가 떠들썩했다. 왕안석은 겹경사에 입을 다물지 못했다. 마 대감도 뜻밖의 기쁨에 다시 한 번 잔치를 벌이도록 분부했다. 술자리에서 왕안석은 매우 기쁜 나머지 붓을 들어 붉은 종이 위에 아주 크게 '囍' 자를 겹쳐 써서 대문 앞에 붙였다.
　이때부터 '囍' 자가 세상에 퍼지기 시작해 지금은 좋은 일이나 축하할 일을 나타내는 표시가 되었다.

신부를 맞이할 때 폭죽을 터트리는 이유

옛날 도원강桃源江 근처에 사는 한 젊은이가 신부를 맞이해 집으로 데리고 왔다. 그런데 자신이 신부라고 주장하는 또 다른 신부가 부뚜막 위에 앉아 있는 게 아닌가? 순식간에 똑같은 얼굴의 신부가 두 명이나 생기고 말았다.

가족들이 누가 진짜 신부인지를 묻자 둘 다 서로 자기라고 주장해 신랑과 가족들은 어찌 할 바를 몰랐다. 진실을 밝히기 위해 어쩔 수 없이 관아에 이 사실을 고했다.

현령인 동회童妴는 진술을 듣고 난 뒤 즉시 신랑 집으로 사람을 보내 두 신부를 관아로 불러들였다.

"너희 중 도대체 누가 진짜 신부냐?"

신부 둘 다 질문을 듣자마자 이구동성으로 대답했다.

"제가 진짜 신부이옵니다."

동회가 웃으며 말했다.

"그럴 리가 없다. 너희 중 분명 한 명은 진짜이고 한 명은 가짜

야. 기왕 이렇게 된 이상 가짜는 인정하고 싶지 않겠지만, 본 현령은 분명한 차이점을 알 수 있다."

그는 자리에서 일어나 손가락으로 문 밖을 가리키며 말했다.

"저 밖에 서 있는 나무 꼭대기까지 올라갈 수 있는 사람이 진짜 신부이고, 올라가지 못하는 쪽이 가짜 신부이다. 알겠느냐?"

신부 둘이 동회의 손가락이 가리키는 쪽을 쳐다보았다. 그곳에 높이가 10미터쯤 되는 고목 한 그루가 서 있었다.

동회는 두 신부를 데리고 나가 고목 앞에 섰다. 그리고 먼저 자기 왼쪽에 서 있던 신부에게 나무를 타라고 명령했다. 그 신부는 무척 애를 쓰긴 했지만 결국 오르지 못했다. 동회는 오른쪽에 서 있던 신부에게 나무를 타라고 명령했다. 그러자 신부는 두 손으로 나무 몸통을 꽉 잡고 한 발 한 발 오르기 시작하더니 순식간에 나무 꼭대기까지 올라갔다.

동회는 하하하 웃으며 나무 꼭대기 위의 신부에게 소리쳤다.

"신부 아가씨, 하마터면 내가 네게 놀림을 당할 뻔했다. 사실대로 말해 보아라. 너는 도대체 누구냐? 어떤 요괴가 변신한 것이냐?"

그의 말을 듣고 나무 위에 있던 신부는 주르륵 하고 땅으로 미끄러져 내려와 동회 앞에 꿇어앉았다.

"나리, 억울합니다. 제가 진짜 신부입니다."

동회는 신부가 인정하려 들지 않자 쓴웃음을 지었다.

"네가 인정하려 들지 않으니 화형에 처할 수밖에."

그러곤 손을 까딱거렸다.

"여봐라, 장작과 성냥을 대령하라!"

장작과 성냥을 든 병사들이 질서 정연하게 신부 주위에 둘러섰다. 분위기를 살핀 신부는 사실대로 말하지 않으면 죽을지도 모른다는 데에 생각이 미치자 순순히 자백했다.

알고 보니 신부로 가장한 것은 마침 길을 지나던 '줄머리 여우'였다. 두세 끼 굶은 상태에서 며칠 동안 걷다가 마을 어느 집에서 신부를 맞이한다는 소리를 듣고 신부로 변해 배만 채우고 곧 떠날 생각이었다고 했다. 그런데 부뚜막에 앉은 것도 잠시, 이런 송사에 휘말리고 말았다는 것이었다.

동회는 가짜 신부의 진술을 듣고 나서 말했다.

"감히 가짜가 진짜로 변해서 민심을 흉흉하게 하다니. 본 현령은 네 죄를 묻고 싶지만 사람들에게 해를 끼치지는 않은 점을 참작해 이번만은 용서해 주겠다. 그러니 앞으로 다시는 이런 죄를 저지르지 말거라!"

가짜 신부는 자기 죄를 용서해 준다는 말에 한 바퀴 굴러 줄머리 여우로 변신한 뒤, 동회에게 세 번 큰절을 하고 걸음아 날 살려라 도망쳤다.

동회는 사건 해결 뒤 신랑을 불러 신부를 데려가도록 하고, 포졸들을 시켜 대포를 세 번 쏘게 하여 사악한 기운을 없애고 결혼식도 축하해 주었다.

그 뒤로 신부를 맞이할 때마다 사람들은 대포 대신 폭죽을 터트려 사악한 기운을 없애고 결혼식을 축복해 주었다.

신방을 엿보는 풍습

기록에 따르면 청 건륭(乾隆) 연간은 국가가 태평하고 백성들의 생활이 안정된 시기여서 그야말로 태평성대였다. 건륭 황제는 흥취가 일면 강남을 유람하기도 했는데, 하루는 평복을 하고 작은 도시로 여행을 떠났다. 마을로 들어서자마자 갑자기 시끌벅적한 소리가 들렸다. 신부를 데려가는 행렬이었다. 가마를 들고 짐을 짊어진 모습들이 무척이나 들떠 보였다. 그러다 그는 화들짝 놀랐다.

'이런, 오늘같이 불길한 날에 저 집은 무슨 까닭으로 이날을 택해 신부를 맞이하는 걸까?'

그는 눈을 크게 뜨고 찬찬히 살펴보았다. 신랑이 앉아 있는 가마 뒤로 상복 악귀, 까마귀 악귀, 쌍귀 악귀, 관 악귀, 칠성 악귀, 오상 악귀, 혈광 악귀의 기운을 느낄 수 있었다.

'아무래도 이상하군. 내가 따라가 봐야겠어.'

건륭 황제는 신부 측 사람들과 함께 신랑 집에 도착했다. 한눈에 봐도 생활이 어려운 집이었다. 건륭 황제는 붉은 종이에 돈을 싸서

축의금으로 내고 축하하러 온 사람들과 함께 대청마루에 앉았다. 잔치가 시작되자 이웃들은 그가 먼 곳에서 온 손님이라 생각해 그에게 상석을 권했다. 술이 여러 번 돌아가고 자리를 파할 때가 되었지만, 건륭 황제는 일곱 악귀가 여전히 신방 근처에서 왔다 갔다 하는 기운을 느낄 수 있었다.

'저 일곱 악귀를 몰아내야 하는데……. 무슨 수를 써야겠어.'

건륭 황제가 말했다.

"여러분, 우리 고향에서는 잔치가 끝난 뒤에도 신방에 가서 부부를 즐겁게 해 주는 관습이 있습니다."

이 말을 들은 사람들이 어떻게 하면 그들을 즐겁게 해 줄 수 있는지를 물었다.

"신방에 탁자 두 개를 놓고 그 위에 술과 땅콩, 사탕 등을 놓아두면 신랑과 신부가 우리에게 들어와서 먹으라고 합니다."

모두 그의 말에 대찬성이었다. 그래서 신방에 탁자와 음식을 들여놓았다. 모두 자리에 앉자 건륭 황제가 말했다.

"결혼이란 것은 사흘 동안 어른 아이 막론하고 모두가 즐겁게 놀아야지요."

그의 말이 끝나기가 무섭게 사람들이 신랑에게 술을 따르기도 하고 신부에게 사탕을 권하기도 했다. 또 누군가는 신랑과 신부에게 노래도 주문했다. 이 잔치는 밤새도록 계속되었다. 이 때문에 일곱 악귀는 대문 앞에서 서성일 뿐 도저히 안으로 들어오지 못했다. 수탉이 새벽을 알리며 울어 대자 결혼식은 둘째 날로 접어들었다. 아침이 되어 신랑 신부를 잡아먹을 수 없게 되자 일곱 악귀는 어쩔 수 없이 주위를 살피다 돌아갔다. 건륭 황제는 일곱 악귀가 사라진 것을 알고서야 신랑과 신부만 남기고 신방을 나왔다.

날이 완전히 밝았을 때, 건륭 황제가 신랑에게 물었다.

"자네, 결혼하는 날을 당연히 길일로 택하고 싶었겠지?"

"예."

"그렇다면 왜 이런 재수 없는 날을 혼인날로 정했나?"

"저희도 모르겠습니다. 점쟁이가 이날로 정해 주었습죠."

건륭 황제는 그 점쟁이를 찾아가 물었다.

"길일도 많은데, 어쩌자고 이런 재수 없는 날을 선택해 주었느냐?"

점쟁이가 말했다.

"재수가 없는 날인 것은 사실입니다만, 분명 신랑이 복이 있어 귀인이 등장해 그 꼬임을 풀어 준다는 점괘가 나와 그날로 택했습니다."

건륭 황제는 이 점쟁이의 점괘가 참으로 영험함을 알고 그에게 은 몇 냥을 쥐어 주었다.

그 뒤 건륭 황제가 신방을 찾아가 사악한 기를 없애 주었다는 소문이 퍼져 나갔다. 이때부터 사람들은 신랑과 신부의 안녕을 빌기 위해 신혼부부가 신방의 촛불을 켤 때 신방으로 들어가 한바탕 놀고 나왔는데, 이 습관이 지금까지 남아 있다.

사람이 죽고 난 뒤
붉은 천으로 얼굴을 덮는 이유

　춘추 전국 시대는 오나라와 월나라가 패권을 잡기 위해 으르렁대던 시기였다. 오나라 왕 부차夫差는 날마다 주색에 빠져 나랏일은 거들떠도 보지 않다가 신선 놀음에 도끼 자루 썩는 줄 모르듯 결국 패망을 맞고 말았다.

　월나라 병사들이 오나라를 공격한 그날, 부차는 마침 관왜궁館娃宮 산정 정원에서 뱃놀이를 즐기고 있었다. 때는 바야흐로 한여름이라 산 정상에 조성해 놓은 완화지玩花池 역시 빠짝 말라 버렸다. 그러나 서시西施는 산 정상에서 뱃놀이하기를 간절히 원했다. 부차는 그녀의 환심을 사기 위해 결국 군대를 동원해 산 정상의 정원에 배를 옮겨 놓고 서시를 비롯한 궁녀들을 배에 태웠다. 정원 가득 콩을 깔아 놓고 그 위에서 군사들이 배를 앞뒤로 움직여서 가뭄에도 뱃놀이를 하고 싶어 한 서시의 바람을 달래 주었다.

　그때 갑작스런 전갈이 도착했다. 월나라 군사들이 이미 두 패로 나뉘어 관왜궁을 향해 올라온다는 내용이었다. 부차는 전갈을 받고 혼비백산해 어쩔 줄을 몰랐다. 상대국 월나라를 지나치게 얕잡아 본 것을 후회했지만 이미 엎질러진 물이었다. 급히 무장을 갖추긴 했지만 이미 때는 너무 늦었다. 속수무책이던 오나라 군대는 그렇게 허무하게 패배하고 말았다. 월나라 대부인 범려(范蠡)가 그를 죽이겠다고 앞장서서 올라왔다.

부차는 자신을 보위하던 장군이 죽고 패배를 인정해야 할 때가 오자 삼십육계 줄행랑이 최고의 방법이라고 생각했다. 그는 황급히 서시를 찾았지만 그녀는 이미 혼란스러운 틈을 타 몸을 숨긴 뒤였다. 부차는 그제야 월나라의 미인계에 넘어간 자신의 어리석음을 깨달았다. 땅을 치면서 후회했지만 부끄러워 차마 입을 열 수조차 없었다.

'아첨에 넘어가 오자서(伍子胥)를 죽음으로 몰아넣고 말다니. 이제 와서 후회해도 소용없지. 미인의 계략에 빠져 음탕 무도한 생활을 했고 그 때문에 적에 대한 경계심도 늦춰 버렸어. 그 위풍당당했던 오나라가 한 여자의 손에 이렇게 끊어질 줄이야. 정말 부끄럽기 짝이 없군.'

부차의 눈에서 통한의 눈물이 흘러내렸다. 그는 하늘을 올려다보며 한숨을 내쉰 뒤 칼을 꺼내 들었다.

"내가 죽고 나면 이 붉은 천을 내 얼굴 위에 덮어라. 첫째는 월나라 병사들이 관왜궁을 침탈하는 걸 차마 볼 수 없기 때문이고, 둘째는 오나라 백성들과 월나라의 범려를 대할 면목이 없기 때문이다."

이 말을 남기고 그는 스스로 목을 베어 두 눈을 부릅뜬 채 죽음을 맞이했다. 부차가 땅에 쓰러지자 부하가 유언을 받들어 붉은 천을 그의 얼굴에 덮어 주었다. 뒷날 사람들도 붉은 천으로 죽은 시신의 얼굴을 덮어 주었고 이 풍습이 계속 이어졌다.

손님에게 물고기 등 부위를 내주지 않는 이유

물고기는 등 부위가 가장 살이 많다. 그렇다면 잔치를 열어 손님을 초청했을 때 등 부위가 손님 쪽을 향하게 해야겠지만, 오히려 배 부위를 손님 쪽으로 둔다. 바로 손님에게는 물고기 등 부위를 내어주지 않는다는 민간 예절과 관련이 있기 때문이다.

춘추 전국 시대에 오나라의 희료姬僚가 왕위를 빼앗았는데 역사에서는 그를 왕료王僚라고 부른다. 그는 자신의 친척 희광姬光이 왕위를 다시 빼앗을까 봐 늘 불안해했다. 그래서 기회를 잡아 그를 처치할 계략을 꾸몄다. 그러나 희광 또한 그의 꿍꿍이를 파악하고 있었다. 겉으로는 그에게 깊은 존경과 충성심을 보였지만, 속으로는 왕료를 죽이고 자신이 왕위를 차지할 계략을 꾸몄다.

희광은 왕료의 두 동생과 아들이 초나라와의 전투를 위해 궁을 떠나는 날을 거사일로 잡아 왕료를 자기 관저로 초청해 생선 요리를 대접하기로 했다. 희광은 미리 요리사 전제傳諸를 포섭하여 음모에 동참토록 한 뒤 단검을 생선 배 속에 숨기게 했다. 전제는 생선

담은 접시를 내놓을 때, 왕료가 생선 배 속에 담긴 비밀을 눈치 채지 못하도록 생선 등 부분이 왕료 쪽으로 향하도록 놓았다. 드디어 왕료가 젓가락을 들고 고기를 한 점 집으려 할 때, 전제가 황급히 생선 배 속에 숨겨 놓은 단검을 꺼내 힘껏 왕료의 심장을 찔렀다. 왕료는 그 자리에서 숨을 거두었다.

이 일이 있고 난 뒤부터 손님을 초청해 생선 요리를 대접할 때에는 반드시 생선의 배 부분이 손님을 향하게 두어 진정한 우의를 표시했다.

천안문의 돌사자

　북경 천안문의 금수교金水橋 남쪽에는 돌사자 두 마리가 서 있다. 자세히 보면 이 돌사자 상 배에 긁힌 상처가 나 있다. 사연은 이자성李自成이 북경에 입성했을 때로 거슬러 올라간다.

　이자성의 농민 반란군은 섬서성陝西省 연안에서부터 파죽지세로 명의 무수한 도시들을 무너뜨렸다. 그들은 숭정 17년 3월 19일, 북경성을 함락했다. 명나라의 마지막 황제 숭정崇禎은 바로 그날 홰나무에 목을 매달아 자살했다. 당시 성을 지키고 있던 대신들이라곤 환관들뿐이었다. 그들에게 방어할 힘이 있을 리가 없었다. 이자성의 병사들이 성을 함락하자 환관들은 급히 광안문廣安門을 열고 이자성을 맞이했다. 광안문으로 들어온 이자성 일행은 곧바로 정문에 도착했지만, 정문을 지키던 이국정李國禎 장군은 문을 열려고 하지 않았다. 양쪽 사이에 한바탕 큰 전투가 벌어지자 명나라 군대가 그들의 적수가 되지 못함을 눈치 챈 이국정은 혼자 줄행랑을 쳤다.

　성을 지키던 나머지 군사들은 성문을 열어 주고 이자성을 맞이했다. 이자성이 앞장서서 병사들을 이끌고 정문으로 들어와서 기반길 棋盤街을 지나 대명문[1]으로 들어갔다. 그는 저 멀리 문이 다섯 개 있는 웅장한 성문을 바라보았다.

승상 우금성牛金星이 말했다.

"보십시오. 저것이 바로 명 왕조의 승천문[2]입니다. 명 왕조가 백성들을 핍박하는 구실로 삼았던 그 '큰 뜻'이란 게 바로 이것을 세우기 위함이었지요."

이자성은 원래 명 황제를 증오했는데, 승상의 말을 듣고 보니 더욱 화가 나 콧방귀를 뀌고는 청동 활에 수리 깃털을 단 화살을 재워 앞으로 나아갔다. 승천문에서 그리 멀지 않은 거리였다. 그는 성문 위에 적혀 있는 '승천지문承天之門'이란 네 글자를 흘끗 보고는 바로 활 시위를 당겼다. 활은 승천지문 중 '천' 자 위에 바로 꽂혔다. 이자성의 행동에 고무된 기병들이 외쳤다.

"만세! 만세!"

만세 소리는 투항한 명나라 병사들을 더욱 벌벌 떨게 했다.

이자성은 청동 활을 메고 단철로 만든 창을 든 채 말고삐를 당겨 승천문을 향해 다가갔다. 가까이 다가가 보니 승천문 동쪽과 서쪽에 백옥 돌사자 상이 각각 두 마리씩 서 있었다. 이 돌사자 네 마리는 아주 정교하게 조각되어 있었다. 동쪽의 두 마리는 오른쪽 발톱 아래 공 모양 장식이 있고, 머리를 약간 동쪽으로 비튼 상태에서 눈은 왼쪽을 바라보고 있었다. 서쪽의 두 마리는 왼쪽 발톱으로 새끼 사자를 밟은 채 머리는 왼쪽을 향하고 있지만 눈은 동쪽을 바라봐, 마치 중간에 난 이 길을 주시하는 것 같았다.

이자성이 승상과 여러 장군들 앞을 걸으면서 돌 조각상을 감상하는데, 갑자기 한 병사가 소리를 냅다 질렀다.

"조심하십시오. 사자가 움직입니다."

"말도 안 되는 소리! 돌사자가 어떻게 움직일 수 있단 말이냐?"

버럭 화를 냈지만 사실 일찌감치 이 사자들의 동태를 예의 주시하고 있던 이자성도 말이 끝나기 무섭게 창을 곧추 세워 돌사자 상을 향해 말을 달려 배 부위를 푹 찔렀다. 땅 하는 소리와 함께 사자 상에서 불똥이 튀었다. 이때 어떤 그림자가 서쪽 돌사자 상 뒤쪽으로 번개처럼 사라지는 모습이 보였다. 병사들이 다시 소리쳤다.

"조심하십시오. 뒤에 적이 있습니다."

이자성도 서쪽 돌사자 뒤쪽으로 명나라 장군이 숨는 것을 눈치챘지만 모르는 척하면서 장군들을 향해 손을 흔들었고, 장군들은 이자성의 계획이 무엇인지 알아챘다. 이자성이 창을 들고 서쪽 돌사자를 찌를 때 장군들은 이미 이 돌사자 주위를 에워쌌기 때문에, 뒤쪽에 숨어 있던 명나라 장군을 생포할 수 있었다. 그는 바로 얼마 전에 도망친 이국정이었다. 이 일로 이 돌사자 두 마리에 창에 찍힌 상처가 생겼다.

이자성은 승천문으로 입성했고, 그 뒤 명 왕조는 멸망했다.

●── 주

1   大明門. 청나라 때 대청문(大淸門)으로 개명되었고, 민국 때에는 중화문(中華門)으로 불렸다. 북경 자금성 정문 북쪽에 세워진 문으로 지금의 '인민영웅기념비'의 남쪽에 위치하다가 해방 이후 철거되었다.
2   承天門. 현재의 천안문(天安門)을 가리킨다.

태산 정상에는 왜 나무가 없을까?

태산 정상에는 나무가 없다. 먼 옛날에는 나무들이 울창했는데 어느 날 옥황상제가 다 뽑아 버렸다는 전설이 있다.

전설에 따르면, 태산의 산신인 태산부군의 딸 벽하원군과 그녀의 오라버니 옥황상제는 언제나 이 태산을 차지하고 싶어 했다. 그래서 두 사람은 '태산에 먼저 도착하는 사람이 태산을 갖자.'라고 약속했다. 옥황상제는 한걸음에 태산 정상에 도착했다. 그는 자신이 누이보다 먼저 도착했음을 증명하기 위해 독경할 때 사용하는 목어를 산 정상에 묻었다. 벽하원군은 그보다 늦게 도착했지만, 옥황상제가 이미 목어를 묻어 둔 것을 알고 자기 신발을 목어 아래에 넣고 다시 묻었다.

벽하원군은 옥황상제가 연신 싱글벙글하며 걸어오는 것을 보았다.
"누이야, 너 늦었구나. 이 땅은 이제 내 것이다."
벽하원군이 말했다.
"오라버니, 이제야 오셨군요. 그런데 무슨 말씀이세요. 이 땅은 바로 제 것이에요."

"내가 먼저 이곳에 도착했어. 여기에 묻어 놓은 목어가 증명해 줄 거다."

그가 땅을 파서 목어를 꺼내 보이자 벽하원군이 말했다.

"오라버니, 그 밑을 더 파 보세요. 뭐가 보이시나요?"

옥황상제가 그 밑을 파 보자 아니나 다를까 누이의 신발이 나왔다. 옥황상제는 어찌 된 영문인지 알 수가 없었다.

벽하원군이 말했다.

"제 신발이 아래에 있으니, 제가 먼저 왔다는 증거겠죠? 오라버니, 아직도 모르시겠어요?"

옥황상제는 도저히 결과를 달게 받아들일 수도 분한 마음을 삭일 수도 없었다.

"그래, 태산은 네 것이야. 그러나 산 정상의 나무들은 다 뽑아 버리고 태워 버려도 상관없겠지?"

말이 끝나기가 무섭게 그는 태산의 나무란 나무는 모조리 뽑아 버렸다.

벽하원군은 옥황상제가 이렇게 분별없는 인물이라고는 상상도 못했기 때문에 그의 행동에 실망한 나머지 한바탕 대성통곡을 했다. 그녀의 눈물은 지하수가 되어 그녀 곁에 있던 나무 한 그루를 촉촉이 적셔 주었다. 이 나무는 그녀의 눈물을 흡수한 덕에 다시 뿌리를 내리고 살아났기 때문에 '눈물나무'라고 불렸다.

그 뒤로도 태산 정상에는 벽하원군이 눈물로 살려 냈다는 눈물나무 한 그루가 오롯이 남아 있다.

소림사의 유래

중악숭산^{中岳崇山}의 지맥인 동쪽의 태실산^{太室山}과 서쪽의 소실산^{少室山}은 마치 쌍둥이 자매처럼 똑같은 모습으로 우뚝 솟아 있다.

전설에는 북위^{北魏} 효문제^{孝文帝}가 집권했던 어느 해 6월 6일, 서로 본 적 없는 세 사람이 각기 남쪽, 북쪽, 서쪽 세 방향의 길을 택해 산에 올라 소실산의 경관을 둘러보았다는 전설이 있다.

남쪽 산길을 따라 올라온 사람은 5척 정도의 키에 예순을 훌쩍 넘긴 음양가였다. 손에는 은 쟁반처럼 빛나는 거울을 넣은 봇짐을 들고 입으로는 '자축 인묘'를 연신 읊조렸다. 북쪽으로 난 길을 따라 올라온 사람은 7척 장신의 스님으로 허리춤에는 불가에서 쓰는 계도를 차고 목에는 염주를 걸고 있었다. 그는 연신 입으로 '나무아미타불'을 되뇌었다. 서쪽 길을 따라 올라온 사람은 수놓은 종이 부채를 든 마을의 부자였다. 사각형의 얼굴에 입이 크고 염소 수염이 난 그는 '부자 되게 해 주세요.'를 중얼거렸다.

세 사람이 연천봉^{連天峰} 정상에 도착했을 때 화창하던 날씨가 갑자기 변해 골짜기를 따라 바람이 쉴 새 없이 불어닥치고, 짙은 안개가 이리저리 날뛰는 야생마처럼 그들을 향해 점점 다가왔다. 그들 발밑까지 올라온 구름과 안개가 서로 뒤엉키자 마치 구름 속을 걷는 듯한 기분까지 들었다.

연천봉 정상에는 넓이가 3제곱미터쯤 되는, 북처럼 생긴 검푸른 색 바위가 있었다. 안개와 구름으로 뒤덮인 정상은 한 치 앞도 분간하기 어려운 상황이었기 때문에 세 사람은 서로의 존재를 알지 못한 채 등을 마주하고 바위에 앉아 쉬었다. 이내 저 구름 속 어디에선가 사람 목소리가 들려왔다.

그들이 소리가 들리는 쪽으로 고개를 들어 위를 바라보았더니 하늘 끝 구름 사이로 아름다운 고찰이 위용을 드러냈다. 붉은 벽에 황토색 기와, 주황색으로 수놓은 다리, 용마루에 걸려 있는 풍경의 아름다운 소리, 푸른 소나무와 잣나무 속에서 더욱 돋보이는 문 등 모든 것이 빼어나고 아름다웠다. 사찰 문 밖에는 돌사자 상 두 개가 예의 주시하며 절을 지키고 있고, 문 위에 걸린 편액에는 '죽림사竹林寺'라고 적혀 있었다. 동자승이 빗자루를 들고 노승에게 물었다.

"사부님, 죽림사가 승천을 했으니 천하에 남은 절이 있습니까?"

노승은 수염을 만지며 웃었다.

"있지, 있어! 하늘에 죽림사가 있으면 땅에는 소림사가 있지."

"소림사는 어디에 있습니까?"

노승은 오른손으로 구름 아래를 가리켰다.

"소실산의 북록北麓에 있지. 자, 보거라. 절 북쪽으로 우뚝 솟아 있는 오유봉五乳峰이 보이지? 그리고 그 남쪽에는 높고 험준한 구정연화산九鼎蓮花山이 있어. 절벽 아래로 서쪽에서 동쪽까지 기산旗山, 고산鼓山, 검산劍山, 인산印山, 종산鍾山 모두 다섯 개의 산이 서로 이어져 있단다. 그리고 이곳에서 흘러 내려가는 샘물은 소림사를 돌아 동쪽으로 빠져나가지."

"그렇군요. 그런데 스님, 소림사는 산의 남쪽에 위치해 있는데 어찌 음력 6월에도 눈이 녹지 않습니까?"

"그것이야말로 소림사의 진경이라고 할 수 있지 않겠느냐?"

하늘에서 나누는 대화는 바위에 앉아 있던 세 사람에게까지 똑똑히 들렸다. 그들이 노승이 가리킨 방향을 따라 아래를 내려다보니 소실산 북쪽 구름 아래로 과연 고층 사찰이 보일 듯 말 듯 했다. 애써 구름이 비껴간 곳을 보니 그 사찰의 문마다 편액이 걸려 있었다. 소림사, 천왕전, 대웅보전, 법당, 방장실, 달마정, 천불전 등등의 글자가 씌어 있는데, 크기가 놀라울 정도로 커 사람들 이목을 끌었다. 절 안팎은 소나무와 잣나무로 뒤덮였고, 주위의 대나무와 매화나무가 서로 자태를 뽐냈다. 세 사람은 그 경치에 매료되어 자기도 모르게 중얼거렸다.

"나무아미타불."

"자축 인묘."

"부자가 되게 해 주세요."

이 세 사람 말이 떨어지기가 무섭게 삽시간에 구름이 흩어지면서 소실산이 그들 눈앞에 드러났다. 그러나 수풀이 우거져 있어 조금 전에 봤던 그 소림사가 어디에 있는지 도저히 알 수가 없었다. 순식간에 일어난 일이 믿기지 않는지 세 사람은 멍하니 있다가 갑자기 뭔가가 생각난 듯 각자 올라왔던 길로 다시 산을 내려갔다.

세 사람은 산길을 내려오면서 하늘에서 들려온 대화를 떠올리며 깨닫는 바가 있긴 했지만, 반응이 똑같지는 않았다. 하늘로 승천한 죽림사 이야기는 이미 정확히 알고 있던 바였다. 그러나 소림사에 관한 이야기는 금시초문으로 오늘에야 신선들의 입을 통해 알게 되었다. 그리고 환영이긴 했지만 소림사의 모습도 어렴풋하게나마 볼 수 있었다.

음양가는 그곳이 탐났다.

'소림사가 나타났던 그곳은 영험한 땅임에 틀림없어. 선대의 묘를 그곳으로 옮기면 앞으로 가문에 훌륭한 자손들이 태어날 것이 분명해.'

부자도 그 땅을 자기 손에 넣고 싶었다.

'그 땅을 내 것으로 만들면 앞으로 재운이 형통해 매일 금은보화를 끌어 모을 수 있을 거야.'

스님도 그 땅의 영험한 기운을 느낄 수 있었다.

'만일 그곳에 절을 세운다면 앞으로 그 환영은 곧 사실이 돼.'

세 사람이 산을 내려왔을 때에는 이미 날이 저물어 내일 다시 가서 그 땅을 자기 것으로 만들 작정이었다.

스님은 한밤중에 잠에서 깬 뒤 아무리 애를 써도 다시 잠이 오지 않아 낮에 보았던 소실산 북록으로 갔다. 갑자기 별빛이 막 자라난 비취색 잣나무 두 그루의 모습을 비춰 주었다.

"그래, 바로 여기로 하자."

그는 신발을 벗어 잣나무 두 그루 사이에 구멍을 파 그 속에 묻어 두고 다시 산을 내려왔다.

음양가는 새벽닭이 울 때까지 기다렸다가 소실산 북록으로 갔다. 그는 우뚝 솟은 잣나무를 보고 이곳이 묘지 만들기에 딱 좋은 명당이라 생각하여, 자신의 지팡이를 잘라 잣나무 두 그루 사이에 깊숙이 박아 두고 산을 내려왔다.

부자는 해가 중천에 뜬 뒤에야 소실산 북록으로 향했다. 그는 잣나무 두 그루가 무성하게 자란 모습을 보고 이곳이 바로 자신에게 부를 가져다 줄 장소라며, 두 잣나무 사이에 꽂혀 있는 지팡이 위에 쓰고 있던 모자를 벗어 걸어 놓고 산을 내려왔다.

사흘이 지난 뒤 세 사람은 각자 일꾼들을 데리고 소실산 북록에 다시 모였다. 세 무리는 잣나무 두 그루가 심어져 있는 곳을 중심으로 공사를 시작했다. 그러나 결국 세 사람이 한 장소에서 마주치자 그 땅의 소유권을 주장하며 싸움이 점점 커졌다. 이 논쟁은 끝날 기미가 보이지 않았다.

마침 북위의 효문제가 중악산으로 유람을 와 있었다. 그는 산에서 싸움이 벌어졌다는 보고를 받고 문제의 세 사람을 불러들여 자초지종을 물었다. 세 사람은 모두 그 땅이 자기 소유라고 주장했고, 효문제는 그들에게 그것을 증명할 만한 물건이 있느냐고 물었다. 부자는 모자를, 음양가는 지팡이를, 그리고 스님은 신발을 바로 증거물이라고 주장했다. 효문제는 그들의 말을 듣고 잠시 생각에 잠긴 뒤 판결을 내렸다.

"모자는 지팡이에 걸려 있었으니 지팡이가 먼저 꽂혀 있었음을 증명해 주는 것이고, 지팡이는 신발 위에 꽂혀 있었으니 그렇다면 신발이 가장 먼저 묻혔다는 이치로구나."

음양가와 부자는 효문제의 판결이었기 때문에 더 이상 반론을 제기하지 못하고 풀이 죽은 채 돌아갔다.

효문제는 스님의 용모가 예사롭지 않음을 알아차리고 누구인지를 물었다. 그제야 스님은 자신이 바로 불경을 전하기 위해 3년 전에 중국에 온 인도의 고승 달마라고 밝혔다. 효문제는 스님의 말투나 태도에서 그가 불학에 박학하다는 것을 알고 곧 그를 신임했다. 효문제는 즉시 그 지역 관리들을 불러 모아 사원 건설을 돕도록 명했다.

절이 세워진 뒤 달마가 효문제에게 사원 이름을 하사해 달라고 부탁했다.

"이 산의 이름이 소실산이고 잣나무 두 그루가 수풀을 이룰 정도로 울창하니, 여기에 세운 절은 소림사라고 하세. 어떤가?"

현재 소림사의 건축 양식은 바로 달마가 안개 속에서 어렴풋이 본 '소림사'의 환영에 따라 건축되었다고 한다.

광주가 오양성이라고 불리는 까닭

광주廣州는 왜 오양성五羊城이라고 불릴까?

전설에 따르면 아주 오래전 남쪽 바닷가에 월족越族이 많이 이주해 살았다고 한다. 그들은 아주 오랜 세월에 걸쳐 황무지에 작은 마을을 이루어 살아 왔다. 그 마을의 이름은 남무성南武城이다. 그 마을 중간에 파산坡山이라고 하는 그리 높지 않은 산이 하나 있었다. 파산 아래 한 부자가 살았는데, 아버지는 예순 살, 아들은 채 열여섯도 안 된 소년이었다.

이 부자는 현재의 생활에 만족하며 살았다. 파산 아래 산기슭의 황무지를 개간하며 열심히 살던 어느 날, 마을 지주의 끄나풀들이 들이닥쳐 이 황무지는 지주의 것이니 합당한 세금을 납부하라며 협박했다. 그리고 만일 세금을 내지 못할 경우 관가로 끌려가서 감옥살이 할 줄 알라고 으름장까지 놓았다. 그해는 가뭄이 들어 쌀 한 톨 거두어들이지 못한 터라 그들도 며칠째 밥 구경을 못했으니 세금으로 낼 식량이 어디에 있겠는가.

아버지가 요즘 생활이 얼마나 힘든지 애걸복걸해도, 아들이 눈물을 흘리며 호소해도 지주의 끄나풀들은 들은 체도 하지 않고 아버지를 붙잡아 관가로 끌고 가 버렸다. 현령과 지주는 이미 한통속으로 백성들의 어려운 생활 따위는 아랑곳하지 않았다. 그들은 아들에게 사흘 안에 세금을 바치지 않으면 두 번 다시 아버지 얼굴을 볼 수 없을 거라고 협박했다.

하늘 아래 가족이라곤 아버지가 유일했으니 소년이 곡식을 구할 곳이 있을 리 만무했다. 그는 어쩔 수 없이 밤새도록 목 놓아 울었다. 울고 또 울다 보니 그의 울음소리가 저 하늘 위 신선들까지 감동시켰다. 신선들은 오색으로 수놓은 옷을 입고 오색 신양과 함께 소년 앞으로 내려왔다. 그중에서 가장 어린 신선이 메벼 한 다발을 건네주며 소년에게 말했다.

"얘야, 울지 마라. 네가 처한 어려운 상황을 우리도 알고 있단다."

나이 많은 다른 신선들도 보리, 기장 등 천상의 곡식들을 그에게 건네주었다. 그들 중 한 신선은 그에게 벼 이삭을 주었다.

"이 벼 이삭을 네게 주마. 땅에 심어 물을 적당히 주고 비료도 뿌려 주면 하룻밤 사이에 많은 식량을 거둘 수 있을 게다. 그럼 네 아버지 목숨도 건질 수 있을 테니 너무 걱정 마라."

말을 마친 그들은 다시 하늘나라로 돌아갔다.

소년은 눈물을 거두고 신선들이 말한 대로 곡식 종자들을 땅에 잘 심은 다음 물을 주고 비료를 뿌려 주었다. 하룻밤이 지나자 푸른 잎사귀가 돋아나더니 금빛 찬란한 벼 이삭이 맺혔다. 소년은 아버지를 살릴 수 있다는 생각에 가슴이 두근거렸다. 아침이 되어 소년은 수확한 곡식을 잘 싸서 관가로 메고 갔다. 현령은 붙잡혀 있는 아버지를 데려가기 위해 그의 아들이 곡식을 들고 왔다는 전갈을 받았지만 그 말을 믿지 않았다.

"어젯밤에도 쌀이 없어서 굶었다는 녀석이 오늘 무슨 수로 곡식을 들고 아버지를 찾아 가겠다는 게야?"

의심쩍어하며 밖으로 나가 보니 정말 거짓말처럼 포대 자루를 든 소년이 마당에 서 있었다. 그가 메고 온 포대 자루 속에 든 곡식도 윤기가 자르르 흐르는 최상급 쌀이었다. 그는 소년을 향해 호통쳤다.

"네 이놈! 어디서 이 귀한 것을 훔쳐 왔느냐? 여봐라! 저 녀석에게 곤장 80대를 쳐라!"

소년은 현령의 말에 겁을 먹고 어젯밤 신선들이 나타나 해 준 일을 하나도 빠짐없이 낱낱이 고했다. 그의 설명을 듣던 현령의 얼굴에 미소가 번졌다. 그는 곧 이들 부자를 석방해 주었다.

부자는 관가를 나선 뒤 한달음에 파산 아래 집으로 달려갔다. 아니나 다를까 다섯 신선이 줄지어 서서 바람을 쐬고 있었다. 두 부자는 그들에게 감사의 인사를 올리면서 말했다.

"도와주신 여러 신선 나리, 정말 감사합니다. 그렇지만 현령이 이미 쌀을 구한 방법을 알고 말았습니다. 그러니 빨리 이곳을 떠나십시오. 그러지 않으면 그 못된 현령한테 무슨 해를 입을지 모릅니다."

말이 채 끝나기도 전에 관가의 관원들이 마치 먹이를 찾는 승냥이처럼 그들을 포위했다. 대장으로 보이는 한 사람이 밧줄을 잡고 소리쳤다.

"저 요괴들을 잡아라!"

그들이 신선들을 덮치긴 했지만 순간 연기가 나면서 신선들은 온데간데없이 사라져 버렸다.

그때 저 멀리 초원에서 양 다섯 마리가 '음매에 음매에' 하면서 풀을 뜯고 있었다. 대장은 생각했다.

'저 양들은 분명 요괴들이 변한 게 틀림없어.'

관원들은 다시 뒤로 살금살금 다가가 양 다섯 마리를 포위했다. 그렇지만 아무리 덮치려고 해도 관원들의 가랑이 사이로 도망쳐 도저히 잡을 재간이 없었다. 양 다섯 마리가 산 반대 방향으로 내달렸고, 관원들도 절대 놓치지 않겠다는 듯 끝까지 추격했다. 결국 이들은 주강株江 근처까지 오고 말았다.

"드디어 막다른 골목에 왔군. 이제 너희가 잡히는 것도 시간 문제다."

아무리 살펴보아도 달리 도망칠 구멍이 보이지 않았다. 그런데 갑자기 하늘에서 번쩍 하더니 문이 열렸고, 신양 다섯 마리는 그 자리에서 풀쩍 뛰어 문 안으로 들어갔다. 이를 기념하기 위해 후세 사람들은 강 주위에 작은 문을 세우고 오선문五仙門이라고 불렀다.

관원들은 더 이상 신양을 뒤쫓지 못하고 산으로 되돌아왔다. 그 부자를 찾아가서라도 화풀이를 해 볼 심산이었다. 그런데 산기슭에 도착해서 보니 이상하게도 양 다섯 마리가 아직도 그곳에서 풀을 뜯고 있었다. 관원 한 명이 달려들어 한 손으로 양을 잡고 한 손으로 칼을 빼어 휘둘렀다. 그런데 쨍강 하며 칼이 부러지고 관원은 팔을 잡고 고통을 호소했다. 양이 아니라 큰 돌덩이였다. 관원들은 부자를 찾아보았지만 개미 한 마리도 보이지 않았다.

전설에 따르면 그 돌덩이 다섯 개는 신양이 변한 것으로 파산 산기슭에 계속 있었다고 한다. 천년의 세월이 흐른 지금은 하나만 남아 있다. 돌덩이 이마에는 신선의 엄지손가락 흔적이 아직도 남아 있다.

이후 사람들이 그곳에 사찰을 짓고 오선관五仙觀이라고 했다. 그 주위에는 신령 골목과 신양 거리도 있다. 이 모두가 다섯 신선과 다섯 신양을 기념하기 위해 세운 것이다. 그리고 광주에서 신양 다섯 마리가 나왔기 때문에, 다섯 마리 양이 있는 도시라는 의미로 광주를 오양성五羊城이라고도 부른다.

황산의 내력

헌원軒轅 황제黃帝를 만나기 위해 궁전에 들른 부구공浮丘公은 황제가 우울한 표정을 짓고 있자 다정히 물었다.

"폐하, 무슨 일로 고민하시옵니까?"

헌원 황제가 길게 한숨을 내쉬고는 한없이 감상에 젖어 말했다.

"자네가 한번 들어 보겠나? 오늘 새벽에 일어나 시냇가에 가서 세수를 했네. 그때 물속에 비친 내 얼굴을 보고 말았지. 난 지금까지 내 머리와 수염이 반백이 되어 있으리라곤 생각지도 못했다네. 휴우……. 나는 늙었어! 늙고 말았어."

부구공이 말했다.

"세상의 모든 만물이 태어나면 죽음을 피해 갈 수 없지 않습니까? 걱정한다고 무슨 소용이 있겠습니까?"

황제가 고개를 흔들었다.

"죽는 것이 무서워서 그러는 것이 아니라네. 아직도 다 끝내지 못한 일이 많지 않은가. 땅도 개간해야 하고, 하천도 정비해야 하고, 맹수들도 순화해야 하고……. 그러니 일찍 죽어서는 안 돼."

부구공은 곤란한 듯 말했다.

"하지만 방법이 없지 않습니까? 죽지 않고 영원히 사는 것은 신선만 할 수 있는 일이니까요……."

"맞아!"

헌원 황제의 얼굴에 웃음이 번졌다.

"인간도 신단을 먹으면 인간 세상의 모든 이치를 초탈해 신선이 되고 죽지도 않는다는 얘길 들었네. 부구공, 자네가 가서 신단을 만들 만한 곳을 찾아보고 돌아오게."

부구공은 감히 황제의 명을 거역할 수 없어 당장 적당한 곳을 찾아 떠났다.

부구공이 떠난 뒤 황제는 날마다 항아리에 돌멩이를 하나씩 집어넣었다. 부구공이 떠난 지도 이미 3년의 세월이 흘러 항아리 속에 쌓인 돌멩이도 1,000여 개로 불어났다.

오늘도 항아리에 돌멩이를 집어넣던 황제는 조바심에 뜻 모를 불안감을 느꼈다. 바로 그때 용성자容成子가 기쁜 소식을 전했다.

"폐하, 부구공께서 돌아오셨습니다."

황제는 급히 궁궐 밖까지 뛰어나가 그를 맞이했다. 부구공이 인사말을 건네기도 전에 부구공을 다그쳤다.

"그래, 빨리 말해 보게. 갔던 일은 어찌 되었는가?"

부구공이 절을 올리고 난 뒤 말했다.

"존경하는 황제 폐하, 제가 드디어 신단을 정제할 아주 기막힌 곳을 찾아냈습니다. 그곳은 정말로 신선들이 사는 곳이었습니다."

"그곳이 어디인고?"

황제는 뛸 듯이 기뻐했다.

"강남 지역에는 높은 산들이 많습니다. 그 산 위의 돌들은 대부분 검지요. 그래서 제가 그 산 이름을 검다는 의미로 이산黟山이라고 지었습니다."

헌원 황제의 기쁨은 이루 말할 수가 없었다. 먼 여정에서 돌아온 부구공을 쉬도록 배려하지도 않고 다음 날 바로 부구공, 용성자, 그리고 몇몇 대신을 데리고 강남의 이산을 향해 떠났다. 그곳에 도착한 일행은 산 아래에서 위를 쳐다보았다. 소문대로 대단한 절경이었다. 봉우리는 험준할 뿐만 아니라 봉우리마다 나름의 독특한 위용을 갖추고 있어 모두가 입을 쩍벌린 채 뭐라고 표현하지 못했다.

그들이 이산의 경치를 감상하던 바로 그때, 갑자기 산골짜기의 동굴 속에서 안개와 구름이 흘러나와 눈앞의 아름다운 경치를 눈 깜짝할 사이에 막아 버렸다. 헌원 황제는 마침 그 절경에 넋을 빼앗길 참이었는데 예상치도 못하게 구름이 방해하자 흥이 사라져 버렸다. 손으로 눈앞의 구름과 안개를 걷어치우자, 기이하게도 구름과 안개가 조금 전에 흘러나왔던 그 동굴 속으로 다시 빨려 들어갔다. 계속되는 이상한 광경에 모두 얼이 빠진 듯했다.

헌원 황제도 무엇에 홀리기라도 한 듯 부구공의 안내도 받지 않고 산속으로 걸어 들어갔다.

한참을 가자 산기슭에 연못이 나타났다. 물 위로 안개가 자욱했다. 용성자가 몸을 구부려 손으로 물을 떠 보았더니 물이 오히려 따뜻했다. 부구공이 말했다.

"예전에 산속에 신선들의 연못이 있다고 들었는데, 바로 이곳인 것 같습니다!"

헌원 황제는 신선들의 연못이란 말에 걸치고 있던 옷을 벗어던지고 연못 속으로 뛰어들었다. 연못의 물은 뜨겁지도 차갑지도 않았다. 목욕을 하고 났더니 원기가 충전되었는지 벌써 신선이 된 듯 몸이 한결 가벼웠다.

　일행은 다시 떠날 채비를 했다. 바로 그때 그들 눈앞에 원숭이 떼가 온갖 신기한 꽃들을 입에 물고 장난을 치며 노는 모습이 보였다. 원숭이들은 큰 바위 위에 모여 있다가 솨 하는 바람 소리와 함께 하늘에서 빛이 내리쬐자 온데간데없이 사라져 버렸다.

　헌원 황제는 답답한 심정으로 일행과 함께 사라진 원숭이들을 찾아 나섰다. 하지만 이 넓은 산에서 원숭이 떼를 찾기란 사막에서 바늘 찾기나 다름없었다. 산에는 사람들 발길이 닿지 않아 그들의 발이 닿는 곳마다 덩굴이 가로막았고, 기암괴석이나 동물들의 습격은 그리 놀랄 일도 아니었다. 절망적인 상황이 끊임없이 그들을 시험했다. 그러나 황제는 단념하지 않았다. 용성자가 도끼로 길을 냈고, 일행은 계속해서 구르고 차이면서 길을 찾아갔다.

　절벽까지 기어올랐을 때 산골짜기에서 시끄러운 소리가 들렸다. 바로 조금 전에 보았던 원숭이 떼였다. 원숭이들이 입에 물고 있던 꽃들은 돌구유 위에 놓여 있었다. 중간에 우뚝 솟은 돌 위에 늙은 원숭이가 앉아 있고, 그 뒤에서 어린 원숭이들이 등을 긁어 주고 있었다.

　'틀림없이 저놈이 원숭이 무리의 우두머리겠군.'

　바로 그때 그 늙은 원숭이가 자리에서 벌떡 일어나 절벽 위의 헌원 황제에게 손을 모으고 예를 갖추면서 입으로 우우우 소리를 질렀다. 황제도 예를 갖추려고 했지만, 솨 하는 바람 소리와 함께 원숭이 떼가 다시 눈앞에서 사라졌다.

　부구공이 황제 옆으로 다가가 목소리를 낮추어 말했다.

　"이 산에 신령한 원숭이가 산다는 전설이 있는데, 구름을 타고 다니거나 눈 깜짝할 사이에 흔적도 없이 사라지는 것을 보면 아마도 조금 전 그 원숭이가 아닐까 합니다."

헌원 황제도 고개를 끄덕였다. 일행이 다시 산을 내려올 때, 갑자기 어디선가 술 냄새가 코를 찔렀다. 일행은 술 냄새가 나는 곳을 사방으로 찾아다녔다. 바로 조금 전의 돌구유 속에 담긴 담홍색 물에서 나는 냄새였다. 용성자가 손으로 한 모금 떠서 마셨다.

"신선이 마신다는 신주입니다! 신주!"

황제와 다른 대신들도 달려들어 모두 미친 듯이 마셔 댔다.

헌원 황제는 이산 속에 돌을 쌓아 집을 지으라고 분부했다. 이튿날 모두가 구역을 나눠 신단을 만들기에 가장 알맞은 곳을 찾아다녔다. 산을 타고 돌부리에 넘어지고 가시에 옷이 찢기면서도 이산의 모든 봉우리를 헤집고 다니다 결국 가장 적당한 곳을 찾아냈다. 황제는 부구공과 용성자에게 신단을 만들 제단과 화로를 만들도록 명했고, 다른 대신들은 땔감을 준비했다. 헌원 황제도 지체없이 신단 만들 약을 찾아다녔다.

신단을 만들기 위해서는 우선 영지초 99줄기와 구절삼 99뿌리, 영양 뿔 99쌍, 옥루화 99쌍, 표범 간 99개, 무화과 99개, 적엽송 99개, 얼음 박하 99개, 주사 알 99알, 거기다가 감로수 99방울이 필요했다. 이 재료들을 모두 준비하기란 그리 쉬운 일이 아니었다. 그러나 신단을 만들지 않으면 하산하지 않겠다는 황제의 굳은 결심은 결코 꺾이지 않았다.

이산의 72봉 가운데 몇몇 봉우리는 원숭이도 접근하기 어려울 정도로 험준했지만, 헌원 황제는 신단을 위해서라면 깎아지른 절벽도 마다하지 않았다. 가져온 식량이 바닥이 나자 야생 열매로 배고픔을 달랬다. 대신들은 더 이상 고통을 견디지 못하고 황제의 눈을 피해 도망쳤다. 결국 마지막까지 남은 일행이라곤 헌원 황제와 부구공, 용성자 단 세 사람뿐이었다.

　천신만고 끝에 9년의 세월을 들여 각종 재료들을 모두 준비했지만 문제는 감로수였다. 당시 부구공도 병이 들어 거동이 불편했기 때문에 헌원 황제는 부구공 간병을 위해 용성자를 남겨 두고 혼자서 다시 깊은 산중으로 들어갔다. 그날은 유독 걸음이 무겁게 느껴졌다. 마침 도화계 근처에 평평한 바위가 보이자 잠시 쉬려고 누웠다. 눈이 감기면서 몽롱해지려던 찰나에 갑자기 수풀 속에서 아름다운 선율의 노랫소리가 들려왔다. 그리고 수풀 속에서 학 두 마리가 걸어 나오더니 선학무를 췄다. 학 뒤에서는 흰 수염에 흰 눈썹의 신선이 흰 노루를 타고 나타나 그가 누워 있는 쪽으로 천천히 걸어왔다.

　헌원 황제는 자리에서 일어나 예를 갖춘 뒤 신선에게 어디서 감로수를 얻을 수 있는지 물었다. 신선은 웃기만 할 뿐 아무 대답도 해 주지 않다가 떠나기 전 그에게 네모난 천을 던져 주었다. 천은 그의 발 아래로 떨어졌다. 천 위에는 '우물'이란 두 글자가 씌어 있었다. 황제는 잠이 확 달아났다. 그는 벌떡 일어나 돌멩이를 가지고 발 아래에 구멍을 내기 시작했다. 암석이 무척 딱딱해 하루 동안 쉼없이 두드렸지만 겨우 부스러기만 떨어질 뿐이었다. 그러나 포기하지 않고 계속 파 결국 49일 만에 우물을 파냈다. 우물물은 맑고 서늘할 뿐 아니라 향내까지 나 그야말로 감로수였다.

　황제가 감로수를 찾아냈다는 소식에 부구공의 병도 호전되었다. 그들은 서둘러 모든 약초를 부숴 환으로 만들고 화로에 불을 때 구웠다.

　그들은 꼬박 3년 동안 환을 구웠다. 준비해 두었던 땔감도 다 써 버렸고, 화로 근처의 나무도 모두 베어 버린 지 오래였다. 부구공과 용성자는 어쩔 수 없이 화로에서 가장 멀리 떨어진 곳까지 땔감을 구하러 갈 수밖에 없었다. 헌원 황제는 화로의 불을 살폈다. 결국 마지막 나무토막까지 다 집어넣었지만, 땔감을 구하러 간 이들은 아직 감감 무소식이었다. 화로 속의 불길이 점점 약해지자 황제는 어쩔 줄 몰랐다. 만일 불꽃이 꺼져 버린다면 그간의 고생이 모두 수포로 돌아갈 것이 뻔했다. 그는 다시 산길을 바라보았지만 여전히 돌아올 기미가 보이지 않았다.

'어떻게 해야 하나? 이 일을 어떡하나?'

황제는 할 수 없이 자신의 다리 한쪽을 화로 속에 집어넣었다. 그러자 꺼져 가던 불꽃이 다시 되살아났다.

잠시 후 화로 속에서 거대한 폭발음과 함께 찬란한 빛이 뿜어져 나왔다. 빛이 무척 강해 멀리서도 알 수 있을 정도였다. 부구공과 용성자도 급히 달려왔다. 황제가 매우 편안한 표정으로 다리를 태우고 있었다. 두 사람은 황제의 다리를 급히 끄집어냈다. 화로를 지켜보던 세 사람은 잠시 후 이루 말할 수 없이 기뻤다. 비로소 신단이 완성되었다!

힘들다고 도망쳤던 신하들도 이산에서 난 폭발 소리를 듣고, 찬란한 빛이 산 밖으로 반사되어 나오는 것을 보면서 신단이 완성되었음을 직감했다. 그들은 하나 둘씩 황제에게 되돌아왔다. 그러나 그들이 도착했을 때 황제와 부구공, 용성자는 이미 신단을 먹고 신선이 된 뒤였다. 신하들은 세 사람이 아주 천천히 하늘로 올라가는 모습을 못내 아쉬운 마음으로 지켜보았다. 그들 중 몇몇은 자기들도 데려가 달라고 아우성쳤다.

그러나 헌원 황제는 그들에게 눈길 한 번 주지 않았다. 세 사람은 구름을 밟고 점점 더 높은 곳으로 올라섰다. 바로 그때 한 신하가 자기도 함께 하늘나라로 올라가고 싶어 풀쩍 뛰어올라 황제의 수염을 잡았다. 그러나 무게를 이기지 못한 수염이 중간에서 뚝 끊기는 바람에 그 신하는 밑으로 떨어져 기암괴석으로 변했다. 황제의 수염은 땅에 떨어진 뒤 용수초로 변했다. 절벽 근처에 무성한 용수초는 당시 헌원 황제의 수염이 변한 것이다.

    황제와 부구공, 용성자는 신단을 먹고 신선이 되어 영원한 삶을 누리면서 지금까지 인류를 위해 노력하고 있다. 그런데 이산은 황제가 신단을 만든 곳이기 때문에 후세 사람들은 이산을 황산黃山이라고 불렀다.

    지금 황산의 72봉 가운데 헌원봉, 부구봉, 용성봉은 바로 이 신단을 만든 세 사람을 기리기 위해 붙인 이름이고, 도화계의 화로와 우물은 아직도 보존되고 있다.

명약 육신환

옛날 상해에 뇌운상(雷雲尙)이란 고아가 살았다. 집안이 가난해 어렸을 때부터 음식을 빌어먹고 누더기를 걸치고 다녔다. 열네댓 살 되었을 때 그는 배의 밧줄을 끌어 주는 일을 하면서 돈을 조금씩 모았다. 다시 그 돈으로 생활용품을 샀고 좌판을 메고 다니면서 장사를 시작했다. 그는 성실하고 친절했으며 남들에게 겸손하고 예의 발랐다. 게다가 그가 이윤을 적게 남기면서까지 물건을 싸게 판다는 것이 알려져 그의 물건을 찾는 사람이 많아졌고, 장사가 갈수록 번창해 마침내 그는 상해에서 손꼽히는 부자로 성공했다.

그러나 뇌운상은 성공을 거둔 뒤에도 어려웠던 시절을 결코 잊지 않았다. 그는 집 없고 일거리가 없는 가난한 사람들과 병자들에게 선뜻 도움의 손길을 뻗었다.

강남 지역에 심한 가뭄이 들어 식량이 바닥나 배고픔을 참지 못한 사람들이 너도나도 도시로 몰려들었다. 상해에도 많은 이재민들이 쏟아져 들어왔다. 뇌운상은 이재민들이 먹고살기 위해 자식까지 팔아먹는 모습을 보고 심장을 칼로 도려 내는 듯한 아픔을 느꼈다. 그는 머슴들을 시켜 대문 앞에 큰 솥을 여러 개 준비해 놓고 밤낮으로 죽을 끓여 나눠 주었다.

그가 이재민들에게 옷과 음식을 나눠 주기 시작한 지 꼭 49일째 되는 날이었다. 저녁이 가까워지자 사람들도 하나 둘씩 떠나갔고, 머슴들도 솥을 정리하고 대문을 닫아걸고는 막 들어가 잠을 청하려 할 때였다. 바로 그때 누군가가 탕탕탕 하고 시끄럽게 대문을 두드렸다.

"무슨 일로 이 밤중에 시끄럽게 문을 두드리는 게요?"

밖에서 노인의 목소리가 들렸다.

"밥을 먹으려고 왔소."

"오늘 드릴 밥은 이미 다 나눠 드렸습니다. 그러니 내일 오십시오."

노인은 버럭 화를 냈다.

"내 이 나이에 다리가 불편해서 아침에 출발했는데도 이제야 도착했거늘, 이제 와서 나에게 밥을 주지 못하겠다고? 그럼 나보고 굶어 죽으라는 얘기구먼. 사람들이 하나같이 뇌운상이 좋은 사람이라고 하더구만, 알고 보니 가식적인 선행이었어. 쳇!"

머슴은 노인이 불같이 화를 내자 급히 문을 열고 좋은 말로 타일렀다.

"저희 어르신이야 진심으로 선행을 베푸시는 분이죠. 그런데 외아들인 도련님께서 지금 후두염을 앓고 계십니다. 목이 부어 아무것도 드시지 못한 지 벌써 사나흘이 되었습니다. 의원이 여러 차례 다녀가고 약도 먹었지만 전혀 차도가 없으신 것이 아무래도 생명이 위독해 보입니다. 그런 까닭에 오늘은 빨리 문을 닫은 겁니다."

그 말을 들은 노인이 눈이 휘둥그레지며 큰 소리를 질렀다.

"아니, 그럼 이 집 주인 아들 때문에 내가 굶어 죽어도 된다는 말이야! 그러니 그가 가식적으로 선량한 척하는 게 아니고 뭐겠어?"

머슴이 아무리 타일러도 노인은 막무가내였다.

마침 아들의 병 간호를 하던 뇌운상이 마당 쪽에서 시끄러운 소리가 들리자 급히 나왔다. 머슴에게 몇 마디 묻고 난 뒤 그는 노인에게 웃으며 예를 차리고 말했다.

"어르신, 그만 노여움을 푸십시오. 사랑채에 드셔서 저와 얘기나 나누시지요."

노인은 뇌운상을 보자 당장 화를 누그러뜨리며 답했다.

"좋소, 좋아. 역시 듣던 대로 마음씨가 좋군그래."

뇌운상은 노인을 데리고 사랑방으로 향하면서 머슴에게 음식을 준비해 오도록 분부했다. 두 사람이 사랑방에서 차를 마시고 있을 때, 머슴이 가득 차려진 음식상을 들고 들어왔다. 노인은 예의를 차릴 것도 없이 숟가락과 젓가락을 들고는 허겁지겁 먹어 치웠다. 다 먹고 난 뒤에는 일언반구 말도 없이 일어섰다.

"이 늙은이도 공짜로 먹는 사람은 아니오. 오늘 밤 댁의 신세를 졌지만 마땅히 드릴 것은 없구려. 대신 댁의 아들이 후두염을 앓은 지 오래된 데다 아직 차도가 없다고 들었소. 내가 말해 주는 약을 먹으면 곧 회복될 거요."

그는 집게손가락을 차에 담갔다 빼서는 책상 위에 '진주'라는 두 글자를 적었다. 그리고 뇌운상이 채 배웅을 하기도 전에 바람같이 문을 빠져나간 뒤 온데간데없이 사라졌다. 뇌운상은 순식간에 일어난 일에 놀라 한참 동안 아무 말도 못했다. 바로 그때 머슴이 문 밖에 절름발이 노인이 와서 밥을 먹고 싶어 한다고 전했다. 뇌운상은 다시 머슴에게 먹을 것을 준비하도록 한 뒤 직접 나가 그를 맞이했다. 절름발이 노인은 밥과 차를 배불리 먹은 뒤 고맙다는 말 대신 집게손가락에 물을 묻혀 '우황'이라고 쓰고는 사라졌다.

　이렇게 한 사람이 가자마자 다른 사람이 오는 바람에 자정이 될 때까지 모두 여섯 사람이 그의 집을 다녀갔다. 물론 후두염에 좋다는 여섯 가지 약재도 차례로 알려 주었다.

　뇌운상은 그날 밤 일어난 일에 대해 밤새 생각해 보았다. 그는 이 일이 결코 우연이 아니라 자신의 선행에 하늘이 감동하여 신선을 보내 도움을 주려 한 것이라는 결론을 얻었다. 그는 당장 여섯 명의 신선이 알려 준 약재의 이름을 적었다. 진주, 우황, 사향, 요황, 빙편, 섬소가 그들이 알려 주고 떠난 약재의 이름이었다.

　다음 날 아침, 뇌운상은 머슴에게 이 처방전을 적어 쥐어 준 뒤 당장 약방에 가서 사 오도록 시켰다. 그리고 약을 한참 동안 달인 뒤 아들에게 먹였다. 이 약이 목구멍으로 들어가자마자 시원한 느낌이 들고 부기가 빠져 한 번 먹었는데도 말을 할 정도까지 회복되었다. 온 집안 사람들이 아들의 회복을 기뻐하며 향을 피우고 폭죽도 쏘면서 신들에게 감사를 올렸다. 아들의 병은 점차 나아졌고, 뇌운상도 대단히 기뻐했다. 그러나 잔치를 벌이다 보니 자신의 아들뿐만 아니라 다른 집 아이들이 겪는 후두염까지 걱정되었다.

　'그래! 우리 집처럼 돈이 있어 병을 치료할 수 있는 집에서도 아이가 목숨을 잃을 뻔한 위험에 처했는데, 만일 돈 없고 일자리 없는 가난한 사람들이 이 병에 걸린다면 많은 사람들이 죽어 갈 거야. 하늘이 이렇게 명약을 내려 주셨으니, 이제는 천하에 이를 알려야겠어.'

　이런 생각을 털어놓았더니 가족들도 기꺼이 찬성했다. 그래서 그는 수천 냥의 사재를 털어 약재를 구입하고 이를 다시 알약으로 만들었다. 여섯 명의 신선이 알려 준 약재로 만들었기에 약 이름도 육신환六神丸이라고 지었다. 찾아와 이 약을 구하는 사람이면 누구에게나 나눠 주었으며 약값은 한 푼도 받지 않았다. 또 병이 다 나을 때까지 약을 계속 나눠 주었다. 이 소문이 꼬리에 꼬리를 물고 퍼져 직접 약을 받으러 오는 사람도 있고 편지를 보내 약을 구하는 사람도 있었다. 뇌운상은 집에서 직접 약을 만들고 필요한 곳마다 약을 보내느라 전혀 짬을 내지 못했다.

어느 날 뇌운상이 무당산武當山의 조상에게 제사를 올리러 가는 길에 무창武昌을 지나게 되었다. 강변에서 약을 파는 사람이 있어 다가가 보니 다름 아닌 육신환이었다. 자초지종을 물어보니 이 장사꾼이 거짓으로 목이 아프다고 속이고 약을 받아서는 도로 환자들에게 되파는 것이었다. 뇌운상은 화가 났지만 어쩔 수가 없었다. 그는 상해로 돌아온 뒤 직접 약국을 차려 육신환을 만들었다. 그리고 각지에 판매소를 두어 원가만 받고 팔았다. 이렇게 하여 먼 지역에 사는 환자들도 육신환을 쉽게 구할 수 있을 뿐 아니라 거짓 환자도 막을 수 있었다.

당시 육신환 약병 위쪽에는 '육신환'이라고 적고 아래에는 '상해 뇌운상 제조'라고 적어 위조 상품을 방지했다. 뇌운상이 죽은 뒤에는 자손들이 계속 그 공장을 이어 나갔으며, 약병에는 여전히 '상해 뇌운상 제조'라고 적었다. 첫째는 선조의 공덕을 기리기 위함이고, 둘째는 뇌운상의 육신환 덕분에 그 집안이 안팎으로 명성을 떨칠 수 있었기 때문이었다.

사라진 진주

　재간둥이 십삼능十三能이 그 마을 유지인 왕 씨네 집에 고용되자마자 왕 씨네 진주가 사라지는 사건이 발생했다. 왕 씨의 조상은 교묘한 술수로 남들의 재산을 빼앗은 것으로 유명했고, 그 까닭으로 왕 씨 또한 금은보화에 희귀한 보석까지 없는 것이 없었다. 이런 보석들은 해마다 제사를 지낸 뒤 모두 갖고 나와 햇볕에 내놓고 말렸다.
　그날도 햇볕에 내놓았다가 오후에 수거하면서 진주 일곱 알이 사라진 것이 밝혀졌다. 이 일로 왕 씨네는 발칵 뒤집혔고 머슴, 유모, 계집종 들 모두 혐의자가 되었다. 특히 보석을 지키던 해선이 혐의를 받았다. 그는 관아에 갇혀 계속 심문을 받았다.
　곰보 얼굴인 왕 씨의 부인은 흉포한 성격으로 마을에선 이미 유명했다. 그녀는 갑자기 머리에 꽂고 있던 비녀로 해선의 얼굴을 찔러 피를 흘리게 하더니만, 그것도 모자라 당장 진주를 내놓지 않으면 오물을 뒤집어쓸 줄 알라며 악다구니를 썼다. 해선은 억울한 누명에 화가 나서 머리를 땅에 박고 데굴데굴 굴렀다. 그로서는 그저 죽고 싶은 마음뿐이었다.

 십삼능이 이 일을 듣고 해선에게 물었다.

 "어떻게 된 일이야?"

 "보석을 지키던 그날은 개미 새끼 한 마리도 얼씬하지 않았어. 줄곧 그 자릴 떠나지 않고 있었다고. 피곤해서 잠시 낮잠이 들었다가 거위 떼 소리에 깼지."

 "거위라고?"

 "응, 내가 쫓아냈지."

 십삼능은 잠시 생각에 잠겼다가 입을 열었다.

 "내가 네 누명을 벗겨 줄게."

 그리고 오물 한 통을 손에 들고 말했다.

 "이 오물은 나중에 왕 씨를 위해서 남겨 두자구."

 십삼능은 왕 씨 부부 앞으로 다가가 말했다.

 "주인님, 주인 마님! 진주의 행방을 찾았습니다."

 왕 씨 부부는 이 말을 듣자마자 한걸음에 달려나왔다.

 "그래, 어디에 있더냐?"

 "도둑놈이 삼켜 자기 배 속에다 숨겨 놨습죠."

 "그럼 어떡하면 좋겠느냐?"

 "제게 잘 드는 칼 하나를 주십시오. 놈의 배를 갈라 하나씩 꺼내 드리겠습니다."

 왕 씨 부인이 그 말을 듣고는 기뻐 날뛰었다.

 "머슴이 훔쳤으면 그 머슴의 배를 가르고, 계집종이 훔쳤으면 그 계집종의 배를 가르거라. 그렇게 하지 않으면 우리 왕씨 집안의 법도가 얼마나 엄격한지 모를 테니까."

 그녀는 말을 마치고는 번쩍거리는 식칼을 가지고 나와서 십삼능에게 건네주었다. 왕 씨는 종을 쳐서 머슴과 계집종을 모두 불러 모았다.

왕 씨 부인이 말했다.

"애야, 보물을 훔쳐 먹은 녀석의 배를 가르거라. 불쌍히 여길 필요는 전혀 없다."

십삼능이 말했다.

"여기 있는 사람들은 모두 결백합니다. 보석을 훔쳐 먹은 사람은 없습죠."

왕 씨가 말했다.

"하인들은 모두 여기에 모였잖느냐?"

왕 씨 부인이 말했다.

"저 녀석들이 훔친 게 아니라면 우리가 훔쳤다는 말이더냐?"

바로 이때 소삼이 거위 떼를 몰고 들어왔다.

십삼능이 말했다.

"보십쇼! 바로 보물을 훔쳐 먹은 녀석들입니다."

그는 거위를 한 마리 한 마리씩 잡아서는 차례대로 배를 갈라 보석 일곱 개를 모두 꺼냈다. 십삼능이 눈 깜짝할 사이에 보석 도난 사건을 해결하자, 왕 씨네 집안은 흥분에 휩싸였다. 어떤 사람은 그의 지혜에 감탄하고 어떤 사람은 감사의 뜻을 표했다. 왕 씨도 엄지손가락을 치켜세우며 말했다.

"십삼능아, 너는 재간둥이라고 불릴 만하구나."

해선은 십삼능 덕분에 오물을 뒤집어쓰는 모욕을 면할 수 있었기 때문에 고마워하며 머리가 땅에 닿도록 절을 해 댔다.

짐을 메고 장터에 가다

한 마을의 유지가 집에서 연뿌리를 심어 키웠다. 음력 7월 15일 백중날이면 집집마다 연뿌리를 사서 먹기 때문에 백중 전날에는 항상 장이 섰다. 마을 유지는 아침 일찍 식충이를 불러 연뿌리를 내다 팔라고 시켰다.

식충이가 말했다.

"어르신, 제가 말씀드리지 않았습니까? 저는 밭일만 하는 머슴이라고요. 그런데 왜 저더러 장사를 나가라고 하십니까?"

"넌 메고 가기만 하면 된다. 너더러 장사를 하라는 게 아니다."

식충이는 잠시 생각에 잠겼다가 말했다.

"메고만 가면 된다고요? 알았습니다."

그래서 그는 연뿌리를 메고 길을 떠났다. 유지는 말을 타고 시장에 먼저 도착해 걸어오는 식충이를 기다렸다.

식충이는 반쯤 가다가 연뿌리 짐을 내려놓고 나무 아래에서 잠을 자기 시작했다.

석양이 질 때쯤 해서 깨어난 그는 다시 연뿌리 짐을 지고 장터로 향했다.

유지는 장터에서 그를 초조하게 기다리다가 급기야는 화가 북받쳐 올랐다. 파장 시간은 얼마 안 남겨 두고서야 식충이가 걸어오는 것을 보고 그는 욕을 퍼부었다.

"야, 이 녀석아! 다른 사람들은 모두 파장하고 돌아가려는데 이제야 짐을 가져오면 나더러 어떻게 장사를 하라는 거야? 네가 책임져, 이놈아!"

식충이는 짐을 내려놓고서 침착하게 말했다.

"어르신, 왜 화를 내십니까? 어르신이 분명히 말씀하시길, 전 그저 짐만 메고 오면 된다고 했지, 어르신이 파실 것을 언제까지 메고 오라고 하진 않으셨잖습니까?"

유지는 할 말을 잊고 그저 멀뚱멀뚱 그를 쳐다볼 뿐이었다.

지혜롭게 파혼하다

마탄馬坦의 사촌 여동생 마옥란馬玉蘭은 영리하고 손재주가 좋은 데다 지혜로워 그 마을에서 일등 신붓감인 아가씨였다. 열여덟 살 되던 해에 그녀는 중매쟁이의 중매로 멀리 떨어진 한 마을의 부잣집 아들과 혼인하기로 결정했다. 그러나 중매쟁이는 겉과 속이 다른 사람이었다. 혼인을 며칠 앞두고서야 정혼자가 놀기 좋아하는 천하의 게으름뱅이라는 사실을 알게 된 마옥란은 하루 종일 슬피 울기만 했다.

당시 풍습상 신랑 측에서는 파혼을 할 수 있지만, 신부 측에서 파혼하는 건 불가능했다. 파혼을 요구한다 해도 신랑 측에서 쉽사리 포기하지 않을 테니 일은 점점 커질 게 뻔한 노릇이었다. 예물을 보상해 주어야 할 뿐 아니라 집안 이름에까지 먹칠을 하게 되는 셈이었다. 그래서 쉽사리 결정을 내리기가 어려웠다.

숙모와 옥란이 상의를 하기 위해 마탄을 찾아오자, 그는 가슴을 툭툭 치며 장담했다.

"숙모님, 안심하세요. 이 일은 제가 책임지고 잘 처리하겠습니다. 틀림없이 결과에 만족하실 겁니다."

그 다음 날 마탄은 반나절 거리의 신랑 집에 도착했다. 마침 결혼할 남자는 집에 없고, 그의 부모님이 나와 반갑게 맞이해 주었다. 손위 처남이 왔다는 소식을 듣고 이웃들도 모두 그를 보러 들렀다. 마탄은 인사도 없이 풀썩 의자에 앉고는 하늘을 쳐다보며 소리를 질렀다.

"뭘 봐? 내 코가 두 개야 입이 두 개야? 뭐가 신기하다고들 보고 있어?"

마탄의 행동에 사람들은 푸하하 하고 웃음을 터트리면서, 손위 처남이 가정교육이 형편없어 예절이라고는 모르는 개망나니라고 쑥덕였다. 대청마루에 함께 앉아 있던 신랑의 아버지도 심기가 약간 불쾌해졌다.

잠시 후 신랑 어머니가 계란탕 두 그릇을 들고 와서 마탄과 신랑 아버지에게 한 그릇씩 나눠 주었다. 마탄은 사양도 하지 않고 그릇을 들어 게걸스럽게 먹어 치웠다. 그러고는 신랑 아버지가 아직 숟가락도 대기 전에 나머지 한 그릇도 자기 앞으로 가지고 가서는 게 눈 감추듯 먹어 치웠다. 다 먹고 난 다음에는 다시 빈 그릇을 혀로 핥고 또 핥으며 연신 말했다.

"맛있네, 맛있어. 내가 제일 좋아하는 게 바로 계란탕이거든. 근데 두 그릇뿐이라 아쉽네. 아직 배가 덜 부른데."

주위에 있던 이웃 사람들은 모두 배를 움켜쥐고 배꼽이 빠지도록 웃느라 눈물까지 흘렸다. 신랑의 아버지는 더욱 불쾌해졌다.

마탄은 일부러 불만스럽다는 표정을 지으며 말했다.

"뭐가 우스워? 우리 여동생이라면 한 자리에서 연거푸 계란탕 일곱 그릇은 해치울 텐데. 그럼 당신들은 웃느라고 숨넘어가겠군 그래."

 말을 마친 그는 입을 닦고 다리를 꼬고 앉아서는 아무렇지도 않은 듯 저속한 노래를 흥얼댔다. 이웃들은 모두 웃느라 데굴데굴 땅을 굴렀고, 이 모습을 보고 대단히 불쾌해진 신랑 아버지는 얼굴이 붉으락푸르락했다.

 "오라버니라는 작자가 저런 몰상식한 개망나니, 여동생은 더 말할 나위 없겠지! 정말 재수 없군, 재수 없어. 이런 집안과 혼인을 맺으면 우리 집 체면이 뭐가 되겠어?"

 마탄이 돌아가자마자 신랑의 부모는 불평하기 시작했다. 이런저런 불평을 계속하더니 결국은 중매쟁이를 불러들여 신랑 측이 나서서 파혼을 했다.

관리 희롱하기

광서光緖 연간 말년, 심무深武와 요안饒安 일대에 첫해에는 홍수, 이듬해에는 가뭄, 다시 그 다음 해에는 병충해가 덮쳤다. 재난이 겹치자 백성들은 나무껍질이나 풀뿌리로 연명하다가 급기야는 베갯속 쭉정이까지 먹는 지경에 이르고 말았다. 그렇지만 현령은 아랑곳하지 않고 세금을 빨리 내라며 관리들을 파견해 독촉하기 바빴다.

이날 현에서 파견한 가賈씨 성의 관리가 나귀를 타고 마을에 나타났다. 한참을 와서인지 배가 고프고 목이 말라 다리가 후들거렸다. 그러나 백성들도 배고픔에 피골이 상접할 정도였으니 누구 하나 그를 응대하려 하지 않았다.

그러자 왕팔오王八五가 나섰다.

"내가 하지!"

그는 관리를 맞이하고 나귀의 고삐를 받아 말뚝에 묶어 주었다. 이 관리와 왕팔오는 예전에 만난 적이 있어 고향 친구라고 부르며 서로 친한 척했다.

왕팔오가 말했다.

"고향 사람을 만나니 눈물이 절로 납니다그려. 필요하신 것이 있으면 말씀하십시오. 그럼 편히 쉬시지요."

관리도 염치없이 말했다.

"내가 멀리서 오지 않았나. 밥 좀 먹어야겠으니 어서 지어 오게나."

왕팔오는 어쩔 도리가 없다는 듯 한숨을 쉬면서 말했다.

"어휴, 저희도 모두 솥에서 연기 난 지 오래됐습니다. 그러니 나리께 드릴 게 어디 있겠습니까?"

"그럼 있는 거라도 먹게 해 주게나."

"그러지요. 있는 걸로 해 드리지요. 쉬면서 잠시 기다리십시오."

관리는 덜컹거리는 나귀 등을 반나절이나 타고 와서 온몸이 쑤시고 피곤해 의자 위에 삐딱하니 앉아 졸기 시작했다.

잠에서 깨어나니 이미 반나절이 훌쩍 지난 뒤였다. 왕팔오는 구수한 냄새가 나는 뜨끈뜨끈한 대접을 들고 들어오면서 소리를 질렀다.

"어서 와서 고기가 뜨끈뜨끈할 때 드십쇼. 따끈한 국물도 마시시고요. 아무리 드셔도 질리지 않을 겁니다."

관리는 배가 몹시 고파 대접을 당겨 허겁지겁 먹기 시작했다. 그리고 배가 부르자 그제야 왕팔오에게 물었다.

"이게 무슨 고긴가? 맛이 그만일세."

"나귀 고기지요."

"누구네 나귀를 잡았나?"

"나리 것입죠."

"누가 내 나귀를 잡으라고 했어!"

당황한 관리는 우는 목소리로 왕팔오를 원망했다.

"나리가 그러지 않았습니까. '있는 걸로 먹자.'고 말입니다. 여기야 나무껍질에 풀뿌리까지 다 먹어 치웠으니 먹을 게 어디 남아 있어야 말입죠."

왕팔오가 당당하게 말했다.

관리는 대답도 못하고 손가락만 빨 수밖에 없었다.

작은 병에 큰 병 넣기

옛날 패주 거리에 악질 깡패가 있었다. 그는 늘 자기 힘만 믿고 잔악무도한 짓을 스스럼없이 저질러 마을 사람들을 괴롭혔다. 어느 날 이 깡패가 큰길에 큰 술병과 작은 술병을 하나씩 가져다 놓고는 목에 잔뜩 힘을 주고 떠벌렸다.

"누가 이 큰 병을 작은 병에 넣을 수 있겠느냐? 만약 그런 놈이 나타나면 이 마을의 일인자 자리를 내주지."

길가에는 구경꾼들이 하나 둘씩 모여들었지만, 어느 한 사람 입도 벙긋하지 못했다. 이때 군중 속에서 한 중년 남자가 침착하게 말했다.

"제가 담아 보죠."

순간 수백 개의 눈이 그를 주시했다.

'저 사람이 누구지?'

그는 패주 거리에서 유명한 길吉 씨였다. 그는 한 손으로 큰 병을 잡더니만 그 병을 산산조각 내 버렸다. 그러고는 깨진 조각을 작은 병에 모두 채워 넣었다. 길 씨는 큰 술병의 유리 조각으로 가득 찬 작은 병을 들어 올려 보이며 모두에게 소리쳤다.

"여러분, 이렇게 하면 큰 병이 작은 병 안에 들어간 것이 되겠지요?"

사람들은 길 씨가 기지로 승리를 얻자 기쁨을 감추지 않고 박수를 보냈다. 이 모습을 지켜보던 깡패는 사람들이 손가락질을 하자 슬그머니 도망쳤다. 그 뒤로 그는 더 이상 제멋대로 날뛰며 마을 사람들을 괴롭히지 못했다.

안 약

 난쟁이의 이웃 소산은 어느 날 밤 갑자기 눈이 빠질 듯 아팠다. 그는 안약을 사기 위해 한밤중에 큰길가의 약국까지 달려갈 수밖에 없었다. 이미 깊은 잠에 빠져들었던 약국 주인은 소산의 소란에 마지못해 일어나긴 했지만 기분이 언짢았다.
 "누가 이 새벽에 와서 귀찮게 약을 찾아?"
 "안약을 사러 왔습니다."
 소산이 약국 문밖에서 주인을 보며 애걸했다.
 "얼마치나 살 거요?"
 주인은 시큰둥하게 물었다.
 "5원어치요."
 "쳇, 그까짓 돈은 벌고 싶지 않으니 그냥 가시오."
 얼마 안 있어 다시 주인의 코 고는 소리가 들렸다.
 소산은 멍하니 가게 문만 쳐다보다 빈손으로 돌아올 수밖에 없었다.

이튿날 그의 눈병은 더욱 심해졌다. 난쟁이가 소산에게서 전날 일을 듣고는 마치 자기 일인 양 화를 냈다.

'안약은 얼마치나 살 수 있을까?'

그는 당장 소산과 이웃들과 함께 술 단지 스무 개를 메고 약국으로 향했다.

그들은 약국 문 앞에 도착하자마자 술 단지를 탕탕 두드렸다. 약국 주인과 손님들은 무슨 연유인지 몰랐다. 이때 난쟁이가 계산대로 다가가 주인에게 소리쳤다.

"주인장, 우리에게 안약 스무 단지를 파시오. 모두 얼마요?"

약국 주인은 사람들이 술 단지를 메고 가게 앞에 서 있는 모습에 마침 의심이 들었는데, 난쟁이 말을 듣자 피식 웃음이 나왔다.

"이봐요, 선생. 정말 허풍이 심하시군요. 이렇게 많은 안약을 사서 뭐 하시게요? 그리고 이렇게 작은 가게에 그토록 많은 안약을 가져다 놓을 수 있을 거라고 생각하시오?"

난쟁이는 침울한 표정을 지었다.

"왜 못 갖다 놓는단 말이오? 이 가게에서는 몇 푼 안 되는 약은 취급하지도 않는다던데. 그렇다면 안약 스무 단지는 당연히 팔아야 하는 것 아니오? 오늘 당장 팔지 않으면 당신 가게 간판은 남아나지 못할 줄 아시오!"

"어떻게 그렇게 합니까? 보십시오, 선생님. 이 작은 가게 어디에 그렇게 많은 안약을 가져다 놓을 수 있겠습니까? 평소에 저희 가게에 필요한 물건이 없었던 적이 있습니까? 그러니까 제발 이번만 봐주십시오."

가게 주인이 사정하기 시작했다.

난쟁이가 진지하게 말했다.

"어제 저녁 내 이웃사촌이 눈이 몹시 아파 이 가게까지 와 안약 5원어치를 사려고 했는데, 아, 글쎄 이 대단하신 약국 주인이 하찮은 돈벌이는 귀찮다며 팔기를 거부했다지 뭐요. 오늘 우리가 스무 단지 가득 안약을 사겠다고 하는데, 아니, 이 정도면 꽤 괜찮은 수입인데 오히려 이렇게 많이는 못 가져다 놓는다니 어떻게 생각하시오, 손님 여러분! 약국을 열 때는 최소한 환자들을 가엽게 여기는 마음이 있어야 하는 것 아니오? 어떻게 수입이 많고 적음을 따져 장사를 하고 말고 할 수 있소!"

약국 주인은 신랄한 비난에 얼굴이 화끈 달아올랐다. 그는 잘못을 인정하고 난쟁이와 이웃 사람들에게 연신 허리를 굽혀 사과했다. 그리고 최고급 안약을 가지고 나와 소산에게 특별히 선물로 주었다. 하지만 난쟁이는 소산에게 5원을 받아서 계산대에 던져 주고 함께 약국 문을 나섰다.

난쟁이의 안약 스무 단지에 관한 이야기가 전해진 뒤, 이 마을 가게들은 이를 타산지석으로 삼아 아무리 적은 수입이라 할지라도 소홀히 하지 못했다.

죽은 체한 선원

옛날 선주들은 대부분 인색하기 그지없었다. 음력 섣달그믐날이면 선주는 선원들을 한자리에 모아 놓고 식사를 대접했는데, 이는 배에서 새해를 맞이할 때 벌이는 일종의 관습이었다. 그리고 초하루에 배가 항구에서 발이 묶여도 선주가 요리 몇 가지를 내놓았는데, 이 또한 관습이었다.

그해 선상 모임에서 찌개가 요리로 나왔다. 게으름뱅이 오 씨는 찌개 속에 고기보다 양념이 훨씬 많자 약간 불쾌했지만 곧 성질을 누그러뜨리고 별다른 불평을 하지 않았다. 이후 술독이 나오자 그의 마음도 후끈 달아올랐다. '이렇게 큰 술독이라면 음식이 시원찮아도 술이 많을 테니 됐어.' 라고 생각했지만, 술독 뚜껑을 열어 보니 어이없게도 거의 바닥이 보일 정도였다. 그는 치밀어 오르는 화를 참지 못하고 노를 들어 퍽 하고 술 단지 윗부분을 쳐냈다. 선주는 매우 당황했다.

"이봐, 오 씨. 자네 미쳤나?"

"아뇨, 제정신입죠. 그런데 술독이 채 반도 차지 않았으니 차라리 술독 윗부분을 쳐내고 마시는 것이 더 편하지 않겠습니까?"

선주도 오 씨가 술이 부족해서 부리는 행패라는 걸 알았기 때문에 어찌 할 도리가 없었다.

오 씨가 사고를 칠까 두려웠던 선주는 술을 사 오도록 했다. 내일이 음력 정월 초하루임을 감안한다면 오 씨의 기분을 맞춰 주어야만 했다. 만의 하나 오 씨가 이 기세를 몰아 재수 없는 말이라도 꺼낸다면 큰일이기 때문이었다. 오 씨가 말했다.

"걱정 마십시오. 재수 없는 말 따위는 절대로 하지 않는다고요. 우리 두 사람 내기를 걸까요?"

선주는 속으로 생각했다.

'나야말로 지금껏 허튼소리라곤 해 본 적이 없는 데다, 지금 당장은 저 게으름뱅이 오 씨의 장단을 맞춰 주어야 하니 어쩔 수 없군.'

"내기를 하자고? 좋아, 하지!"

그의 흔쾌한 대답에 오 씨도 희희낙락하며 술을 들이켜기 시작했다.

그날 저녁, 선주는 선원들에게 밤을 새워 새해를 맞이하게 한 반면, 자신은 오히려 먼저 잠이 들어 버렸다. 잠이 어렴풋이 들었을 때 선원들이 오 씨가 취해 인사불성이라고 말하는 것을 들었다. 그는 마음속으로 차라리 오 씨가 취하는 게 낫다고 생각했다. 그렇다면 새해 벽두부터 쓸데없는 말을 하지는 않을 것이라고 계산했기 때문이다. 선주는 다음 날 날이 훤히 밝은 다음에야 잠에서 깨어났다. 눈을 부스스 떴을 때 누군가 뱃머리에 뻣뻣하게 누워 있었다. 새 신발에 삼베로 묶은 두 발, 그리고 얼굴에 종이가 덮여 있는 모습에 선주는 누군가가 죽었다고 생각하고 다급히 물었다.

"누구냐?"

누군가가 오 씨라고 대답해 주었다. 선주는 당황했다. 왜냐하면 선상 관습으로는 누군가가 아플 경우 각자 약값을 내주지만, 사람이 죽었을 경우엔 선주가 최소한 관 값은 지불해야 했기 때문이다. 선주는 오 씨의 체격이 우람했음을 떠올리고 그에 맞는 관 값이 결코 적은 돈이 아님을 깨달았다. 그제야 어제 저녁 그에게 사 준 술 때문에 생긴 손실이 너무나도 크게 느껴졌다. 선주는 급히 뱃머리로 달려가 말했다.

"이봐, 오 씨, 작작 마셨어야지. 그래도 술에 취해 죽었으니 편안하기야 하겠구먼."

바다에서 가장 기피하는 말이 바로 '죽음'이었다. 선주의 말이 떨어지자마자 오 씨는 몸을 일으키며 말했다.

"말씀 한번 잘하셨습니다. 오늘은 새해 첫날 아침인데, 재수 없는 말을 먼저 꺼내셨네요. 어제 우리가 한 내기 기억하시죠? 축하드립니다. 모두에게 약속은 꼭 지키십시오."

선주는 입을 다문 채 아무 말도 못하고 그저 패배를 인정했다.

증인

  이 대감의 아내는 며느리의 일거수일투족이 마음에 들지 않아 마냥 트집을 잡았다. 어느 날, 말대꾸 몇 마디 했다는 이유로 그녀는 며느리 뺨을 얼얼할 정도로 때린 것도 모자라 다리까지 부러뜨려 놓았다. 설상가상으로 이 대감도 며느리에게 '시부모를 거역하고 게을러 터지면서 늘 먹는 것만 밝힌다.'는 죄명을 씌워 관가에 고발했다.

  재판이 한창 진행 중일 때, 장 씨가 대문을 박차고 들어왔다. 현령이 그에게 무슨 일인지를 물었다.

  "증인이 되고 싶어 왔습니다."

  이 대감 부부가 그의 말을 듣고 갑자기 허둥대기 시작했다. 현령이 다시 물었다.

  "그럼, 어느 측 증인이 되고 싶으냐?"

  "이 대감 측 증인이 되고 싶습니다."

  이 대감 부부는 웬 횡재냐며 기뻐했다.

"저 아이는 저희 집 머슴입니다. 저희 집에서 무슨 일이 일어났는지 다 알고 있습니다. 그리고 절대로 거짓을 말하는 법이 없습니다. 그러니 나리, 저 아이가 저희 증인이 되게 해 주십시오."

현령이 물었다.

"저 여자가 시부모를 거역했느냐?"

장 씨가 말했다.

"그렇습니다, 나리."

"저 여자는 게으르고 먹는 것만 밝혔느냐?"

"예, 틀림없습니다."

이 대감이 말했다.

"맞습니다, 맞아요. 저 머슴이 말한 그대로입니다."

장 씨가 말했다.

"게으르기만 한 것이 아니라 특히 먹는 것을 너무 좋아했습죠. 한번은 제가 밭에서 일을 마치고 돌아오는데, 글쎄 몰래 돼지 밥을 먹고 있지 않겠습니까?"

대감의 마누라가 끼어들었다.

"아니, 돼지 밥까지 몰래 훔쳐 먹었다고? 나리, 그러니 다른 음식은 두말할 것도 없겠지요?"

현령이 말했다.

"이, 무식한 것들! 이 모든 말이 너희가 며느리를 학대했다는 증거가 아니고 뭐냐! 이것들을 매우 쳐라."

고추는 물기를 없애 준다네

아생(阿生)이 황 씨네 집에서 머슴살이를 하던 때였다. 황 씨는 마을에서도 소문난 구두쇠였다. 그는 고추 몇 포대를 사 놓고 매일 일꾼들 반찬으로 고추를 내놓았다. 일꾼들은 매일 고추만 먹다 보니 헛바닥이 붓고 머리가 지끈지끈 아팠다. 그러나 황 씨는 오히려 일꾼들에게 신경을 쓰는 양 말했다.

"요즘이 장마철이니 고추를 많이 먹어야 한다. 물은 고추의 성분을 무서워하거든."

아생은 속으로 생각했다.

'주인이란 작자가 악랄한 데다 손끝도 무척 맵군. 기회를 봐서 한번 혼내 줘야지.'

여름 걷이를 할 즈음, 창고 안에 든 곡식들을 모두 마당에 내어 가득 널어 놓고 햇볕에 말리던 날이었다. 그런데 조금 전까지 맑던 하늘이 갑자기 어두워지더니 바람이 세차게 불었다. 단박에 폭우가 내릴 듯한 기세였다. 황 씨는 급히 일꾼들에게 곡식들이 비를 맞지 않도록 덮개를 씌우라고 시켰다.

아생과 일꾼들은 자신만만한 표정으로 황 씨에게 말했다.

"주인 나리, 걱정 마십시오. 우리에게 비를 그치게 할 비책이 있습니다요."

말을 마치고 아생과 일꾼 몇몇이 곧 부엌으로 달려가 고추 두 광주리를 가지고 나왔다. 그리고 처마 밑에 서서 고추를 한 움큼씩 쥐고 빗속으로 던지면서 소리쳤다.

"고추 나가신다, 비야 물러가라! 비야 물러가라!"

고추 두 광주리를 모조리 뿌렸지만 마당 가득 쌓여 있던 곡식들은 빗물에 섞여 개울과 밭으로 휩쓸려 나갔다. 황 씨는 화가 나 몸이 얼어붙은 듯 서 있었지만 아무 말도 하지 못했다.

바람둥이 길들이기

주세삼*朱細三*은 정처 없이 거닐다가 화도촌이라는 산속 작은 마을까지 왔는데, 어디선가 여인의 나지막한 울음소리가 들려왔다. 울음소리를 따라가 보니 초가집에서 여인이 책상에 엎드려 통곡하는 모습이 보였다. 세삼이 다가가 그녀에게 몇 마디 말을 건네자 그녀는 더욱 구슬피 울었다. 거듭 우는 까닭을 묻자 그녀는 호의를 뿌리치지 못하고 사연을 털어놓았다.

"제 친정은 원래 무척 가난했습니다. 부모님이 모두 돌아가신 뒤 이 마을로 시집왔는데, 남편도 병이 들어 일찍 세상을 떠나고 말았죠. 흐흑! 남편 병을 치료할 때 돈이 없어 이 마을 도살업자인 장 씨와 땡중 조팔에게서 돈을 빌렸습니다. 그러나 빚을 못 갚자 그들은 날마다 집에 와서 빚 독촉을 해 대고 급기야 입에 담지도 못할 말로 저를 욕보이기도 했습니다. 그들은 제가 자기들 수청을 들면 모든 빚을 탕감해 주겠다고 합니다만, 어찌 그리 치욕스러운 행동을 할 수 있겠습니까? 제가 수청을 들지 않으면 궁지로 몰아넣겠다고 협박을 하니 분하고 두려운 마음을 참지 못해 그만 울고 만 것입니다."

세삼은 그녀의 말을 듣고 차오르는 분노를 억지로 삭이면서 호주머니에서 돈을 꺼내 건네주었다.

"이제 그 불한당 같은 놈들을 응징할 수 있는 방법을 알려 드릴 테니 잘 들으십시오."

세삼은 방법을 알려 주고는 돌아갔다.

다음 날 도살업자 장 씨가 빚을 독촉하러 왔다가 그녀의 아리따운 얼굴을 보곤 마음이 달아올라 그녀를 자기 쪽으로 잡아당겼다. 그녀가 그를 밀쳐내며 말했다.

"오랫동안 돈을 갚지 못해 정말 죄송해요. 그래서 당신 말을 따르기로 했어요. 오늘 밤에 다시 오세요. 오실 때는 담뱃대로 문 앞의 섬돌을 세 번 치세요. 그럼 제가 문을 열어 드리지요. 하지만 절대로 이 비밀을 누설하지 마세요. 그럴 경우 우리 둘 다 이곳에서 고개를 들고 살 수 없을 거예요."

장 씨는 그녀의 말에 몸의 힘이 쭉 빠지는 것 같았다. 겨우 애써 마음을 다잡고 집으로 돌아갔다.

장 씨가 돌아간 뒤 얼마 되지 않아 땡중이 찾아왔다. 그녀는 중에게 말했다.

"이렇게 오랫동안 돈을 갚지 못해 정말 죄송해요. 그래서 당신 말을 따르기로 했어요. 오늘 밤에 다시 오세요. 오실 때는 문 앞의 섬돌을 옆으로 옮겨 놓고 거기 꿇어앉아 계세요. 그럼 제가 문을 열어 드리지요. 만약 발각되면 제가 당신에게 들어오라고 고함을 치겠어요. 하지만 무슨 일이 있어도 소리를 내서는 안 돼요!"

땡중은 그녀의 말을 듣고 희희낙락하며 돌아갔다.

땡중은 날이 어두워질 때까지 초조히 기다리다가 살금살금 그녀의 집으로 가 대문 앞 섬돌을 옮기고는 그 자리에 앉아서 문을 열어 주기만을 기다렸다. 얼마 지나자 캄캄한 밤중에 장 씨가 담뱃대를 들고 문 앞에 도착해서는 두리번거리며 대문 앞 섬돌을 찾았다. 그리곤 담뱃대로 그 위를 쳤다.

땡중은 누군가가 자기 쪽으로 다가오고 있음을 알았지만 소리를 내지를 수 없었다. 세상에 소문이 날까 두려워 그는 누군가가 자기 머리를 쳐도 입도 뻥긋하지 못했다.

장 씨는 중이 그곳에 와 있으리라곤 생각지도 못했기 때문에 부딪치는 소리가 전과 달랐지만, 그녀를 생각하는 마음에 이상히 여기지 않고 준비해 온 담뱃대로 그 섬돌을 힘껏 두 번 내려쳤다.

머리를 맞은 땡중은 하늘이 노래지는 고통을 참을 수가 없어서 머리를 감싸 쥐고 걸음아 날 살려라며 줄행랑을 쳤다. 한 달이 지나도 머리의 혹은 사라질 줄 몰랐다.

장 씨 역시 그와 다를 바 없었다. 섬돌이 날뛰는 것을 보고는 혼비백산하여 '귀신이야!'를 연발했다. 이리 넘어지고 저리 차이며 집으로 도망친 장 씨는 얼이 빠져 반년이 훨씬 지나고 나서야 회복되었다.

금은보화 열 단지

어느 현의 현령이 몇 년간 수많은 금은보화를 긁어모았다. 그는 금은보화를 술 단지 열 개에 꼭꼭 숨겨 놓고는 겉에 '술'이라고 적은 종이를 붙여 놓았다. 그리고 천삼에게 이 술 단지를 고향 집에 가져다 놓도록 시키면서 말했다.

"아버지가 술을 좋아하시지만 내가 지금껏 자식 된 도리를 다한 적이 없었지. 이번에도 겨우 이 술 단지 열 통을 아버님 생신 선물로 보내 드리려고 하는데, 길이 멀어 가는 도중에 도둑을 만날 수도 있을 게다. 수고스럽겠지만 이것을 내 고향 집까지 안전하게 가져다 주거라."

천삼은 쾌히 승낙하고 술 열 단지를 싣고 길을 떠났다. 가는 도중에 한 마을에 머물렀다. 이 마을은 생기란 전혀 없이 황폐하고 스산한 기운만이 마을 전체를 감돌고 있었다. 그가 연유를 소상히 묻자 이 마을 현령이 턱도 없이 높은 세금을 요구해 견디다 못한 사람들이 마을을 떠나 걸인이 되거나 유랑민이 되었다고 했다. 마을 현령의 본분에 맞지 않는 행동에 화가 난 천삼은 마을 사람들을 돕고 싶었다. 저녁이 되자 그는 마을에서 학식이 높다는 노인을 자신이 묵고 있는 여관으로 모셔 와서는 이름을 밝히고 말했다.

"이 술 열 단지를 드리겠습니다. '변변치 않은 술'이니 마을 사람들에게 조용히 나눠 주십시오. 그러나 절대로 소문이 나서는 안 됩니다."

노인은 술독을 멍하니 쳐다보았다.

천삼은 술독 하나를 깨부쉈다. 그러자 안에 들어 있던 금은보화가 쏟아져 나왔다.

"이제 변변찮은 술이 뭔지 아셨지요?"

노인은 사정의 내막을 안 뒤에는 오히려 천삼이 겪을 일을 걱정했다.

천삼이 말했다.

"걱정 마십시오. 제게는 은 백 냥만 있으면 충분합니다."

노인은 기꺼이 그에게 은 백 냥을 내주었고 마을은 예전의 활기를 되찾았다.

천삼은 곧 현으로 돌아와 이 일을 현령에게 보고했다.

현령이 물었다.

"자네, 그 술들은 집으로 잘 보냈는가?"

천삼이 말했다.

"집으로 보냈습지요! 하지만 술보다 훨씬 더 좋은 걸로 보냈습니다."

현령이 깜짝 놀라며 물었다.

"더 좋다는 것은 무엇을 말하느냐?"

"길을 가던 중에 술 장수를 만났지 뭡니까. 그가 술 열 단지를 마음에 들어 하더군요. 그래서 제가 비싼 값으로 흥정을 했지요. 술 한 단지에 은 열 냥을 준다기에 모두 백 냥을 주고 팔아 버렸습니다. 어르신 아버님께 은 백 냥을 드렸더니 기뻐서 눈이 휘둥그레지시더군요."

현령은 이 말을 듣고 땅바닥에 풀썩 주저앉더니 바로 기절해 버렸다. 사실 그 열 개의 술독 안에 든 금은보화는 은 수만 냥 이상의 가치가 있었으니, 은 백 냥에 팔았다는 소리에 어찌 제정신일 수 있겠는가!

아내를 속인 소광제

소광제(蕭光際)의 아내 완(阮) 씨는 여동생 결혼 문제로 친정어머니와 대판 싸움을 벌였다. 친정어머니는 화를 내며 말했다.

"오늘부터 너와 난 인연을 끊도록 하자. 난 널 낳은 적이 없고, 너도 이 어미가 죽었다고 생각해라. 그리고 다시는 우리 집 대문을 넘을 생각도 하지 마라."

완 씨는 눈물을 닦으며 말했다.

"알았어요. 오지 말라면 오지 않겠어요."

이후 두 모녀는 반년 동안 왕래가 없었다. 소광제는 화해를 권했지만 아내는 듣지 않았다.

이후 시집간 완 씨의 여동생은 결혼 생활이 순탄치 못했다. 시어머니에게 갖은 학대를 받아 처녀 시절의 백옥 같던 피부는 온데간데없이 수세미처럼 거칠어졌다. 애초에 큰딸 말을 듣지 않은 걸 후회한 어머니는 자연 그녀에 대한 화도 수그러지면서 큰딸 생각이 간절해졌다. 그러나 소광제에게 자초지종을 들은 완 씨 부인은 더욱더 친정어머니에 대한 화를 삭이지 못했다.

　소광제는 무슨 일이든 척척 해결해 내는 사람이었지만, 이번 일만큼은 쉽지가 않았다.

　어느 날 소광제는 이웃 장 씨와 왕 씨가 빈 가마를 들고 가는 것을 보고는 누구를 마중 가는 길인지 물었다.

　장 씨가 말했다.

　"쳇, 마중은 무슨 마중! 헛걸음했지 뭐예요. 배고파 죽겠어요."

　소광제에게 순간 계책이 떠올랐다.

　"배가 고프다고? 그렇다면 우리 집에 가세나. 밥에 술까지 먹여 주지. 대신에 날 좀 도와주게나."

　왕 씨가 말했다.

　"형님, 말씀만 하십시오. 우리가 다 들어 드리죠."

　소광제는 이들의 도움이 절실했기 때문에, 장모와 아내 사이가 틀어진 사연을 말해 주었다. 그리고 여차여차해야만 이 두 사람 사이가 예전처럼 다시 좋아질 수 있다고 설명해 주니, 두 가마꾼이 쾌히 승낙했다.

　세 사람은 모두 소광제 집에 도착했다. 소광제는 급한 척 부산을 떨며 말했다.

　"이 두 아우에게 밥을 좀 차려 줘. 밥을 먹고 나면 당신은 저들과 함께 장모님 댁으로 가 봐."

　완 씨가 말했다.

　"나는 한 번 안 간다면 안 가는 줄 알아요!"

　"어머님이 곧 돌아가실 것 같아. 당신이 한 번 보러 왔으면 하시는데, 당신 정말 안 가 보겠어?"

　완 씨가 놀라다가 다시 실눈을 한 채 소광제를 노려보며 말했다.

"우리 어머니가 얼마나 건강하신데요. 당신이 다른 사람은 완벽히 속일 수는 있을지 몰라도 날 속일 수는 없죠."

"세상일을 누가 알겠나? 장모님이 질식하셨대. 믿지 못하겠다면 저 두 사람에게 물어봐."

가마꾼이 바로 이어 말했다.

"형수님, 광제 형님이 사람들에게 농담하는 걸 좋아하시기는 하죠. 그렇지만 우리 두 사람 나이를 합하면 딱 백 살입니다. 어떻게 형수님에게 농담이나 하겠습니까? 형님이 우리를 부르신 것도 정말 형수님 어머님 때문이세요."

완 씨는 가마꾼들의 진지한 모습에 당황할 수밖에 없었다. 급히 국수를 끓이고 계란을 삶기 위해 불을 지피자니 지난 반년 동안 친정어머니에게 사납게 군 기억 때문에 자신도 모르게 눈물이 흘러내렸다.

소광제는 일부러 나무라는 척했다.

"뭘 울고 그러나? 당신이 울면 저 사람들이 밥을 제대로 못 먹잖아."

"당신 장모님이에요. 정말 양심도 없어."

두 가마꾼이 허겁지겁 국수와 계란을 먹고 나자 완 씨는 아무 말 없이 가마에 올라탔다.

가마꾼이 쏜살같이 내달려 저녁 무렵엔 친정집에 도착했다. 완 씨는 대문을 넘자마자 대성통곡했다.

"어머니!"

그때 친정어머니는 마침 부뚜막에서 밥을 먹고 있었다. 큰딸이 우는 것을 보고 딸이 마침내 마음을 푼 것이 기쁘기도 했지만, 혹시 딸 집에 무슨 일이 생긴 것이 아닐까 걱정스러워 뛰어나가 물었다.

"얘야, 무슨 일이냐?"

완 씨가 고개를 들었다.

'어머나……. 어머니가 괜찮으시네.'

그녀가 물었다.

"어머니, 편찮으시다면서요?"

"안 아픈데."

"아이쿠, 이 망할 영감. 그 사람이 글쎄 어머니가 곧 죽을 거라잖아요. 그리고 이 가마꾼 두 사람도……."

완 씨가 문 쪽을 가리키자 두 가마꾼은 입을 가리고 킥킥 웃으면서 가마를 들고 도망쳤다.

친정어머니가 말했다.

"얘야, 네가 날 이렇게 보러 온다면 아플 만도 하구나."

"그래도 자기 마누라를 속이다니, 정말 못됐어."

"사위 그 사람이야 호의에서 한 행동이지만 네가 모질었지. 반년 동안 한 번도 날 보러 오질 않다니."

완 씨가 푸하하 웃으며 말했다.

"혹시 어머니가 그 사람에게 날 속이라고 하지 않으셨어요? 항상 그 사람 편만 들어주시니 말예요."

역지사지

  황 씨는 말 한 마리를 길렀는데 그 말은 매일 마구간을 마음대로 뛰쳐나가 다른 집 곡식을 훔쳐 먹고 돌아오곤 했다. 그의 말 때문에 피해를 입은 집이 한둘이 아니었다. 말을 잘 매어 놓으라고 부탁하면 오히려 그는 "내 말은 최고급 사료를 줘도 먹지 않는데, 어떻게 당신네 집 곡식을 먹겠나?"라며 콧방귀를 뀌었다.

  어느 날 유 씨가 황 씨네 말이 또 마구간에서 뛰쳐나와 어슬렁거리는 것을 보았다. 그는 조심스럽게 다가가 말고삐를 낚아채서 황 씨네 밀밭으로 끌고 갔다. 그러고는 바로 황 씨에게 달려가 걱정하듯 말했다.

  "어르신, 빨리 가 보십시오. 어르신 밭에 소같이 생긴 녀석이 밀을 먹고 있습니다요."

  황 씨는 발을 동동 구르며 유 씨에게 말했다.

  "내 걸음이 늦으니 네가 가서 빨리 끌고 오너라. 어느 집 놈이든 상관없어. 그 녀석을 가만 놔두면 내가 성을 바꾸지."

유 씨는 갔던 길을 다시 되돌아와서는 황 씨에게 말했다.

"그런데 어르신, 소가 아닌데요. 아무래도 어르신의 말인 것 같습니다."

황 씨가 말했다.

"그래도 좀 몰아내 주게. 아니면 우리 집 밀밭도 끝장이라고."

유 씨가 말했다.

"걱정하실 것 없습니다. 최고급 사료도 먹지 않는데, 어찌 밀을 먹겠습니까?"

황 씨는 하는 수 없이 자신이 달려가 말을 몰아내는 수밖에 없었다. 그가 밭으로 달려갔을 때는 이미 밭 한 귀퉁이의 밀을 다 먹어 치운 뒤였다. 자기 말이 자기 밭 밀을 먹어 치웠으니 제 살을 깎아 먹은 셈이었다. 이후로 다시는 말을 함부로 풀어 놔 남의 집 곡식을 먹어 치우는 일이 없도록 했다.

호랑이가 백수의 왕이 된 사연

사람들은 호랑이의 두정골에 나 있는 '王' 자 때문에 그를 백수의 왕이라고 불러 왔다. 그렇다면 이 '王' 자는 과연 어떻게 생겨난 것일까?

옛날 깊은 산골의 한 작은 마을에 오래전에 남편과 사별한 과부와 그의 아들이 살고 있었다. 입에 풀칠하기도 힘든 지경이었으나, 아들 왕의^{王義}가 자라서 산에서 땔감을 구해 와 하루하루를 근근이 먹고살 수 있었다.

그날도 왕의는 땔감을 메고 마을로 내려오던 중이었다. 그때 갑자기 숲 속에서 호랑이 한 마리가 튀어나왔다. 그는 몹시 놀란 나머지 땔감도 버리고 걸음아 날 살려라 하며 도망쳤다. 그러나 아무리 왕의가 빨리 내달린다 해도 호랑이를 당할 수는 없었다. 눈 깜짝할 사이에 달려온 호랑이가 어느덧 앞에 있었다. 땀에 흠뻑 젖은 왕의는 팔다리 힘이 모두 빠져 정신이 혼미해졌다.

'이제는 호랑이에게 잡아먹힐 일만 남았구나.'

그런데 호랑이는 길만 막아설 뿐 좀처럼 그에게 덤벼들지 않았다. 그가 냉정을 찾은 듯하자, 그제야 호랑이는 왕의를 향해 입을 쩍 벌리면서 머리를 절레절레 흔들었다. 왕의는 호랑이 입 안으로 머리를 집어넣어 이리저리 살핀 뒤에야 호랑이 목구멍에 큰 뼈다귀 하나가 걸려 있음을 알아차렸다.

"목구멍에 걸린 뼈다귀를 뽑아 주었으면 하는 거죠?"

호랑이가 고개를 끄덕이며 꼬리를 흔들었다. 왕의가 소매를 걷어 올린 뒤 입 안에 손을 넣고 단단하게 걸려 있는 뼈다귀를 잡고 이리저리 흔들자 뼈다귀가 가뿐히 빠져나왔다. 뼈다귀를 꺼내 주자 호랑이는 마치 주인을 만난 듯 긴 혀로 왕의 손을 핥으며 응석을 부렸다.

왕의는 방금 전 내던졌던 땔감을 다시 둘러메고 산을 내려왔는데 그 뒤로 호랑이가 졸졸 따라왔다. 아무리 쫓아 보내도 소용이 없었다. 왕의가 마을에 들어서자 모두 호랑이를 보고 혼비백산하여 도망쳤다. 집에 도착한 왕의는 급히 어머니를 불렀다. 어머니도 제 집 앞마당까지 들어온 호랑이를 보고 덜덜 떨기만 할 뿐 말을 잇지 못했다.

"무서워 마세요, 어머니. 제가 이 호랑이 형님의 목숨을 구해 줬으니 우리를 해치지는 않을 거예요."

숲에서 있었던 일을 자세히 설명하자 어머니는 가슴을 쓸어내리며 안심했다. 왕의가 먹을 것을 꺼내 와 호랑이에게 건네주자, 호랑이는 거절하며 곧장 산으로 돌아갔다.

두 모자는 호랑이가 돌아가자 다시는 나타나지 않을 것이라 생각했다. 그러나 해가 질 무렵 뒤뜰에서 쿵 소리가 들려왔다. 왕의가 나가 보니 노루 한 마리가 죽은 채 누워 있었다. 왕의의 집은 산비탈 아래에 지었기 때문에 뒤뜰 담이 꽤 높다. 그런데 조금 전의 호랑이가 그 위에 앉아서 내려다보고 있었다.

"형님, 내려오세요."

왕의는 칼로 노루 껍질을 벗긴 뒤 살코기를 떼어 호랑이에게 주었지만, 마찬가지로 입을 대지 않았다. 두 모자는 실컷 고깃국을 끓여 먹고도 남자 고기를 시장에 내다 팔아 쌀로 바꾸었다. 이날 이후 뒤뜰에서 쿵 소리만 나면 언제나 멧돼지나 노루 같은 것들이 놓여 있었다. 왕의는 더 이상 산으로 나무를 하러 갈 필요가 없었다. 그들의 생활도 하루가 다르게 풍족해졌다. 무엇이 필요한지 말만 하면 당장 뒤뜰에 그득 쌓였다.

어느 날 왕의의 어머니가 호랑이 목을 쓰다듬으며 말했다.

"이 모든 것이 다 네 덕분이구나. 다만 우리에게도 며느리가 생긴다면 더 이상 걱정이 없을 텐데."

어머니는 호랑이에게 시시콜콜 마음속 이야기를 늘어놓았다. 그녀는 호랑이가 사람 말을 알아들을 줄은 상상도 못했다.

그날 이후 네댓새가 지나도록 호랑이는 모습을 드러내지 않았다.

"어머니, 요즘 형님이 왜 오시질 않는 거죠? 혹시 어머니께서 형님을 화나게 한 건 아니에요?"

"내가 왜 그 녀석을 화나게 하겠니?"

잠시 후 뒤뜰에서 다시 쿵 하는 소리가 들리자 왕의는 기뻐서 쏜살같이 달려 나갔다.

"형님, 이제야 오셨군요."

그러나 이번엔 사람 시체가 놓여 있었다.

"어이구머니, 이게 웬 시체야? 형님, 저희가 죽는 꼴을 보시려고 그러십니까? 알지도 못하는 사람의 시체라니요. 관아에서 알면 큰일 납니다."

찬찬히 살펴보니 자태가 아주 고운 여인이었다. 가슴에 귀를 대 보니 심장이 아직 뛰고 있었다. 급히 아가씨를 안아 방으로 들여와 눕히고 어머니는 죽을 끓여 그녀에게 먹였다. 잠시 후 하얗게 질렸던 그녀의 얼굴이 홍조를 띠자 더욱 아름다웠다. 갑자기 눈을 뜬 아가씨가 발버둥을 치며 소리쳤다.

"아악! 여기가 어디예요?"

"겁내지 마세요, 아가씨. 우리는 나쁜 사람들이 아니에요. 호랑이가 아가씨를 이곳으로 물고 왔지 뭐예요."

어느 곳에서 왔는지 물었지만 그녀는 그저 아주 먼 곳이라는 것만 생각난다며 눈물을 뚝뚝 흘렸다. 어머니는 그녀에게 방 한 칸을 내주고 그곳에서 머물도록 했다. 왕의의 어머니는 그녀의 뽀얀 피부와 아리따운 모습을 보고 틀림없이 부잣집 규수일 거라고 생각했다. 그녀는 보름 정도 머문 뒤에야 말을 꺼냈다.

"아주머니, 오라버니에게 정혼자가 있나요?"

"우리같이 가난한 집에 누가 며느리를 주려고 하겠어요?"

"그렇다면 제가 오라버니에게 신세를 갚고 싶은데……."

어머니는 눈이 휘둥그레지며 말했다.

"아이고, 아가씨. 아가씨의 모양새를 보니 우리 집처럼 누추한 곳에서는 살기 아까운 분인 듯한데, 어서 집으로 돌아갈 방법이나 생각해 봐요."

그녀는 무릎을 꿇고 다시 말했다.

"두 분께서는 저를 극진히 돌봐 주셨어요. 만약 절 받아 주지 않으시면 차라리 이 부질없는 목숨을 끊는 수밖에요."

어머니는 하는 수 없이 그녀를 받아들이기로 했다.

"우리가 이토록 훌륭한 규수를 며느리로 맞이할 수 있다니……."

혼례를 치른 왕의와 색시는 누구나 부러워할 만큼 금실이 좋았다. 어머니나 호랑이도 생활에 만족했다. 잡아 오는 동물들도 갈수록 양이 많아졌다. 반년이 지난 어느 날, 임신한 아내가 왕의에게 말했다.

"우리 내일 이곳을 떠나요. 그리고 이젠 더 이상 나무꾼 생활을 할 필요도 없어요."

"그게 무슨 말이오? 그리고 어디로 가자는 거요?"

"사실 저는 삼왕의 딸이에요. 제가 이곳에 온 그날도 오라버니와 함께 사냥을 나갔다가 호랑이를 만나 여기로 오게 된 거예요. 서방님이 성실하고 마음도 따뜻하니 이젠 제가 도와드리고 싶어요."

그는 그녀의 말을 듣고 눈이 휘둥그레졌다.

"난 가지 않을 거요. 만약 갔다간 내 목이 달아날 게 뻔하지 않소."

"걱정 마세요. 제가 있잖아요. 우리에겐 아이도 있고, 당신은 제 생명의 은인이기도 하니 아버지도 우리를 벌하지 않을 거예요. 당신은 부마가 되셔야 해요."

왕의는 아내의 말에 속으론 기뻤다. 어머니도 아들에게 복이 내렸다고 생각하니 기쁨을 이루 말할 수 없었다.

떠날 채비를 한 세 사람은 이웃들과 작별 인사를 나누고 날이 채 밝기도 전에 길을 나섰다. 다만 호랑이에게 말도 없이 떠났다는 사실은 까맣게 잊었다.

그들이 떠나 버렸음을 알 리 없는 호랑이는 여느 날과 다름없이 뒤뜰에 죽은 동물을 던져 놓았다. 첫째 날도 둘째 날도 던져 놓았지만, 그것을 거둬 가는 사람이 없자 호랑이는 왕의네 식구들이 병에 걸렸구나 추측만 할 뿐이었다. 네댓새 동안 계속 고기를 던져 놓는 바람에 온 집 안 가득 고기 썩는 냄새로 진동했다. 불안한 생각이

든 호랑이는 뜰 안으로 뛰어 들어와 문을 열어 보았지만 사람 기척이 없었다. 호랑이는 오히려 마을 사람들이 자기 은인인 왕의 가족들을 내쫓았다고 생각해 마을 주민에게 행패를 부리기 시작했다. 사람들과 가축들을 보는 대로 공격해 마을 주민들은 하루도 편할 날이 없었다. 밤마다 문단속을 철저히 하고 아무리 용감한 사람이라도 외출을 삼갔다.

어느 날 방앗간에 누워 있던 호랑이는 밖에서 두 사람이 나누는 이야기를 듣게 되었다.

"왕의 그 친구, 어찌 이토록 우리를 곤경에 빠트릴 수가 있지? 경성으로 간다는 사실을 호랑이에게 알려 주었던들 마을이 이 지경까지 됐겠나? 정말 어찌 해야 좋을지 모르겠구먼."

호랑이는 이 말을 듣고 밤새 달려 경성에 도착했다.

한편 왕의 모자와 아내가 경성에 도착하자, 왕은 딸이 살아 돌아온 사실에 기쁨을 감추지 못했다. 그동안 왕의와 혼례를 치르고 살림을 꾸려 왔다는 말을 듣고 가타부타 말없이 왕의를 부마로 삼았다.

어느 날 왕의가 하인들의 보호를 받으며 황성을 거닐고 있었다. 갑자기 마을 한쪽에서 대경실색한 사람들이 뛰어나오며 고함을 질렀다.

"큰일 났습니다, 호랑이가 나타났습니다."

왕의는 '호랑이'라는 말을 듣고 그제야 호랑이 형님이 떠올랐다. 그는 급히 마을 쪽으로 달려갔다. 호랑이는 왕의를 보자마자 그 앞에 꿇어앉으며 숨을 헐떡였다. 이미 병사들의 공격을 받아 호랑이 앞발에선 피가 줄줄 흘러내렸고, 몸도 부들부들 떨었다. 병사들이 쫓아와 호랑이를 칼로 베려고 하자 왕의가 소리쳤다.

"멈추어라."

병사들은 부마를 보고 행동을 멈췄다.

"여봐라, 이분은 바로 내 형님이시다. 내가 옆에 있는 한 절대로 너희를 해치지 않을 게다. 그러니 그만 돌아가거라."

왕의는 자기 처소로 호랑이를 데려온 뒤 온갖 정성을 다해 돌보았다. 얼마 뒤 호랑이는 다시 건강을 회복했다.

당시 조정은 계속되는 외적들의 침입으로 하루도 조용할 날이 없었다. 변방의 요새에서는 계속해서 구원을 요청해 왔다. 이날도 역시 변방에서 적들을 막는 데 실패해 적군이 곧 침입할 것이란 파발이 당도했다. 그러나 조정에서도 유능한 장수가 없어 노심초사했다. 삼왕이 부마를 얻었다는 소식을 듣고 황제가 왕의에게 출정 명령을 내렸다.

'일개 나무꾼 출신인 내가 어떻게 병사들을 이끌고 전투에 참여하지? 그렇다고 조정의 명령을 어길 수도 없는 노릇이고……'

결국 그는 병사들을 이끌고 출정 길에 올랐다. 그와 헤어지기 아쉬워한 호랑이도 그 뒤를 따랐다. 전장에서 벌어진 두 차례의 전투에서 호랑이는 자기 몫을 해냈다. 적군들은 호랑이를 보고는 모두 혼비백산해 마치 썰물 빠져나가듯 도망쳤다. 왕의는 병사들을 이끌고 변방까지 추격해 결국 승리를 거두었다.

경성으로 돌아오자 조정은 그들의 노고를 치하하고 왕의에게 관직을 하사했다. 왕의는 오히려 모든 공을 호랑이에게 돌렸다.

"이 모두가 호랑이 형님 덕분입니다."

황제가 물었다.

"네 호랑이 형은 누구더냐? 내 앞에 그를 데리고 오너라."

왕의는 황제 앞에 호랑이를 데리고 나타났다. 황제가 그 둘을 보더니 크게 웃었다.

"맹수가 우리 천하를 지켜 주리라곤 생각지도 못했구나. 짐이 오늘부터 너를 백수의 왕으로 봉하겠다. 여봐라, 가서 붓과 먹을 가져오너라."

황제는 붓을 집어 들고는 친히 아래로 내려가 호랑이의 두정골에 '王' 자를 써 주었다.

까마귀를 싫어하는 이유

아주 오랜 옛날 사람들은 까마귀를 싫어하지 않았다. 그런데 왜 세월이 흐르면서 싫어하게 되었을까?

숲 속에 온갖 새들이 저마다 둥지를 틀고 살았다. 이 속엔 어미 까마귀와 아들 까마귀도 끼어 있었다. 아들 까마귀는 어려서부터 아비 새가 없다는 이유로 어미의 지극한 사랑을 받았다. 아들 까마귀는 어미 덕분에 손가락 하나 까딱하지 않고 호의호식하며 살 수 있었다.

어느 날 어미 까마귀가 아들 까마귀에게 말했다.

"얘야, 너도 이제 다 자랐으니 네 힘으로 먹이 구하는 법을 배워야 하지 않겠니? 안 그러면 결국 배가 고파 죽게 된단다."

아들 까마귀는 내키지 않았지만, 어미 새의 설득에 결국 혼자 힘으로 먹이를 구하러 다닐 수밖에 없었다. 어미는 인내를 가지고 가르치고 또 가르쳐 결국 아들 혼자서도 먹이 사냥을 할 수 있게 되었다.

어느 날 어미 까마귀가 아들에게 말했다.

"애야, 너도 이제 가정을 꾸며야지."

"좋아요."

그래서 아들은 아주 아리따운 암컷 까마귀를 찾아 배필로 삼았다.

하지만 누가 예상이나 했을까? 이후 어미 까마귀에게 액운이 찾아들기 시작했다.

며느리 까마귀는 예쁘기는 했지만 게으르고 먹는 것만 밝혔다. 게다가 성격까지 못돼 시어머니를 우습게 여겨 욕지거리를 하거나 심지어는 때리기까지 했다. 아들 까마귀는 오히려 아내가 무서워 어미가 맞아도 못 본 척하거나 상관하지 않았다. 나중엔 아내와 함께 어미에게 몹쓸 행동까지 했다. 어미는 자기 처지가 이런 지경까지 되리라고는 상상도 못했기 때문에 화가 난다기보다는 마음이 아팠다. 결국 어미가 몸져누웠지만, 아들은 어미에게 진찰을 받게 해 주지도 밥을 가져다 주지도 않았다. 배가 고파 어찌 할 줄 몰라 어미는 어쩔 수 없이 아들에게 애원했다.

"애야, 이 어미에게 먹을 것을 좀 가져다 주지 않으련. 이 어미가 배가 고파 곧 죽을 것 같구나."

그러나 아들 까마귀는 오히려 고약하게 쏘아붙였다.

"배가 고프면 직접 찾아 먹어요. 공짜로 먹으려 들지 말고."

그는 어미를 아랑곳하지 않았다.

불쌍한 어미 새! 아들이 자신을 거들떠보지도 않자 어쩔 수 없이 병든 몸을 이끌고 먹을 것을 찾아 나섰지만, 이미 몸이 허약해질 대로 허약해진 터라 제대로 걸을 수조차 없었다. 결국 산에서 굴러 떨어져 목숨을 잃고 말았다.

그래도 아들 까마귀에게는 효심이란 것이 남아 있었다. 아들 부부는 어미의 주검 앞에서 구슬피 울었다. 그들은 어미의 죽음을 얼마나 가슴 아파하는지를 모두에게 보여 주고 싶었다. 숲 속의 다른 새들도 다 같이 대성통곡하기 시작했다. 그런데 이들 중 가장 노래를 잘한다는 종달새가 소리 높여 노래를 불렀다.

"돼먹지 못한 놈, 까마귀라네. 아내 때문에 부모를 버리다니 염치도 없는 놈, 까마귀라네. 부모가 아픈데도 돌보지 않다니 미움받을 만해, 이 못난 놈 까마귀야. 어머니가 살아 있는 걸 귀찮아하네, 이 못난 놈 까마귀야. 어머니 살아생전엔 모른 척해 놓고 우습구나, 이 못난 놈 까마귀야. 살아 계실 땐 효도하지 않고 죽은 다음에야 통곡하다니. 여러분, 한번 들어 보시오. 이런 녀석을 본 적 있소?"

새들이 일제히 대답했다.

"처음 봤지, 처음 봤어."

아들 부부는 모두가 입 모아 자기들을 비난하자 처음에는 창피해하다가 화를 벌컥 냈다. 흰 상복을 찢어 버리고 싶었지만, 목까지만 찢어지고 더 이상 아무리 해도 벗겨지지가 않았다.

까마귀는 원래 온몸이 검은색이었다. 지금 목 부분의 하얀 깃털은 상복이 변한 모습이다. 그것은 바로 그들에 대한 징벌의 표시였다. 그들은 어른을 공경하지 않았기 때문에 이후 모두가 까마귀와 그 울음소리를 듣기 싫어했다.

왕위를 다투는 호랑이와 흑곰

 오랫동안 배를 주린 호랑이가 밀림 속에서 풀이 죽은 채 걸어 나왔다. 강어귀에서 물을 마시려던 참이었는데, 마침 토끼 한 마리가 수풀 속에서 뛰어나오는 것이 보였다.
 "마침 배에서 꼬르륵 소리가 진동하던 참이었는데, 오늘 나를 위해 이 세상을 마감하는 게 어떻겠니?"
 산토끼는 이미 도망치기에는 너무 늦었음을 직감하고 눈을 끔뻑거리며 말했다.
 "저를 간식거리로 삼을 생각이신가 보군요. 하지만 잠시 대왕께 말씀드릴 중요한 일이 하나 있는뎁쇼."
 호랑이는 소리를 버럭 질렀다.
 "이런 얼어 죽을 놈, 어서 말해 보거라. 정말 중요한 일이라면 목숨만은 살려 두겠다만, 그렇지 않을 시에는 네놈의 몸을 갈기갈기 물어뜯어 놓을 테다."
 산토끼는 일부러 불만스러운 표정으로 호랑이에게 말했다.

"지금 상황이 어떤데 대왕께서는 이렇게 태평하게만 계십니까? 제가 방금 흑곰과 마주쳤는데, 기세 등등하게 대왕님을 찾고 있었습니다. 그 녀석이 대왕님을 한 손으로 묵사발을 만들고 왕위를 차지하겠다고 큰소리를 쳤습죠."

호랑이가 토끼의 말을 듣고 화가 나 씩씩대며 말했다.

"토끼 너 이 녀석, 빨리 가서 그 흑곰 녀석을 찾아오너라. 누가 이 밀림의 왕인지 단단히 알려 줘야겠다."

호랑이를 거짓말로 속인 토끼는 가까스로 목숨을 건져 수풀 속으로 도망쳤다.

그때 마침 몸놀림이 우둔한 흑곰이 어슬렁어슬렁 거드름을 피우며 강가로 다가왔는데 뽐내는 모습이 역력했다. 호랑이는 둥그런 눈에 잔악한 눈빛을 띠고는 씩씩 가쁜 숨을 몰아쉬었다. 그리고 돌연 엉덩이를 뒤쪽으로 쭉 뺀 뒤 앞발로 땅을 차고 꼬리를 공중으로 휙휙 소리를 내며 돌리고는 흑곰을 향해 으르렁거렸다.

"흑곰 네 이놈, 네놈이 그 우둔함만 믿고 감히 내 왕위를 빼앗으려 해! 그럼 어디 한번 덤벼 봐라. 누가 더 센지 한번 겨뤄 보자."

흑곰은 머리를 설레설레 저으며 실눈을 끔벅댔다.

"내 눈앞에서 거드름은 그만 피워. 내 앞에서 잘난 체하지 않으면 나도 상관하지 않을 테니."

순간 기분이 상한 호랑이는 날카로운 발톱을 세운 뒤 슈욱 하고 몸을 높이 날려 흑곰에게 달려들었다. 흑곰은 급히 몸을 피한 뒤 발바닥으로 호랑이 엉덩이를 퍽 하고 찼다. 흑곰의 반격에 온몸이 얼얼해진 호랑이는 아프다고 비명을 질렀다. 그렇다고 천하의 호랑이가 패배를 인정할 수는 없었다. 갑자기 꼬리로 흑곰 머리를 감싸 쥐고는 획 돌렸다. 결국 둘의 싸움은 갈수록 치열해졌다. 한참을 뒹굴

다가 온몸의 힘이 다 빠져 버린 호랑이는 다른 동물이나 잡아먹겠다는 심산으로 수풀 속으로 도망쳤다.

흑곰은 성질이 꿍한 데다 어리석어 오랜 싸움에 지쳤을 법한데도 여전히 그 싸움판을 어슬렁거렸다. 돌과 몽둥이를 옆에 가져다 놓고 호랑이와의 한판을 기다렸다.

호랑이는 노루 한 마리를 잡아먹고 원기를 회복한 뒤 다시 거드름을 피우며 흑곰 앞에 나타났다.

"이 멍청한 곰아, 패배를 인정하고 싶지 않으면 다시 한판 붙겠느냐?"

화가 난 흑곰은 실눈을 하고 호랑이를 노려보았다.

"잘난 척 그만 하고 우리 중 누가 더 힘이 강한지 한번 해보자."

말이 채 끝나기도 전에 둘은 다시 한데 엉겨 붙어 싸우기 시작했다. 막상막하인 둘의 대결은 온 천하를 진동시켰다. 하지만 흑곰이 제대로 먹지 못해 힘을 쓸 수 없는 반면, 호랑이는 이미 배를 두둑이 채운 상태였기 때문에 그의 기세는 갈수록 더욱 맹렬해졌다. 흑곰이 잠시 숨을 돌리는 틈을 타 호랑이가 돌진해 날카로운 앞발을 휘두르니 그만 흑곰의 배가 터지고 말았다. 호랑이는 오만하게 말했다.

"이 장백산의 모든 동물이 다 내 관리 아래 있는데, 감히 내 자리를 넘봐?"

말을 마친 호랑이는 위풍도 당당하게 흑곰의 살덩이를 물어뜯으며 다시 숲으로 돌아갔다.

거북의 지혜

교활한 여우가 거북을 속여 잡아먹으려고 했지만, 거북이 껍데기가 너무 딱딱해서 녀석의 손끝 하나 다치게 할 수가 없었다. 어쩔 수 없이 여우는 친구들인 독수리, 이리, 천산갑, 족제비를 불러들여 힘을 합쳐 거북을 혼내 줄 계획을 세웠다.

거북이 첩첩산중 산길을 지나갈 때 하늘을 날던 독수리가 거북을 발견하고는 쏜살같이 내려와 거북을 쪼았다. 여우, 이리, 족제비가 이 소식을 듣고 모두 주위로 몰려들었다. 거북은 자신이 그들의 적수가 되지 못함을 알았기 때문에 온몸을 등 껍데기 속으로 집어넣고는 깔깔댔다.

"자자손손 우리 조상들의 철갑만 있으면 어느 누구도 날 해치지 못하지."

여우가 말했다.

"모두 서두르지 말고 천천히 상의해 보자고. 이 녀석을 혼내 줄 방법이 있을 거야."

이리가 거북을 비웃으면서 말했다.

"그런데 말야, 넌 그렇게 재주가 좋다면서 왜 도망가지 않냐?"

거북이 웃으면서 대답했다.

"철갑 껍데기가 날 보호해 줄 텐데 왜 도망을 가?"

"이봐, 천산갑. 자네는 산도 뚫을 수 있으니 얼른 저 거북이 껍데기를 뚫어 봐. 그럼 저 녀석 머리 부분은 자네한테 주지."

거북은 천산갑의 대단한 능력을 이미 알고 있었기 때문에 이리의 말을 듣고 소스라치게 놀랐다.

'만약 저 녀석이 정말로 손을 쓴다면 이 껍데기도 구멍이 나 버리고 말 거야. 그렇다면 목숨을 부지하기도 어려워.'

그러나 거북은 태연한 척 껄껄 웃으며 말했다.

"이봐, 천산갑. 아직도 네 주제를 모른다면 한번 해 봐. 네 머리통이 깨지고 꼬리가 뚝 끊어져야 이 철갑 껍데기의 대단함을 알게 되겠지만 말야."

천산갑은 거북의 말에 의기소침해져 감히 손을 대지 못했다.

이때 간교한 여우에게 묘안이 떠올랐다.

"저 거북이란 놈이 껍데기 안에 숨어 있지만 언젠가는 숨을 쉬려고 머리를 밖으로 빼내지 않겠나. 그때까지 한번 기다려 보세. 이봐 이리 친구, 저 녀석이 머리를 빼내면 바로 머리를 물어 버려."

거북은 그들의 말을 듣고 더욱 섬뜩해졌다.

'만약 저들이 정말로 꼼짝도 않고 날 지킨다면 숨이 막혀 죽기 전에 배가 고파서라도 죽을 텐데. 웅크린 팔다리도 오랫동안 펴지 못하면 곧 마비가 올 테고. 어떻게 하면 좋을까?'

그러나 거북은 여전히 의연한 자세로 말했다.

"나야 3개월 동안은 물 없이도 살 수 있고 3년 동안은 먹지 않아도 끄떡없지만, 자네들이 큰일이군. 자네들에게도 인내심이란 게 있다면 마음대로 한번 해 보게. 이 철갑 껍데기 아래에 바람 통하는 구멍이 네 개나 있어서 천년 동안 머리를 내밀지 않아도 숨 막혀 죽는 일은 없을 테니! 요 녀석아, 네 손자 손녀들까지 불러 평생 한번 기다려 봐."

그의 말에 놀라 눈이 휘둥그레진 여우가 다시 다른 방안을 생각해 냈다.

"저놈을 바위 위에 놓고 쇠망치로 껍데기를 부숴 버리는 게 어떻겠나."

'저 말이 사실이라면 이 몸이 어떻게 될지는 불을 보듯 뻔한 일이야.'

하지만 거북은 여전히 태연한 척 깔깔대고 웃으며 말했다.

"자네들 정말 바보로구먼. 우리 조상 대대로 내려온 이 철갑 껍데기를 겨우 바위와 쇠망치로 부술 수 있을 것 같은가? 오히려 철갑 껍데기를 있는 힘껏 내려치다가 튕겨 나온 쇠망치가 자네들 목숨이나 먼저 날려 버리지 않을까 걱정되는군."

여우는 더 이상 그의 말을 듣지 않고 고함을 질렀다.

"저 녀석과 말씨름할 필요 없어. 산꼭대기로 가져가서 아래로 굴려 버리자고. 그럼 우리가 껍데기를 깨거나 머리를 물어뜯을 필요도 없이 녀석을 저승길로 보낼 수 있어."

거북은 검게 타 들어가는 속마음과는 달리 웃으며 말했다.

"예전에 세상에서 가장 높다는 히말라야 산에서 굴러 본 적이 있는데 털끝 하나 다치지 않았지. 그런데 저렇게 낮은 산이라면 겁날 것도 없지."

여우는 화가 나서 버럭 소리를 질렀다.

"가증스러운 늙은이! 하늘도 무섭지 않고 땅도 무섭지 않다면 좋아. 이번에야말로 무서운 게 뭔지 보여 주지. 다들 모여 보게. 나뭇가지 위에 기름을 붓고 저 녀석을 불구덩이 속에 던져 버리자고. 거북이 맛있게 익으면 그때 배부르게 먹어 보세나. 다들 어떤가?"

친구들이 모두 찬성하자, 듣고 있던 거북은 놀라 온몸에 소름이 돋았다. 그러나 여전히 침착한 태도로 하하하 웃으며 말했다.

"대단하군. 자네들 어쩌면 상식이 그렇게도 모자란가? 거북은 물이 아니라 불로 목욕한다는 걸 설마 들어 보지 못한 건 아니겠지? 따뜻한 불 속에서 한껏 목욕을 하고 나면 얼마나 상쾌할까?"

여우는 분해서 발을 동동 구르며 노발대발했다.

"얼어 죽을 늙은이. 불이 무섭지 않다고 설마 물이 무섭지 않은 건 아닐 테지? 이봐, 독수리. 자네가 이놈을 물고 저 하늘 높이 올라갔다가 망망대해에 빠뜨려 버려. 저 영감이 살아남는지 어떤지를 지켜보자고."

거북은 속으로 쾌재를 불렀다.

'교활한 여우란 녀석의 생각이 어쩜 저리도 멍청할까? 나야 더 이상 바랄 게 없지.'

그러나 거북은 오히려 겁에 질린 듯 온몸을 벌벌 떨며 눈물까지 흘리며 애원했다.

"여우 형님, 그리고 다른 형님들. 제가 형님들과 별다른 원수를 진 적이 없는데 왜 굳이 저를 죽이려고 하십니까? 절 바닷속에 빠뜨리신다면 이 무겁기만 한 철갑 껍데기 때문에 바닷속 깊숙이 빠져서 숨이 막혀 죽어 버릴 겁니다. 제발 살려 주십시오. 이 늙은이를 불쌍히 여기십시오!"

여우는 희희낙락 웃으며 말했다.

"당신도 무서워 겁에 질릴 때가 있구먼. 더 웃어 보시지! 왜 울고 불고 애원을 해? 이봐, 늙은이. 당신을 살려 두면 앞으로 우리를 두고두고 놀릴 게 뻔하잖우."

여우는 독수리에게 거북을 물고 하늘로 올라가도록 했다. 거북은 더욱 원통하게 울기 시작했지만, 무리들은 콧방귀만 뀌었다.

독수리는 날카로운 발톱으로 거북을 잡고 하늘 높이 올라 물결이 거센 곳에서 떨어뜨렸다.

바다에 떨어진 거북은 결국 고향으로 무사히 돌아올 수 있었다. 그는 물 밖으로 머리를 내밀고 호탕하게 껄껄 웃었다.

"독수리 형님, 고맙구먼. 우리 집에까지 배웅해 줘서! 교활한 여우 선생, 제발 다시는 똑똑한 척하지 말게나."

수탉 뿔이 사라진 이유

원래 수탉 머리에는 대단히 아름다운 뿔이 한 쌍 나 있었다. 물론 지금의 선홍색 볏과는 다른 모습이었다.

반대로 옛날 용의 머리에는 뿔이 없었다. 당시 육지 생활을 하던 용은 자신의 힘만 믿고 백수의 왕이 되고 싶어 했다. 그러나 호랑이가 그의 생각에 동의할 리 없었다. 그래서 둘 사이에 격투가 벌어졌다. 오랜 싸움 끝에도 승패가 가려지지 않자 결국 옥황상제에게 결론을 내 달라고 부탁하기로 했다.

출발할 날이 가까워 오자 용은 자신이 비록 강하지만, 호랑이만큼 위풍당당하지도 잘생기지도 않았다는 걸 깨닫고 백수의 왕이 되지 못할까 봐 걱정되었다. 용은 동생인 지네의 의견을 구했다.

"형님, 수탉 머리 위의 뿔이 아름다우니, 그것만 빌릴 수 있다면 충분히 백수의 왕이 될 수 있을 겁니다."

용은 이 말을 듣자마자 지네와 함께 수탉을 찾아갔다.

용이 수탉을 찾아온 이유를 설명했지만, 수탉은 계속 고개를 흔들며 거절의 뜻을 표했다. 용은 수탉이 계속 거절하자 간곡하게 애원하며 하늘에 맹세까지 했다.

"만약 내가 당신의 뿔을 빌린 뒤 돌려주지 않으면 땅에 닿자마자 죽을 것입니다."

수탉은 용이 애원하는 모습이 무척이나 애처로워 보인 데다 그의 말이 진실하다는 생각이 들자 마음속으로 동요가 일었다. 그러나 여전히 걱정되는 바가 없지는 않았다.

이때 지네가 말했다.

"수탉 형님, 만약 용 형님이 뿔을 되돌려 주지 않으면 절 먹어 치운다 해도 원망하지 않겠어요."

수탉은 지네가 보증을 하자 그제야 마음이 놓였다. 그러나 뿔을 빌려 준 뒤 머리 위의 볏이 얼면 어쩌나 걱정되어 태양에게 부탁했다.

"태양 누님, 만약 내 볏이 추위에 언다면 절 기꺼이 도와주실 수 있으세요?"

"참을 수 없을 만큼 추워지면 날 세 번 연달아 불러. 그럼 내가 나타나서 널 따뜻하게 해 줄게."

그제야 안심한 수탉은 옥황상제 앞에서 백수의 왕을 가릴 수 있도록 용에게 자신의 소중한 뿔을 빌려 주었다.

용과 호랑이가 옥황상제의 황궁에 도착했다. 옥황상제는 호랑이가 위풍당당한 데다 아주 영민하게 생겼다고 생각했지만, 용도 체구가 크고 훤칠한 데다 특히 머리 위의 뿔이 상당히 마음에 들었다.

"너희 둘 모두 백수의 왕이 되거라. 호랑이는 맹수들의 왕이 되어 모든 동물을 책임지고, 용은 바다 동물들의 왕이 되어 바닷속의 모든 동물을 책임져라. 다만 너희가 상대방의 영역을 침범하는 것은 금하겠다."

용과 호랑이는 모두 그의 말에 뛸 듯이 기뻐하며 황궁을 떠났다.

'이 뿔을 수탉에게 돌려줬을 때 바닷속 물고기들이 내가 못생겼다고 생각해서 내 말을 듣지 않으면 어떡하지?'

욕심이 생긴 용은 수탉에게 뿔을 돌려주지 않고 몰래 물속으로 사라졌다.

수탉은 자신의 아름다운 뿔을 용에게 빌려 준 뒤, 자신이 못생겼다고 생각해 하루 종일 집 안에 숨어 밖으로 나오지 않았다. 한참 지나 용이 바다 동물들의 왕이 되었다는 소식을 들었지만, 아무리 기다려도 용은 돌아오지 않았다. 초조해진 수탉은 급기야 얼굴이 온통 벌겋게 달아오를 만큼 화가 뻗친 나머지 길길이 뛰었다. 그는 사방으로 지네를 찾아다녔고, 지네 또한 무서워 바위 틈에 숨어서는 감히 밖으로 나올 엄두를 내지 못했다. 그 뒤로 지금까지 수탉은 지네만 보면 잡아먹고, 아무리 큰 지네도 수탉만 보면 무서워 꼼짝하지 못했다.

수탉은 머리의 뿔이 사라진 뒤 밤만 되면 벼슬이 추워 견딜 수가 없었다. 이런 사실이 그를 더욱 화나게 했다. 그래서 밤마다 "용 형님, 내 뿔을 돌려줘요."라며 소리를 질렀다. 태양은 수탉이 애처롭게 소리치는 것을 불쌍히 여겨 그가 세 번 울 때마다 나타나 따뜻하게 해 주었다.

고양이는 왜 쥐를 잡아먹을까?

　호랑이가 담배 피우던 시절, 고양이와 쥐는 본디 날마다 함께 먹고 함께 생활하는 친형제 같은 사이였다.

　어느 날 고양이와 쥐가 함께 돼지 한 마리를 훔쳤다. 둘은 겨울 동안 먹기 위해 남겨 두기로 결정하고 나무 아래에 돼지를 묻어 두었다. 얼마 지나지 않아 쥐는 돼지가 먹고 싶어 견딜 수가 없었다.

　"고양이 형, 내 친구가 딸을 낳았다는데 한번 가 봐야겠어요. 오후에 돌아올 테니 아무 곳으로나 돌아다니지 마세요. 내가 돌아왔을 때 형님이 보이지 않으면 화가 나니까요."

　"그래야 한다면 집에서 널 기다릴게."

　쥐는 나무 아래로 뛰어가 돼지고기를 파내 배불리 실컷 먹었다. 집으로 돌아온 쥐에게 고양이가 물었다.

　"네 친구가 낳은 아이의 이름이 뭐야?"

　쥐는 계략을 짜내 말했다.

　"'껍질을 한 층 벗겼어' 래요."

며칠 지나자 쥐는 다시 돼지고기 생각으로 입에 침까지 고였다.

"고양이 형, 또 다른 친구가 딸의 이름을 짓는다는데, 한번 갔다 와야겠어요. 오후에 돌아올 테니, 이번에도 어디 가지 말고 집에 계세요."

"알았어."

쥐는 다시 나무 아래로 달려가 죽은 돼지고기를 파내 실컷 먹었다. 집으로 돌아온 쥐에게 고양이가 물었다.

"네 친구 딸의 이름을 무엇이라 지었니?"

쥐는 다시 꾀를 내어 말했다.

" '반이나 먹었네' 래요."

그 다음 날에도 쥐는 돼지고기가 생각나 고양이에게 말했다.

"고양이 형, 내 친구가 둘째 딸을 낳았다고 하는데 한번 다녀와야겠어요. 형까지 갈 필요는 없어요. 오후에 돌아올 테니 어디 돌아다니지 말고 계세요. 돌아와서 형이 집에 없으면 화가 나거든요."

쥐는 다시 돼지고기를 묻어 놓은 나무 아래로 달려가 남아 있던 돼지고기를 파내 모두 먹어 치웠다. 집으로 돌아오자 고양이가 물었다.

"아우야, 오늘 태어난 아이의 이름은 뭐야?"

쥐는 꾀를 내어 말했다.

" '다 먹어 치웠네' 래요."

겨울이 와 더 이상 먹을 것을 찾을 수 없게 되자 고양이가 말했다.

"아우야, 우리 오늘 그 돼지고기를 집으로 가지고 와서 두고두고 먹자꾸나."

쥐는 순간 당황하며 말했다.

"형님 혼자서 가세요. 저는 오늘 바빠요."

"알았어."

고양이는 나무 아래로 달려가 파 보았지만 아무것도 나오지 않았다. 그제야 예전에 쥐가 '껍질을 한 층 벗겼어.' '반이나 먹었네.' '다 먹어 치웠네.'라고 했던 말이 생각났다. 그는 쥐와 한바탕할 요량으로 집으로 돌아왔다.

"이 나쁜 놈! 내가 오늘 널 잡아먹지 않으면 고양이가 아니다."

말을 마치기가 무섭게 고양이가 쥐를 때리자 쥐는 감히 당해 낼 수 없었다. 쥐에게 남은 유일한 방법이라곤 그저 고양이 입이 닿지 않는 구멍을 찾는 것뿐이었다. 감히 밖으로 나오지 못한 쥐는 결국 굶어 죽었다. 둘의 악연은 후대까지 이어졌고, 고양이는 이 이유로 쥐를 잡아먹는다.

사람들이 개를 키우는 이유

　전설에 따르면 이리와 개는 한 어미에게서 태어난 형제였다고 한다. 이리가 형이고 개가 동생이었다. 그들의 어미가 죽은 뒤 형제는 깊은 산 속 한 사냥꾼 집에 살면서 사냥꾼의 조수가 되었다. 어느 날 사냥꾼이 이리와 개를 데리고 사냥을 떠났지만 하루가 지나도록 어디에서도 사냥감을 찾지 못했다. 사냥꾼이 걷다 지쳐 풀 위에 드러누웠다가 그만 잠이 들었다. 이리와 개는 모두 그 옆에서 주인이 일어나기만을 기다렸다. 기다리고 기다리다 둘은 결국 배가 고파졌다.

　처음에는 이리도 배고픔을 견딜 수 있었지만 도저히 참을 수가 없을 지경이 됐다. 눈을 씻고 찾아봐도 근처에 먹을 것은 없었다. 이리가 사냥꾼을 덮치려고 하자 그 모습을 본 개가 컹컹 짖어 대면서 주인을 보호하려 했다. 사냥꾼이 눈을 살짝 떴다가 수상한 점이 없자 다시 잠이 들었다. 이리는 주인이 다시 잠이 들자 또다시 달려들어 그를 잡아먹으려 했다. 개는 다시 컹컹 짖으면서 이리와 한바탕 싸움을 벌였다. 사냥꾼이 깨어나 이리와 개가 뒹굴며 싸우는 모습을 보고 두 녀석을 떼어 놓고 다시 잠이 들었다.

'개가 왜 저리도 컹컹 짖어 대는 거지? 이상하군.'

사냥꾼은 의아해하며 눈을 감고 자는 척해 보기로 했다. 이리가 주인에게 접근하자 개가 이리에게 달려들었다. 그제야 사냥꾼은 사태를 파악하고 벌떡 일어나 사냥총으로 이리를 쏘았다. 이리는 총알을 피해 도망쳤다.

이때부터 사람들은 이리를 더 이상 기르지 않았다.

은혜 갚은 팔색조

옛날 가난한 한 상인이 팔색조 한 마리를 길렀다. 팔색조는 사람 말을 알아듣는 새였기 때문에 상인은 이 새를 매우 애지중지했다. 비록 가게에는 늘 파리만 날렸지만, 주인은 차라리 자신이 적게 먹고 검소하게 생활할지언정 팔색조는 항상 소중히 대했다. 어느 날 상인이 팔색조에게 한탄하는 듯한 목소리로 읊조렸다.

"팔색조야, 네가 보기에도 내가 너무 가난하지? 어떡해야 좋을 지 모르겠구나."

그의 말을 들은 팔색조는 머리를 끄덕이며 새장 밖으로 날아갔다. 팔색조는 대장장이 집으로 날아가 보았지만, 그도 상인만큼이나 가난했다. 다시 농민의 집까지 날아갔지만, 이 집에도 다 해진 이불 두 채가 전부였다.

'백성들의 집은 하나같이 가난하지만 고관대작들의 집은 부자겠지.'

팔색조는 관아 뒤 정원에 지어진 화려한 이층집으로 날아갔다.

붉은 꽃 모양으로 조각해 놓은 창문이 반쯤 열려 있어, 새는 창턱에 멈춰 서서 머리를 들이밀고 안을 들여다보았다. 안에는 뽀얀 피부의 여인이 침대에 누워 마침 낮잠을 자고 있었다. 고관대작의 아내인 듯한 그녀는 더운 날씨 때문인지 금 목걸이를 옆에다 풀어 놓았다. 영리한 팔색조는 살금살금 다가가 이 목걸이를 물고 다시 상인 집으로 돌아왔다.

상인은 팔색조가 주워 온 뜻밖의 선물을 보고 급히 전당포로 가지고 갔다. 그러나 현령은 이미 금 목걸이가 사라진 것을 알아채고 병사들을 사방으로 풀었다. 전당포에서 바로 붙잡혀 관아로 호송된 상인은 고문을 견디지 못하고 결국 사건의 진상을 말해 버렸다. 현령은 죄에 대한 대가로 팔색조를 잡아 털 세 가닥을 뽑게 했다. 팔색조는 아픔을 무릅쓰고 절 법당으로 날아갔다. 마침 대웅전을 청소하던 동자승이 향을 피우려고 하는 순간, 팔색조는 몰래 부처의 소매 속으로 들어가 부처인 척 소리를 세 번 질렀다.

"동자승아, 동자승아, 동자승아!"

동자승은 깜짝 놀라 황급히 노승을 데리고 다시 대웅전 안으로 들어왔다. 팔색조는 다시 세 번 소리를 질렀다.

"노승아, 노승아, 노승아!"

노승은 부처가 계시를 하는 것이라 여겨 연신 고개를 조아리며 말했다.

"나무아미타불 관세음보살. 부처님, 무슨 일이십니까?"

"얼른 가서 현령을 데리고 오너라."

노승은 급히 관아로 달려가 상황을 얘기해 주었지만, 현령은 반신반의했다. 그러나 현령의 아내는 부처가 말문을 열었다면, 이것은 돈을 벌 수 있는 기회라며 현령의 팔을 이끌고 대웅전으로 달려갔다.

"이런 나쁜 놈의 관리 같으니라고! 네 죄를 네가 알렷다? 얼른 꿇어앉지 못하겠느냐?"

"나무아미타불 관세음보살."

현령의 아내는 급히 방석 위에 꿇어앉아 연신 머리를 조아리며 용서를 구했지만, 교활한 현령은 그때까지도 여전히 반신반의했다. 이때 마침 법당 안으로 바람이 불어오면서 부처 앞에 놓여 있던 깃이 바람에 날렸다. 이 깃이 촛대 위를 돌다가 초를 넘어뜨리는 바람에 뜨거운 촛농이 현령 얼굴에 튀고 말았다. 부처의 계시라 판단한 현령은 그만 놀라 얼굴이 사색이 되었다. 급히 이마를 바닥까지 조아리며 용서를 구했다.

"이런 나쁜 놈의 관리 같으니라고! 너는 어찌 하여 팔색조의 깃털을 뽑아 갔느냐. 그것에 대한 대가로 네 수염을 세 가닥 뽑겠다."

현령은 아플까 겁이 나 수염 뽑을 엄두를 내지 못했다.

"뽑지 않겠다면 하는 수 없지. 그렇다면 은 300냥을 팔색조의 주인집으로 보내거라."

현령은 무서워 수염을 뽑지 못하고, 그의 아내는 은 300냥이 아깝다며 법당에서 논쟁을 벌였다. 노승이 '부처'의 심판을 따르도록 설득하자 둘은 순순히 은 300냥을 내놓았다.

이 돈이 밑천이 되어 상인의 사업은 날로 번창했다. 팔색조는 이것으로 자신을 길러 준 은혜에 보답했다고 생각해 다시는 상인에게 돌아가지 않았다.

말에게 뿔이 없는 이유

아주 옛날 사람들은 말을 기를 수가 없었다. 그 당시 말은 성질이 난폭했으며 머리에 난 뿔 한 쌍도 소나 양의 것과는 비교할 수 없을 만큼 크고 딱딱했다. 말은 큰 뿔이 있다는 사실만으로 천하에 무서울 것이 없었다. 그는 하고 싶은 일은 서슴지 않고 했으며, 누구라도 자기 말에 복종하지 않으면 큰 뿔로 받았다. 살짝 받히면 기절을 했고, 세게 받힐 경우에는 죽기도 했다. 그래서 모든 가축들은 말이라면 벌벌 떨었다.

언젠가 말이 산비탈에서 풀을 뜯고 있을 때, 소와 양이 두리번거리며 그 앞을 지나갔다. 말은 이 광경을 보자마자 화를 버럭 내며 소리를 질렀다.

"너희는 내가 보이지도 않아?"

"보, 보여요."

"그렇다면 내가 여기서 풀을 뜯고 있는 것을 뻔히 보면서도 왜 피하지 않지? 왜 여기서 함부로 돌아다녀?"

●─중국 민담

소와 양은 설령 그 이유를 설명한다 해도 이미 늦었음을 알았기에 어쩔 수 없이 머리를 숙이고 아무 말 없이 말의 화가 누그러질 때까지 기다렸다. 그러자 말은 더욱 의기양양해져 고함을 질렀다.

"내가 얼마나 대단한지 몰라? 너희 둘 모두 돌아가서 다른 녀석들을 다 불러 모아. 내가 이 뿔로 한 녀석씩 다 받아 버릴 테니까!"

소와 양은 다른 방법이 없자 다른 가축들을 불러 모았다. 소와 양들은 이 사실을 안 뒤부터 모두가 말을 증오하게 되었다. 그러나 걱정도 가시지 않았다.

'자기 머리 위에 난 뿔이라지만, 왜 쓸데없이 우리를 들이받으려고 하는 거야? 그리고 말은 뿔이 나는데 왜 우리 소와 양들은 뿔이 나면 안 되는 거냐고?'

모두 걱정은 했지만, 달리 말을 이길 묘안이 떠오르지 않았다. 그때 새끼 양이 나섰다.

"다들 저와 함께 가요! 저에게 좋은 생각이 있어요."

'모두들 말을 무서워하는데, 어린 녀석이 무슨 방법이 있다는 거지?'

그러나 새끼 양이 워낙 확신에 찬 모습이었기에 반신반의하면서도 모두 따라가 보았다.

말 앞에 도착하자 새끼 양이 나섰다.

"말 아저씨, 아저씨가 우리 모두를 뿔로 들이받겠다고 했다면서요?"

"그렇다! 내 생각을 받아들이지 못하겠느냐?"

"받아들이기는 하겠지만, 대신 한 가지 질문이 있어요. 아저씨는 제가 아저씨를 공연히 들이받는다면 괜찮겠어요?"

"그건 안 되지."

"그건 안 된다고 하면서 아저씨는 왜 우리를 들이받으려고 하지요?"

"그래야만 하니까."

"뭘 믿고 그러시는 거예요?"

"그야 난 힘도 세고 뿔도 단단하니까! 나야 너희를 모두 들이받을 수 있지만, 너희는 날 들이받을 수 없지 않니?"

"맞는 말씀이에요. 하지만 아저씨는 힘도 그리 세지 못하고 뿔도 단단한 편은 아니잖아요."

"이 녀석이! 네가 감히 겁도 없이 날 놀려? 나보다 힘이 세고 뿔도 더 단단한 녀석이 이 세상에 또 어디 있어?"

말은 화가 난 듯 계속 발굽으로 땅을 찼다.

"아저씨와 힘을 겨루자는 것도 또 뿔 세기를 따져 보자는 것도 아니에요. 모두 아저씨와 겨루기를 무서워하지만, 막상 아저씨가 진다면 창피하시겠죠! 아저씨는 우리가 아저씨를 무서워한다고 생각하지만, 우린 전혀 아저씨를 무서워하지 않아요. 아저씨가 그렇게 대단하다면, 이 세상에 아저씨를 무서워하지 않는 것이 없겠죠. 그래야만 대단하다고 말할 수 있는 것 아니겠어요? 근데 아저씨를 무서워하지 않는 것이 딱 한 가지 있어요. 히히, 아저씬 그 녀석보다 훨씬 못해요."

새끼 양은 마음껏 말을 비웃었다.

"누가 날 무서워하지 않는다고? 빨리 말해 봐!"

말은 기분이 상할 대로 상했다.

"전 말할 수가 없어요. 말하고 난 뒤 아저씨가 겁이 나 죽으면 어떡해요. 아저씨가 죽고 나면 우리는 누굴 무서워하며 살라고요! 하지만 아저씨가 죽고 나서도 우린 여전히 무서운 게 있어요. 아저씨가 그 뿔로 우릴 다 들이받겠다고 하셨으니, 어서 그렇게 하세요."

새끼 양은 다시 비웃었다.

"말하지 않고는 못 배길걸."

말은 새끼 양에게 한 대 맞은 꼴이 되자, 화를 억누를 길 없어 온몸이 부르르 떨리고 가슴은 터질 것만 같았다.

"내가 만약 말을 해 준다면 아저씨는 어떻게 하시겠어요?"

"빨리 말해! 그 녀석에게 내 위력을 보여 줄 테니까. 살아 있는 녀석이라면 들이받아 죽여 버릴 테고, 죽은 녀석이라면 들이받아 살려 낼 테니까."

"아저씨가 협박하시니 말씀드리지요."

새끼 양은 앞발을 들어 맞은편 산을 가리켰다.

"저 산은 아저씨가 무섭지 않대요."

"우하하!"

말은 산을 바라보자 조바심이 생겼다.

"네가 언제나 날 피하지 않고 가만 있더니, 다 날 무서워하지 않아서 그런 것이었군. 오늘은 내 뿔을 걸고 널 반드시 넘어뜨려 버릴 테다."

말은 히이힝거리며 앞발을 뻗어 온몸을 쭉 편 뒤 뒷발로 땅을 서너 차례 차고 머리를 한 번 흔들더니 산을 향해 돌진했다. 잠시 뒤 콰앙! 쿠웅! 하는 소리가 들렸지만 산은 꿈쩍도 하지 않았다. 대신 말은 정신을 잃고 땅에 나뒹굴었다. 머리 위의 뿔은 이미 부러진 뒤였다.

말이 깨어났을 때 소와 양들은 그의 부러진 뿔을 가지고 놀고 있었다. 새끼 양은 다시 말을 비웃으며 말했다.

"그래서 내가 알려 줄 수 없다고 했잖아요. 아저씨가 괜히 날 협박한 거예요. 이제는 뿔도 없는데 뭘로 우리를 괴롭히실 건가요? 이젠 우리를 들이받을 생각은 꿈에도 마시고, 우리 뿔이 어떻게 자라는지나 보세요."

창피해진 말은 아무 말도 못하고 그 자리에서 벌떡 일어나 내달렸다.

이후로 말 머리에서 뿔이 사라져 더 이상 다른 동물들을 업신여길 수가 없었다. 오히려 소와 양의 머리에 뿔이 자라나기 시작했다.

중국 한족漢族 민담을 소개하며

●●●●●

    오늘날 중국은 북으로는 헤이룽 강黑龍江의 주류인 북위 53°31′에서 남으로는 난사 군도南沙群島가 위치한 북위 3°24′까지 걸쳐 있어 남북의 총길이가 5,500km에 이른다. 동쪽으로는 우쑤리 강烏蘇里江과 헤이룽 강의 합류점인 동경 135°2′에서 서쪽으로는 파미르 고원인 동경 73°40′까지 약 5,200km에 이르는 거리를 자랑한다. 이를 수치로 계산하면 중국의 극동과 극서 간의 경도 차는 61°22′30″이다. 경도는 15°마다 한 시간의 시차가 발생하므로 중국의 경우는 최장 약 네 시간 정도의 시차가 난다. 또한 남북 간에 위도상으로 50°의 차이가 나기 때문에 남북 간의 기온 차가 아주 심해서 겨울에는 50~60℃의 기온 차가 나기도 한다. 국경을 접하고 있는 나라만 해도 북동쪽으로 북한과 러시아, 서쪽으로는 카자흐스탄, 키르기스스탄, 타지키스탄, 남서쪽으로는 인도, 파키스탄, 네팔, 부탄, 아프가니스탄, 남쪽으로는 미얀마, 베트남, 라오스, 북쪽으로는 몽골 등을 들 수 있다. 그 나라 수만 해도 15개에 이르고 국경선의 총 길이는 20,280km에 이른다. 이처럼 중국은 '지대물박地大物博'이라는 표현에 걸맞은 자연적, 지리적 환경을 갖추고 있다. 그러니 기후 또한 아열대에서 한랭대에 이르기까지 다양할 수밖에 없고 이러한 지리적 복잡성과 다양성은 필연적으로 인간들의 삶의 복잡성과 다양성, 다시 말하면 문화적 다양성이 나타나는 기본적인 토대가 되었다고 할 수 있다.

●──해설   359

● ── 신화, 전설 그리고 민담

　중국 문학에서 민담을 이야기하자면 우선 신화, 전설 그리고 민담이라는 용어를 설명하지 않을 수 없을 것이다. 말리노브스키B.K.Malinowski에 의하면 민담은 주로 오락적인 목적에서 이야기된다. 따라서 막연하게 옛날 어떤 곳에서 일어난 사건을 이야기하는 역사적 사실도 아니며, 또한 세계의 실상에 대해 진리를 전하지도 않는다. 오로지 줄거리의 전개에 대한 오락적인 흥미나 교훈적인 성격만 드러난다. 한마디로 민담은 일종의 사교성의 표현이며 사회적 맥락이 협소하다고 할 수 있다. 이에 비해 전설은 사회적 공명심을 만족시키기 위해 이야기되는 것으로 과거의 역사적 회상을 나타내며, 부족 생활에 한층 깊이 관여한다. 때문에 전설은 역사적으로 실재했다고 생각되는 고유 명사를 가진 인물들의 활동에 대한 설화로써 내용이 역사적 사실에 가깝다. 그러나 신화는 외경畏敬해야 할 신성한 것으로 생각되어 문화적으로 중요한 역할을 한다. 즉 현실 생활 속에 지금도 살아 있는 원초적 현실의 서술로써, 또한 선례에 근거한 정당화로써 도덕적 가치나 사회 질서나 주술적 신앙의 회고적 전형을 제공한다. 중국의 민담은 신화가 종교적으로 퇴화되어 속화俗化된 것, 혹은 신화가 전승되면서 신앙적 기반과 기능을 잃고 민담으로 변모된 것, 전설이나 역사상의 사실이 민간에 전승된 것 등에서 그 연원을 찾을 수 있다.

● ── 중국 민담의 분류

　본서에서는 중국 한족 민담의 다양한 내용을 크게 세 가지로 구분했다. 첫째는 신화 전설 이야기로 천지 만물의 창조 및 이와 연관된 신들의 이야기는 중국인들의 우주관과 세계관을 이해하는 핵심이며, 실제 역사 속에 등장하는 영웅과 환상이 가미된 전설 속 민간 영웅의 모습을 보여 준다. 둘째는 민간 전설 이야기로 일반 민중들 사이에 전하는 사랑 이야기와 삶 속의 지혜를 엿볼 수 있는 작품들이 포함된다. 셋째는 민속 전설 이야기로 민간에 널리 알려진 전설이나 각 지방에서 전해져 내려오는 풍습 및 우스갯소리 등을 포괄한다.

● ── 중국 민담의 특징

중국은 다민족 국가이면서 인구가 많기 때문에 구비 전승되어 온 민간의 이야기들은 가히 상상할 수 없을 정도로 방대한 양을 자랑한다. 구비 문학의 중요한 유산인 민담은 '구두口頭'의 방식으로, 각 시대를 거치면서 그 속에 전달자의 역할을 담당했던 사람들의 사상이 흡수되어 녹아들 수 있었다.

가장 오래되고 신기하며 환상적인 이야기로서, 원시성과 신성함을 지니는 신화는 허구적인 구성이 그 특징이었다. 반고盤固나 여와女媧의 창세 신화가 바로 그러하다. 역사적 인물이나 사건, 혹은 자연 풍물 등을 서술의 대상으로 삼아 역사성과 기이함을 강조했던 전설은 상당한 허구성을 가지고 있으면서도 실제 대상을 중심으로 하는 것이 특징이다. 사람의 몸을 가지고 있지만 머리에 뿔이 있었던 전설상의 제왕인 신농神農이나 곤鯀 왕의 심장이 변해 탄생된 대우大禹 등은 모두 전설적 요소라고 할 수 있다.

반면, 민담은 현실 세계에서 흔히 볼 수 있는 보통 사람들의 생활과 염원을 중심으로 서술되는데, 오락성과 교훈을 제공하기 위한 목적에서 허구를 가미했다. 구슬자의 입장에서도 개인의 생활이나 심리적인 면에서 자신의 감정이나 상상력을 가장 자유롭게 펼 수 있는 부분이기 때문에 문학적 재미를 가장 많이 담고 있다고 할 수 있다. 동물에 관련된 이야기나 인간과 뱀의 사랑을 다룬 백사전白蛇傳과 같은 환상 이야기, 전족纏足의 기원이나 동지에 만두를 먹는 풍습 등을 알려 주는 생활 이야기, 역사적으로 뛰어난 지략가와 민간의 지혜로운 인물들이 그들의 지혜를 펼치는 이야기, 우스꽝스러운 이야기 등을 중심으로 구성되는 민담은 사람들의 일상생활을 광범위하게 다루고 그들의 풍부한 생활과 그 삶의 경험들을 개괄적으로 반영함으로써 사람들의 노동, 용기, 지혜 등을 높이 평가해 생활과 지혜의 총합이라고 부르기에 충분하다.

엮은이 이익희
∙∙∙

한국외국어대학교 중국어과를 졸업하고 한국외국어대학교 대학원에서 문학을 전공했다. 서강대학교·성신여자대학교·숭실대학교 강사를 역임하였으며, 현재 한국외국어대학교 외국어연수평가원 중국어과 주임 교수로 재직하고 있다. 지은 책으로는 『한 권으로 읽는 중국』(공저), 『중국 현실주의 문학론』(공저) 등이 있으며, 『마왕퇴의 귀부인』, 『중국 지리 오디세이』, 『중국 문학 비평사』 등 20여 편의 책을 번역했다.

세 계 민 담 전 집 17
∙∙∙∙∙∙∙
중 국 한 족 편

1판 1쇄 찍음 2009년 5월 22일
1판 1쇄 펴냄 2009년 5월 29일

엮은이 이익희
편집인 김준혁
발행인 박근섭
펴낸곳 ㈜황금가지

출판등록 1996. 5. 3(제16-1305호)
135-887 서울 강남구 신사동 506 강남출판문화센터 5층
영업부 515-2000 / 편집부 3446-8773 / 팩시밀리 514-2643
www.goldenbough.co.kr

ⓒ ㈜황금가지, 2009 Printed in Seoul, Korea
ISBN 978-89-8273-597-4 04800
      978-89-8273-580-6 (세트)